U0071063

才情與風範

抗戰時期的武大教授續編

張在軍——編著

自　序

這是我寫武大的第四本書。我所以甘願下幾年功夫、費萬貫錢財來為當年民國五大高校[1]之一的國立武漢大學留下某種歷史軌跡，是為了從特定角度來回顧中國教育最輝煌的時代。同時也因為秀威願意出版這種連武大自己也不願意出的「賠錢貨」。否則，我興許只寫一兩本就不會繼續了。

當初在出版第一部書《苦難與輝煌：抗戰時期的武漢大學》的過程中，編輯善意提醒我書稿篇幅過長的問題，所以出第二部書《堅守與薪傳：抗戰時期的武大教授》（以下簡稱《堅守》）時，我就痛下狠心刪削篇幅，控制字數。好比吳冠中當年毀畫一樣，開始屠殺生靈了，屠殺自己的孩子。我一遍遍審查，一次次淘汰，一次次刀下留人，一次次重新定案。最後，我將所寫八十餘名教授刪減了二十幾人，留下五十六人成書。在該書的後記中，我說：「剩下的這五六十人也足以代表當年武大教授的風采和成就。不過我還是希望假以時日，能將武大教授總數湊夠一百整，或一百單八將。」

其實在寫完那八十多名教授後的兩三年間，我又搜集到不少武大教授的史料，迫使我繼續寫下去，以了心願。於是我又上路了，一口氣寫了二十幾人。同時，我將先前因刪減未能入書的二十多人，增補新材料進行完善。這樣，一共有了四十四名教授，外加附錄中的六名教員（當時只是講師或助教，不過後來都成了教授），凡五十人是為續編。

續編所寫教授涵蓋了當年武大四個學院十三個系，其中哲學系和土木系空缺，而外文系教授最多，達十人。教授中不僅有大名鼎鼎的學界翹楚，如馮沅君、黃焯、羅念生、徐中舒、燕樹棠、曾炳鈞、曾昭安、梁百先、查謙、張鍾俊等人；也有鮮為人知的外籍教授李納和楊安妮；還有兩名未能等到抗戰勝利就客死樂山的詩人費鑒照和數學家蕭君絳。書中大多數教授均有留洋經歷，在

---

[1] 民國五大高校：一般指國立中央大學、國立北京大學、國立清華大學、國立浙江大學和國立武漢大學。亦稱為民國五大名校。抗戰時期，因北京大學、清華大學與南開大學組建西南聯大，因此武大又與西南聯大、中央大學、浙江大學並稱為「民國四大名校」。

國難時期都不約而同選擇報效祖國，投身抗戰；而大陸易幟之際，有的選擇赴臺，有的選擇北上，最後的結局各不相同……

相對《堅守》而言，《續編》中很多教授們在武大執教時間，或者說抗戰時期在武大的執教時間不是太長，像中文系馮沅君、物理系李國鼎都只有一個學期。執教時間短的結果就是，留下可寫事蹟極少，有的幾近於無。這個問題的解決辦法就是，將教授們的活動時間前後延伸，不再像《堅守》一書局限於抗戰期間。如此一來，整個人物形象或許更加豐滿，我們更容易看到教授們才情四射的人格魅力與為人師表的泱泱風範。

前後兩本書寫了約百名教授，可謂蔚為大觀，但還是由於資料缺乏的原因，導致不少名教授付之闕如。比如曾任訓導長、工學院長的土木系余熾昌教授，曾任總務長的法律系葛揚煥教授，曾任化學系主任的黃叔寅、陶延橋教授，曾任土木系主任的陸鳳書教授，曾任機械系主任的白郁筠教授，曾任電機系主任的陳季丹教授，曾任礦冶系主任的周開基、周則岳教授，參與武大早期建築設計的土木系繆恩釗教授，客死樂山的礦冶系王進展教授和法律系孫芳副教授等等，只好割愛了。

四年前我客居樂山開始武大專題寫作時，尚有邵象華等個別教授健在，如今這部書完稿了，邵象華先生卻在去年三月份以百歲高齡謝逝。至此，我兩部書中所寫教授們全都成了古人。不禁想起坊間流傳的一句話——大師遠去無大師。遠去的又何止大師！真正遠去的是民國以來「教育獨立」思潮與實踐。社會再沒有產生大師的深厚土壤。我們的教育已經成功地官僚化、產業化。

2013年5月，秋芝室

目　次

第一章：文學院的教授

中文系

馮沅君：驚鴻一瞥的詞史女教授

她的長兄是哲學家馮友蘭，二兄是地質學家馮景蘭。

她筆名淦女士，與蘇雪林、淩叔華、冰心、丁玲並稱為三十年代「中國五大女作家」（「民國五才女」），得到魯迅的肯定和讚譽。

她在國立武漢大學中文系任教不過短短一個學期，可謂「驚鴻一瞥」。

她就是1949年之後中國第一位女性一級大學教授馮沅君。

馮沅君（1900—1974），原名恭蘭、淑（叔）蘭，字德馥，筆名淦女士、漱巒、大琦、吳儀、易安等。出生於河南南陽唐河縣祁儀鎮一個富有的書香門第。她的父親馮台異，字樹侯，1898年考中進士，分發到湖廣總督張之洞幕府充當僚屬，一度在武昌方言學堂主持校務，1908年病逝於湖北崇陽縣知縣任上。之後，母親吳清芝帶領兒女返回唐河原籍。馮家是個傳統大家庭。馮沅君的祖父馮玉文掌家時，擁有1500畝土地，家裡經常有二三十口人吃飯。據馮友蘭回憶：「照這個大家庭的規矩，男孩子從7歲起上學，家裡請一個先生，教這些孩子讀書。女孩子7歲以後，也同男孩子一起上學，過了10歲就不上學了。」[1]

1910年，馮沅君入縣立端本女子小學堂。1915年，大哥馮友蘭考入北京大學。1916年，二哥馮景蘭考入北京大學預科。馮友蘭雖是哲學系，卻喜歡聽國學大師黃侃的課，並寫一些古詩送給黃侃批點。他後來曾說：「我的這種課外學習，倒是在我家裡發生了作用，那就是把我的一知半解傳授給我的妹妹沅君，引她走上了文學的道路。」[2]

---

1 轉引自張耀傑：〈女作家馮沅君的擇偶標準：好好讀書〉，《環球人物》2012年第23期。
2 轉引自張耀傑：〈女作家馮沅君的擇偶標準：好好讀書〉，《環球人物》2012年第23期。

馮沅君從小被母親裹了小腳，父親去世前又替她包辦了婚姻大事，她的未婚夫是唐河縣方莊的一位富家少爺。但她從小就倔強要強，決心像大哥、二哥那樣外出求學。1917年，考入當時北京的女子最高學府——國立女子高等師範學校國文專修科（後改名為北京女子師範大學）。她進大學第一天的情形，同學程俊英到晚年都還清楚記得：「她穿一套藍條土布褲褂，辮稍繫了根紅絨線，一直拖到腳跟，三寸金蓮，慢慢走到我們桌邊。」[3]她在女師起初學習中國古典文學，後在新文化運動的影響下改寫語體文創作小說，並在女高師的刊物上發表了不少詩詞和論文；1922年從女高師畢業，以優異成績考入北京大學研究所國學門，當上了該所的第一名女研究生，研習中國古典文學。從1924年開始，她在上海創造社主辦的《創造》季刊和《創造週報》上，接連發表短篇小說〈隔絕〉、〈旅行〉、〈慈母〉、〈隔絕之後〉，以非常大膽的筆觸表現了男女大學生的自由戀愛，並且將這種自由戀愛和讀書進取結合到了一起。

1925年夏天，馮沅君由北京大學研究所畢業後到南京金陵大學任教，這是她半個世紀教師生活的開端。1929年，馮沅君與學者陸侃如結婚，他們的結合，曾被人稱作是一部充滿著「愛，自由和美」的奇特的羅曼史。可以說，她與陸侃如既是感情的結合，也是學術的結合，他們從上世紀二十年代末結為伉儷，合著《中國詩史》、《中國文學史簡編》等，一起遠渡重洋留學法國，一起經受戰亂年代顛沛流離的辛酸。

1932年，馮沅君夫婦雙雙赴法國留學，三年後，雙雙取得巴黎大學文學系東方文學博士學位。1935年夏，他們夫婦滿懷希冀，回到了闊別三年的故國。回國後，陸侃如去北平燕京大學任教，馮沅君則應聘到天津河北女子師範學院教書，直到抗日戰爭爆發。

1937年，盧溝橋的炮聲，中斷了馮沅君夫婦象牙塔的書齋生涯，隨之流離顛沛的生活便開始了。在這國難當頭的時刻，馮沅君在北平耳聞目睹日寇入侵的種種暴行，悲憤不已，不禁沉痛地吟道：「地室避兵朝復夕，親朋生死兩茫茫」、「連連槍聲疑爆竹，兼旬臥病意為哀」；「兩日悲歡渾一夢，河山夢裡屬他人」的詩句。次年春，馮沅君夫婦離開淪陷的北平遷到上海小住，後

3 轉引自張耀傑：〈女作家馮沅君的擇偶標準：好好讀書〉，《環球人物》2012年第23期。

又取道香港、越南，抵達昆明。在那裡，陸侃如應聘去中山大學任教，馮沅君便隨之轉到廣州。不久，廣州失守，他們又隨中山大學師生沿西江遷到粵西的羅定。每天陸侃如去上課，馮沅君則賦閑在家，料理家務。由於沒有條件做學問，她便顯得異常苦悶無奈：

> 悶極都無事，鈔書破日長。成巢鳥自樂，委地花猶香。
> 心死誰憂亂，腸回更望鄉。舟流何所屆，臧穀西亡羊。

就在此時，馮沅君收到了國立武漢大學的聘書。她異常興奮，獨自經昆明、成都，到了峨眉山下的樂山。當時武大中文系教授葉聖陶，於1939年1月3日致友人信云：

> 不久更將有兩個國文先生到來（其一為馮沅君），弟之學生當可分去一部分，則弟輕鬆矣。[4]

可見馮沅君到達武大時間是在1939年初。

當年中文系學生王達津〈樂山瑣憶〉說，「三八到三九年度，三九到四〇年度，還有馮沅君先生教我們詞史，我請她給我出一個研究題目，她讓我統計一下蘇、辛、周、姜等人所填的詞調。我知道這是有利於區別不同詞作家的個性的，但是我沒有做。」[5]

身處山水勝地的嘉州，馮沅君心情格外舒暢，教學之餘在遊山玩水中，寫下了不少詩篇，如〈嘉州烏尤寺〉：

> 爾雅高臺半就荒，坡仙洗硯事茫茫。
> 勞人恰似失巢燕，來向蠶叢覓畫梁。

又如〈西川見杜鵑花〉：

---

[4] 葉聖陶：《嘉滬通信》第三號，《我與四川》（成都：四川人民出版社，1984年），頁90-91。
[5] 王達津：〈樂山瑣憶〉，《老武大的故事》（南京：江蘇文藝出版版，1998年），頁321。

辭家王粲久無家，盈聲鼓鼙閱歲華。

照眼枝枝紅似火，嘉州初見杜鵑花。

還有在文廟背後的高標山上所作〈望峨眉〉：

江城雨歇宿雲開，縱壑池魚罷講回。

獨上高標閑佇立，峨眉山外送青來。

能在嘉州遊山玩水，賞景寫詩，足見馮沅君的心情不錯。

馮沅君在武大執教時與葉聖陶交往頗多，這在葉氏日記中有不少記載：

1939年5月28日：飯後，吳子馨、高晉生二人偕來，送喜禮，係與蘇雪林、馮沅君四人合送，為衣料二件。[6]

按，由於葉聖陶長子在樂山舉行婚禮，所以才有送喜禮之事。

6月26日：馮沅君將以下月返昆明，視陸侃如之病，過重慶時擬借宿巴蜀，以防萬一遭遇空襲，囑余作介。遂致一書於勖成、伯才。[7]

6月30日：午刻，為馮沅君、方欣安二位作餞，客人除馮方外，為晉生、子馨、蘇雪林、袁昌英、劉南陔夫人、賀昌群夫人。[8]

7月3日：三時，馮沅君來辭別。馮下學期將任教於中山大學，不復來此，此別不知何日重晤矣。[9]

馮沅君離開武大不久，聽說樂山遭到日寇的轟炸（即著名的「八・一九」大轟炸），她為此寫下〈聞嘉州被炸〉一詩：

---

6 商金林編：《葉聖陶抗戰時期文集》第二卷（北京：人民教育出版社，2005年），頁9。
7 商金林編：《葉聖陶抗戰時期文集》第二卷（北京：人民教育出版社，2005年），頁14-15。
8 商金林編：《葉聖陶抗戰時期文集》第二卷（北京：人民教育出版社，2005年），頁15。
9 商金林編：《葉聖陶抗戰時期文集》第二卷（北京：人民教育出版社，2005年），頁16。

灘聲日夜蕩離堆，採石江邊知幾回？
誰道年時遊賞地，而今城郭半成灰。

1939年下半年，馮沅君執教於雲南澂江的中山大學。1940年秋，馮沅君夫婦又隨中山大學遷回粵北的坪石。

1942年夏，他們夫婦再度入川，到設在三台縣的東北大學工作，陸侃如任中文系主任，馮沅君任教授。眾多知名學者和流亡學生彙聚內地，讓之前閉塞的三台平添濃郁的文化氣息。三台也成為重慶、成都、桂林之外，國統區的一個重要文藝據點。馮沅君夫婦到東大後，也積極投身當地的抗日救亡活動。許志傑著《陸侃如和馮沅君》講述：「1943年3月8日，馮沅君在三台各界婦女大會上作了題為《婦女與文學》的長篇演講，介紹了中國古代幾位愛國女詩人的事蹟和文學創作，在東北大學和四川的教育界、文藝界引起很強烈的反響。」[10]1945年1月，「中華全國文藝界抗敵協會」川北分會在三台成立，馮沅君任「川北分會」副主席，會址就設在三台陳家巷陸、馮兩位先生家中。「川北分會」經常舉辦各種活動，馮沅君擔任會報《文學期刊》的主編。她也寫有一些詩篇，憂國哀世，或讚美四川的山水風情。

雖然四處遷移，生活艱苦，文獻缺乏，兩位學者教書育人之外，也沒有放棄學術研究。在三台期間，馮沅君完成了《漢賦與古優》、《孤本元明雜劇抄本題記》、《金院本補說》《古優解補正》、《古劇四考跋》、《天寶遺事輯本題記》等一系列重要學術論文，都獲學術界好評。

1949年起，馮沅君一直任山東大學中文系教授，其間修訂了《中國文學史簡編》，與陸侃如合寫的《中國古典文學簡史》已被譯成英文和羅馬尼亞文。還和北京大學林庚教授主編《中國歷代詩歌選》（人民文學出版社，1964年）。1955年，出任山東大學副校長。按學校的安排，馮沅君1956年以後不給本科學生上課，只輔導青年教師和研究生。1978年她去世四周年時，陸侃如撰寫的《憶沅君》回憶，馮沅君病危住院時神志不清，將護士辦公室誤作古典文學教研室，一走進去，就坐下來大聲講課，一如往昔。

---

[10] 許志傑：《陸侃如和馮沅君》（濟南：山東畫報出版社，2006年），頁105。

黃焯：不言學派的章黃繼承者

國學大師黃侃一生桃李滿天下，他的弟子被稱為「黃門侍郎」。在眾多弟子中，有三位弟子關係特殊。一位是黃菊英，黃氏在武昌高師任教時的學生，後來嫁給了黃侃。一位是潘重規，成了黃侃的女婿。另一位則是黃焯，黃侃的侄子。黃焯以其堂叔黃侃為榜樣，「五十歲以前不著書」，所以他的著作皆在七十歲以後結集而成，並陸續刊行於世。

黃焯在語言文字領域的貢獻主要體現在經學、文字學、音韻學、訓詁學及古文研究方面，其中尤以對《詩經》的訓詁成就最突出。作為黃侃學術的繼承者，他積累了黃侃論學及批校古籍的豐富資料，陸續整理出版，於1983年先後出版了《說文箋識四種》、《文字聲韻訓詁筆記》、《爾雅音訓》、《黃侃手批白文十三經》等。在整理黃侃遺著的同時，他自己還著有《經典釋文匯校》（中華書局，1981年）、《詩說》（湖北人民出版社，1981年）、《古今聲類通轉表》（上海古籍出版社，1983年）、《說文新附考源》（收入《說文箋識四種》，上海古籍出版社，1983年）、《毛詩鄭箋平議》（上海古籍出版社，1985年）、《詩疏平議》（上海古籍出版社，1985年）等。《古今聲類通轉表》作為考求聲音通轉的系統檢尋資料，對於推求聲音的轉變，考求語音的歷史都有參考價值。《毛詩鄭箋平議》、《詩疏平議》、《經典釋文匯校》三書為其生平精力所注，用力頗多，其中多有新見和發現。他對黃侃遺著的整理，對於研究黃侃的學術，發展語言文字學科具有重要意義，也是他為我國語言學事業做出的重要貢獻。

黃侃的正式著述不多，是因為他自己發願五十歲之前潛心研究，之後著述，不料五十歲前過世，所以他的很多堪稱經典的手批本就由侄子黃焯整理。今天學界以章太炎、黃侃之學約定俗成為一學派，曰「章黃學派」。但據黃焯學生丁忱說：「（黃焯）先生對此不以為然，多次談到不應該稱章黃學派。先生說，既有這一派，就必然有那一派，徒生紛爭，大可不必。章、黃二先生研治的只是漢唐以來的傳統之學，何以稱之章黃學派？」「章黃二先生繼承漢唐學統，並發揚光大之，成就卓著，時人譽稱『章黃學派』，情固其然，而先生雖為章黃學派的繼承者，卻不言『章黃學派』，適足見先生之遠矚高瞻、事理洞明。」[11]

黃焯（1902—1984），字耀先，別號迪之。生於湖北蘄春一個貧苦家庭。7歲喪父，「且備受從兄侵侮。念吾母昔年所受艱苦，至今猶感悲痛。」10歲時候，「母令焯往從外祖父肖公受讀，公諱葆新，字遠軒，清優貢生，深愛焯。焯先就村塾已讀畢四子書及易、書、詩三經，公續授以禮記、左傳。夜令焯臥足旁，天未明即問書間所讀書，焯熟寢，不能答，便掐足，不令臥。今回憶此境，此種深恩，何可報得。」[12]

1921年，黃焯到武昌「謁先叔父季剛侃先生，先生試令作文二篇，以為可教，隨令入中學肄業，並示以治學之法，寫示應讀書目廿餘種」。1926年，黃侃去北平講學，黃焯沒有隨同，於次年畢業於武昌中山大學。1928年，黃侃受聘南京中央大學，「召焯往作助教，相從歷八年而先生下世」[13]。黃侃是1935年因飲酒導致胃出血，搶救無效而逝的。

1937年抗戰爆發，是年11月，國立中央大學西遷重慶沙坪壩，黃焯隨校前往。過了兩年，即1939年黃焯前往樂山，受聘國立武漢大學中文系講師。從此，黃焯直到1984年去世一直沒有離開武漢大學。武大執教四十五年，歷經講師、副教授、教授和博士生導師。他主要講授「國學概論」、「文學概論」、「文選」、「詩經」，兼習駢文、古文，並偶為詩詞曲賦，然「為詩徒奪為文功力」，故辭賦之類僅偶為應酬而作。

樂山「八一九」大轟炸之後，武大教職員工為解決子女上學問題，發起成立武大附中（樂嘉中學）。黃焯受邀撰寫了辦學啟事，是一篇很漂亮的四六駢文。1941年9月，武大附中正式開學後，黃焯又被校長涂允成請去兼課。據當年的學生孫法理回憶，「我們班的國文課教師陣容是最強的……三年級上期是武大中文系系主任劉博平教授和黃焯教授。」又說：

---

[11] 丁忱：〈師情憶語〉，丁忱編：《黃焯文集》（武漢：湖北教育出版社，1989年），頁401。
[12] 黃焯：〈自敘〉，丁忱編：《黃焯文集》（武漢：湖北教育出版社，1989年），頁267。
[13] 黃焯：〈自敘〉，丁忱編：《黃焯文集》（武漢：湖北教育出版社，1989年），頁267。

黃焯教授卻不必凝重，他滿不在乎，知道大家要聽他的，可惜他講得很簡略，一篇長文，他且念且疏解，很快就講完了。剩下的還得你自己去啃。他很幽默，時時來幾句「突梯滑稽」的酸話，叫你忍俊不禁。

黃焯老師講完了曾鞏的〈宜黃縣學記〉，下一堂就不來上課，而由校長出面，督促大家背誦。要以「古之人自家至於天子之國自幼至於長未嘗去於學之中……」背起，老長老長地一直背完。寫作文也一律要求用文言，寫白話是要受到申斥的。[14]

抗戰勝利後，黃焯由樂山返回離別九年的家鄉蘄春，船行巫山縣以下三十里處，只見迎面開來一小船，上有二十多不知何部的兵士朝客輪開槍。客輪急於躲避，向岸邊速靠，結果不慎觸礁。幸好礁石正破船底中心，不然船就翻了。船上七百多民乘客未被亂槍射死，也未因翻船而亡。黃焯躲過一劫[15]。

據黃焯之子黃曾暘回憶：「我兩歲半的時候，父親隨當時的中央大學避倭難入蜀，母親帶我們兄妹由南京返故鄉定居，不意一別九年。抗戰期間父親由助教晉升為教授，學術上已有大成。抗戰的別離，不知造成多少家庭的離異。我的母親又是識字不多的家庭婦女，這種離異更是常見。然而，這種悲劇在我的家庭絕不會發生，父親的道德觀念和對家庭的責任感是絕對的保證。這一點現代人已經難以理解了。我三歲時在家鄉入私塾讀書，課本都是由父親來信指定的，並再三囑咐，老師只教背誦，不要講解。母親對此嚴格照辦，曾引起一些老師的誤解。父親這樣做的深遠用意，我進入不惑之年以後才真正理解。抗戰勝利後家庭團聚時，我已到讀中學的年齡了。」[16]

上世紀五十年代初，武漢大學中文系呈現鼎盛時期，素有「五老」、「八中」之說。「五老」即劉永濟、劉博平、黃焯、席魯思、陳登恪。湖南懷化學院中文系原系主任、教授楊子儀說，「『五老』中我親聆教誨的有劉博老的《聲韻學表解》、黃耀老的《古代漢語》以及劉弘老的《楚辭研究》。我們所

[14] 孫法理：〈炸出的學校的第一班——記武大附中高一班〉，臺北國立武大校友會編印：《珞珈》（1992年4月）第111期。

[15] 丁忱：〈師情憶語〉，丁忱編：《黃焯文集》（武漢：湖北教育出版社，1989年），頁366。

[16] 黃曾暘：〈憶父親黃焯〉，武大北京老校友會編印：《北京珞嘉》1998年第1期總5期。

學到的，不僅是學問、是知識、是方法，還有人品與人格。我們沒有資格和能力去評說這些大師的成就。但是在論及與學生的接觸交往、對學生的關愛呵護，那還是得首推耀老的。這也就是後來回憶耀老的文章最多的緣故。」[17]

七十年代末，黃焯為黃侃整理遺著，有些資料在陸宗達家，是黃侃當年留給他的。黃焯要用，寫了幾封信向陸宗達借，但一直沒收到回音。正巧有個與黃焯相熟的人要去京辦事，黃便又寫了封信，託此人直接面呈陸宗達。信裡的大致意思是：我給黃侃整理遺著，所以向你借那些書，一連給你寄了幾封信，你卻一直沒有回信，弄得我這裡沒法工作。這次我讓人將這封信送到你家，面交與你。假如你再不給我回信，我馬上從武漢買車票到京，到京馬上直奔你家，到了你那兒直奔書房，把你架上所有書的頭本兒全拖走，看你如何辦！帶信的人因為與朱家溍很熟，先去朱家將此信拿與朱先生看了，說他不敢去陸家，怕陸宗達看了生氣，讓朱先生拿個主意。朱家溍說，你甭怕，我瞭解陸先生，他這人手懶，很少主動寫信，也不愛給人回信，你見了陸先生，也別把信拿出來，你就跟陸先生說這事，肯定有個回覆。幾天後，那人很高興地來看朱家溍，說，成了。我去見陸先生，還沒說這事，他一聽我從武漢大學來，就說，耀先跟我要幾本書，你正好可以給他帶去。把書找出來給我了。信也就用不著了[18]。

1983年仲夏，武漢大學校長劉道玉去北京「武大校友會」參與活動，曾在武大任過教的有兩千多人在京。已八十六歲高齡的美學專家朱光潛對劉校長說，「我很想念在武大的三個人：生物系孫祥鍾教授、中文系黃焯先生和另一位學生。」[19]朱光潛抗戰時期曾在樂山武大任教務長，素與黃焯相好。朱光潛懷念黃焯，是因為他的一篇古文打動了朱光潛的心。這年十月，黃焯住院之前，在一有關證明信上，系裡將他的教授級別填為二級。劉道玉校長知道後笑著說：「還填二級呀？早就該提為一級了！完全是耽擱了哇！」說罷，便改成了一級[20]。

還是這一年的夏日，在武大繼續進修的楊子儀與黃焯合影留念。分手時黃焯沉吟片刻道：「明年暑假前還有機會到武漢來嗎？」楊說：「回去以後教學

---

[17] 楊子儀：〈光照後人憶耀老〉，《黃河文學》2007年第12期。
[18] 陸昕：〈文人與書〉，《文匯讀書週報》2010年3月19日。
[19] 丁忱：〈師情憶語〉，丁忱編：《黃焯文集》（武漢：湖北教育出版社，1989年），頁374。
[20] 丁忱：〈師情憶語〉，丁忱編：《黃焯文集》（武漢：湖北教育出版社，1989年），頁407。

任務很重，明年夏天以前是來不了的。」黃焯接道：「明年夏天以前來不了，你怕是再也見不到我了。我算過，我過不了明年四月。」楊連忙阻止道：「哪裡！哪裡！老師，你這話要是放在1958年，又得挨批判呢。」黃焯道：「這倒也是，但小老弟，我排的是文王八卦，你們是不懂的！」

翌年六月，黃焯逝世。中文系周大璞教授有五律悼之：「博雅冠三楚，說詩勝二毛，辛勤傳絕學，曠夕忘劬勞。樹蕙盈寰宇，著書立士標。溘然辭世去，哀痛涕沾袍。」哲學系蕭萐父教授挽聯曰：「冶訓詁形音為一爐，學脈繼章黃，正字釋經，並世皋比能有幾；歷雨露風霜而不改，詩心通屈賈，招魂樹義，黌門薪火自相傳。」

外文系

費鑒照：肺病中早逝的浪漫詩人

生前作為國立武漢大學外文系教授的費鑒照，不等抗戰勝利就客死於樂山。現在關於他生平的資料記載實在稀少。他雖為浪漫詩人，估計研究現代文學的人也沒幾個熟悉他。

費鑒照是江蘇人。是在聞一多關懷下成長起來的學者。他是聞一多在南京第四中山大學的學生。當時聞一多講「現代英美詩」，費鑒照正是班上的學生，「對於現代詩人發生興趣」。費鑒照不僅跟聞一多學詩，更是隨著學新詩評論，他評論過不少英美詩人，幾乎沒有一篇不請聞一多指點過。學期結束時，費鑒照交了一篇關於英國詩人的評論。聞一多看了很高興，於是親自修改，又介紹發表，同時鼓勵他再寫幾篇。費鑒照回憶說：「他願意拿他的書籍借給我；倘使我遇到困難的時候，他願意幫助我。我受了他的鼓勵與幫助，在暑假裡鼓著勇氣寫成四篇，先後送給《新月》發表。」[1]

聞一多愛惜人才，當他出任武大首任文學院院長時，又聘任費鑒照任外文系講師，執教兩年；1930年國立青島大學成立，聞一多任文學院院長兼中文系主任，經他推薦，1931年9月，費鑒照任青大外文系講師，系主任是聞一多的摯友梁實秋。

來到青島後，費鑒照將他從1928年至1930年間先後在南京中央大學和武漢大學所撰寫的九篇論文（其中八篇評論英國詩人，外附印度的奈托夫人一篇）彙聚起來，名《現代英國詩人》。1931年2月，聞一多為《現代英國詩人》一書作了一篇序言。這是聞一多第一次為別人的集子作序，他把這稱作「破戒」。

---

1 費鑒照：〈現代英國詩人・自序〉，轉引自聞黎民等編：《聞一多年譜長編》（武漢：湖北人民出版社，1994年），頁406-407。

在序言中，聞一多說：「九篇文章每篇脫稿之後，我都看過，其間的見解，有與我符合的，有使我驚喜而慚愧，因為是我沒有悟到的，總之，全是我所贊同的。」[2]聞一多在序中闡述詩評的標準與方法，他不同意對現代詩和現代詩人過分渲染。對於當時文壇的情形，聞一多作了這樣的描述：「所謂藝術的宮殿現在確乎是一種怪現象；豎著，側著，歪著的磚處處都是。這些建築物的前途，你去猜想罷。」聞一多認為現代英國詩和傳統的英國詩之間，差異當然比認同打眼些。抓到打眼的一方面，恣意的發揮，仿佛其餘一面完全不存在似的。這樣談文學，任何時代都不行，「而在目前時代談現代的文學，這樣談法，尤其不妥。」[3]聞一多說他要矯枉過正，主張「扼重那袒護傳統的從同性」。這篇序文的宗旨，實際上是要以提倡傳統的詩風來抵制當時正在興起的現代詩風。1933年2月，《現代英國詩人》由新月書店出版發行。費鑒照在該書的扉頁上鄭重題詞：「獻給我的老師聞一多先生。」

費鑒照的《英國現代詩人》出版後，梁實秋以蓮子的筆名寫了書評〈現代英國詩人〉，發表在1933年5月20日《益世報・文學週刊》上。梁實秋認為，對於「這樣一本書，在中國還是創舉，如今一般人侈談現代文學，而有系統的介紹還不多見，所以這書該是可歡迎的一部。」對於《現代英國詩人》，梁實秋發表了兩點意見，第一，說明瞭費鑒照在眾多英國詩人中，選取這八位詩人的理由是「本書所選八家，乃是合於英詩傳統的八家，所謂『摩登派』者，是在屏棄之列的了。這態度是對的，因為現代之『摩登派』形形色色，其本身既無健全之理論，亦少成功的實例，一切皆未脫試驗的嘗試的狀態，究竟能否成功還要看將來事實的判斷。本書的選擇，似是守舊，實是穩健」。第二，費鑒照的方法是「很可注意的」。「他引用了極多的英文詩句，這不但可以表示作者於評論之際頗下了一番苦功非輾轉抄襲者可比，而且對於讀者也頗有便利。」梁實秋得出的結論是「本書著者，無疑的是對於現代英詩有了深刻的認識，他的評論雖不見得怎樣精彩，但是它卻走了一條穩妥的負責的路，他既未人云亦云，亦無穿鑿附會。本書的作者，與其說是批評家，毋寧說是學者」。

---

[2] 聞一多：〈現代英國詩人・序〉，轉引自《武漢大學學報》（社會科學版），1987年5期。

[3] 聞一多：〈現代英國詩人・序〉，轉引自《武漢大學學報》（社會科學版），1987年5期。

費鑒照在青島大學任教期間，還寫了《浪漫運動》一書。1931年10月，梁實秋在向上海中華書局詢問《織工馬南傳》出版事宜時，還推薦了費鑒照的《浪漫運動》。在致出版家舒新城的信中寫道：「友人費鑒照君執教於武漢大學兩年，現在青島大學與弟為同事。對於文學，造詣極深。近作《浪漫運動》一書，凡數萬言，囑弟一言為介，書稿已由費君直接郵上請教，貴局能否收印是稿，懇早裁複為幸。至於稿費一項，則費君並不計較也。」[4]《浪漫運動》直至1933年才在上海商務印書館出版。出版後第二年，沈雁冰撰《關於文學史之類》批評該書少有創新性價值。

1932年春夏，國立青島大學發生學潮，聞一多和梁實秋也受到學生的攻擊，學生在《驅聞宣言》中指責聞一多在國立青大「接引了好多私人及其徒子徒孫」。這「私人」中就有費鑒照。1932年秋費鑒照和恩師聞一多一起辭去了青大的教職，離開了青島。

1937年，費鑒照重回武大任外文系教授（教高年級英國文學課），並於1938年隨武大西遷入蜀。樂山時期，尤其是1941—1942這兩年間，費鑒照發表了大量論文，如〈搬家〉（載《星期評論》1941年5月第22期）、〈英國詩文研究集〉（載重慶《星期評論》1941年1月第9期）、〈怎樣訓練欣賞文學作品〉（載昆明《當代評論》第1卷第7期）、〈栗洽慈[5]心理的文學價值論〉（載《當代評論》第1卷第11期）、〈現代英國文學批評的動向〉、（《當代評論》第1卷19期）、〈英國博物院圖書館的回憶〉（載《星期評論》1941年10月第32期）、〈安諾德的古典主義〉（載《當代評論》1942年第2卷7期）、〈羅斯金論道德宗教和藝術的關係〉（載《當代評論》1942年第2卷9期）、〈濟慈文名的曙晨〉（載昆明《人文科學學報》1942年6月第1卷1期）等等。其中有多篇涉及英國文學家瑞恰慈。〈栗洽慈心理的文學價值論〉以瑞恰慈的《文學批評原理》為討論對象，重點分析了瑞恰慈在該書中所體現的心理學的文學價值論的基本內容和運用對象。費鑒照從歷史的視野來評價瑞恰慈理論的創新之處，「歷來批評家的價值論大約不是從哲理中尋求出來，便是從『普通知識』中獲

---

4 轉引自龔明德：〈梁實秋懇薦部下書稿〉，《南方都市報・南方閱讀》2011年11月27日。

5 栗洽慈，即瑞恰慈（1893—1979），英國著名文學批評家、美學家、詩人、語言教育家，曾在英國劍橋大學、中國清華大學、美國哈佛大學任教授，「新批評派」理論的創始人之一。

得，到近代，因為科學研究的範圍擴大，學者根據一種新發展的科學，產生一種新的文學理論。這便是開創文學批評史上新紀元的『新劍橋學派』。大約二十多年前劍橋大學莫特利安學院研究員栗洽慈博士利用現代心理學的知識，創立一個心理學的文學價值論」。〈怎樣訓練欣賞文學作品——一個實用文學批評方法〉雖然沒有提到瑞恰慈，但他分析阻礙、瞭解與欣賞文學的原因時所用的理論以及提出的實用方法都很明顯是來自瑞恰慈的《文學批評原理》。在〈現代英國文學批評的動向〉中，費鑒照分析了瑞恰慈、利維斯、艾略特等人的理論主張，指出「栗洽慈博士的理論雖然一般人不易瞭解，若干學者不贊成，但是，它發生很大影響，它的影響在實用文學批評方面特別顯著」。

當時武大文學院長陳源說到費鑒照，「費教授的姓是InhuMane Budda，示意費字上半部為不帶『人』字旁的『佛』。」[6]1942年畢業於武大外文系的散文作家吳魯芹，在〈我的大學生活〉中提到了費鑒照，對他頗有微詞。他說「我們當年讀英詩，完全聽老師在堂上朗誦，得不到外界的助力……真能把詩中的情感與詩的音樂性帶給聽眾，就連高手如方蘆浪先生也要瞠乎其後。讀音本來就不大準，同時也教詩的如朱孟實（光潛）、費鑒照兩位先生，就更不用說了。」吳魯芹在〈武大舊人舊事〉中更有大段關於費鑒照的逸事，殊為難得：

> 不是詩人才子而也專治英詩的是費鑒照。此人天份不怎麼高，但是在英國利物浦大學苦讀了幾年書，英文能動筆，自詡為「文學的英文」，十分瞧不起歷史系教授郭斌佳寫的是「新聞記者的英文」。學校內遷之後，郭斌佳沒有跟去，另在重慶外交部或者是軍事委員會參事室做官去了，並且主編了一份英文刊物。有一次費鑒照把這本刊物帶到教室中，把郭斌佳的英文解剖得體無完膚，然後就勸大家學英文，一定要取法乎上，那當然就是指他的「文學的英文」了。高年級的同學說，他們之間可能有私怨。費、郭二人那時都是青年單身教授。在脂粉群中，郭斌佳的儀表談吐一定容易博得名媛淑女的青睞，費鑒照不免瞠乎其後，唯有在解剖和貶抑新聞記者英文上面，報一箭之仇了。

6　王陸：〈我們那一屆外文系〉，《武漢大學報》副刊，2008年4月25日。

費鑒照的專長是「浪漫詩人」。在利物浦的論文就是濟慈。他平時的穿著相當馬虎，唯有開始教濟慈的一段時間，總是衣冠楚楚，講完濟慈就恢復舊觀。他有肺病，我想他有時是以濟慈自況的。說不定他在念愛上也有過痛苦的經驗，提到濟慈的女朋友樊妮・布朗，不止一次雙眉緊蹙，嚴辭呵責，好像濟慈就是樊妮害死的。後來聽說他終於死於肺病，不過不是夭折，比濟慈多活了一二十年。[7]

費鑒照的確是死於肺病。在他去世前一天，居然就被人誤傳已經死了。外文系教授袁昌英的女兒，外文系學生楊靜遠日記裡有一些相關記載：

1945年2月9日：費鑒照[外文系教授]今天上午死了。可憐這人在肺病的壓迫和死亡的威脅下拖過一輩子，終於在百般無奈下失去了可貴的生命。

1945年2月10日：早飯後和媽媽去悼費鑒照。走進他的住宅，院子裡毫無動靜，沒有辦喪事的樣子。只有一個瞎了一隻眼的女僕坐在門檻上做活。媽媽問她，她說：「看費先生吧？」媽媽問：「是昨天早上死的嗎？」想不到她大聲說：「還沒有死，今早我還沖了兩個蛋花給他喝，還在抽氣。」媽媽問：「人還清醒不？認識人不？」「不老認人了，懶說話，心裡還是清楚。」她跑進房，預備叫醒他。我們連忙制止。只在門口瞄了一眼。似乎瞥見一張慘白深陷的臉——垂死的寧靜。趕緊離開，怨著這荒謬的錯誤的消息。

1945年2月11日：又是舊曆年三十了。……費鑒照昨天下午過去了。這可憐人曾囑人把他的遺體燒成灰，寄給英國他的一位老教授。孤寂的靈魂！那沒有受過情感滋潤的沙漠般荒涼枯乾的生命，緊緊抓住一點人間溫情的遊絲，寄託他全部心意。誰能想像出那些在黑暗的小窗下獨坐沉思的歲月，含著怎樣苦澀的玄想和絕望！也許曾有野心，火焰般遙遠的夢，在一瞬間燃起他的熱，可是驀然清醒過來，蟾蜍般冰冷酷毒的現

7 吳魯芹：〈武大舊人舊事〉，《學府紀聞・國立武漢大學》（臺北：南京出版公司，1981年），頁149-150。

實會爬上他的五臟，獰笑著棲息在那兒。這一部無聲中進行的人生劇在藝術上該多有價值，然而藝術是以人生中最慘痛的一切作食糧的。[8]

楊靜遠在「野心」下自注：「費鑒照在20世紀30年代留英回國後很有作為，在刊物上發表過大量文章，後因肺病而無聲無息地死去。」[9]

陳登恪：中文外文兩系「共有財產」

他是散原老人陳三立的兒子，國學大師陳寅恪的弟弟。

他攻讀法國文學，熱心文學創作，是陳氏兄弟中惟一出版過小說的人。

他在武漢大學跨越外文系和中文系，並兼任過外文系主任、文學院長。

他就是當年武大中文系「五老」之一的「登老」——陳登恪。

陳登恪（1897—1974），字彥上，江西義甯（今修水縣）人。陳家的祖墳一定風水好。陳登恪祖父陳寶箴20歲時參加了南昌的鄉試，金榜題名中了舉人。1865年在曾國藩就任直隸總督前夕，保舉陳寶箴進京接受皇帝接見，被皇帝授予知府官職，到湖南候補。光緒即位後，陳寶箴在二十年間，由浙江、湖北按察使，升任到湖南巡撫，成為地位顯赫的封疆大吏。

陳寶箴的兒子陳三立，號散原。少而博學，詩文俱佳，思維機敏，憤世嫉俗。30歲參加鄉試時，不按八股文應試險遭淘汰。幸好主考官陳寶琛審讀了他的考卷，為其才華所感動，從落第試卷中抽出，補為舉人。36歲時，在會試時中進士。1924年印度著名詩人泰戈爾訪華時，還專程到杭州拜會了他。

陳三立有五個兒子，個個得天獨厚，個個都有成就：長子陳衡恪（師曾）是著名畫家；第二子陳隆恪是詩人；第三子是大名鼎鼎的國學大師陳寅恪；第四子陳方恪也是詩人；第五子陳登恪是法語教授、古典文學研究專家。

陳登恪生於其祖父陳寶箴任職的湖南巡撫衙署，從小在父親創辦的家塾和思益小學讀經誦史，習書學畫，打下了深厚的文史根基。1913—1915年在上海

---

8 楊靜遠：《讓廬日記》（武漢大學出版社，2003年），頁315-317。

9 楊靜遠：《讓廬日記》（武漢大學出版社，2003年），頁316。

復旦學校（中學）讀書，後來轉入震旦學校讀書，開始學習法文；1918年考入北京大學文學院。1919年畢業後前往法國巴黎留學，鑽研法國文學。這裡有則逸聞，據說陳登恪「是因為少年在戀愛上受了挫折，寄情詩酒，無心著述的緣故，相傳他在少年時與某相國之女已到了論嫁娶的階段，半路上殺出一位青年軍官，秀才遇見兵，秀才敗下陣來，遠渡重洋，到法國讀書去了」[10]。

留學法國時，陳登恪在巴黎和徐悲鴻夫婦時相過從，並都是留學生社團「天狗會」會員。「天狗會」社團的成立，帶著幾分玩笑，或許，也可以看作是對當時國內頗為著名的西畫美術組織「天馬會」的諷刺。「天狗會」成員中還有謝壽康、張道藩、邵洵美等。

陳登恪在法時就密切關注身邊的人和事，每有閒暇，就到處打聽留法同學的趣事、豔聞及種種窮極無聊的行動。在此基礎上進行文學化的藝術加工，用「春隨」作筆名，寫成小說《留西外史》[11]，書名仿不肖生（向愷然）於清末民初所著的諷刺留日學生小說《留東外史》，尖銳地諷刺了當時留學歐洲的中國學生。此書1927年在上海新月書店出版，曾風靡一時。他也成了陳氏兄弟中惟一出版過小說的人。

陳登恪學成回國後，於1925—1928年先後在上海大夏大學、南京東南大學、中央大學外文系教授法文。1928年，聞一多出任武大文學院院長，陳登恪受到聘請，前往武大外文系任法語教授，兼在中文系講授中國小說史。《聞一多年譜長編》裡有陳登恪的一則逸聞，是據林斯德回憶：「1929年武大教授陳登恪適逢失戀痛苦時，遭到盜竊。被盜衣箱中有一份參加國家主義派組織的檔，本來是張廢紙，破案後被政府發現，頓成反動派的證據，事態極為嚴重。先生一面設法向省政府解說，一面關心陳憤恨輕生，特派費鑒照陪他渡江受審。不久問題得到解決，總算免除了不幸事故發生。」（林斯德給編者的信，1986.7.14）[12]

1934年6月畢業於武大經濟系的經濟學家張培剛回憶，「一年級的法文課是陳登恪教授講授，從字母、拼音學起，著重語法和造句。陳老師真是一位忠

---

[10] 吳魯芹：〈武大舊人舊事〉，《學府紀聞・國立武漢大學》（臺北：南京出版公司，1981年），頁150。

[11] 葉紹榮：《陳寅恪家世》（廣州：花城出版社，2001年）第五編第一章云：「（陳登恪）用『陳春隨』作筆名，寫成小說《留法學生外史》」，有誤。

[12] 聞黎民等編：《聞一多年譜長編》（武漢：湖北人民出版社，1994年），頁384。

厚長者，穿一身長袍，卻口授外國語，在一般人看來，與其說他老是一位洋文教師，還不如說他是一位八股中文先生。陳老師對學生和藹慈祥，教課認真細緻，很受學生的敬重。」[13]

抗戰爆發後，武漢大學西遷樂山。武大校本部在城中，但教師為了逃避空襲警報，多在郊外茅舍中居住，因此陳登恪詩中有「城中兒女夢驚破，分取鄉農自在眠」之句。感時論事，偶而發為吟詠，於平淡中有深致。吳魯芹又云，「中文系的老先生們對他的詩文很佩服」。我們只見過他的〈詠樂山大佛〉詩云：

一篙波送到中流，百轉回瀾敵萬牛。逝者如斯渾見慣，千年屹立大江頭。

有一次陳登恪隨外文系主任方重同遊樂山對岸的烏尤寺、大佛寺，倦遊歸來，陳竟能把當時也只是一掠而過的幾副長聯，逐一背了出來。方重不勝其驚羨，學生吳魯芹感歎，「同有這樣異稟的人一起念書，只有落後的份了。」他的記憶力的確很好，他的名言是：「管他懂不懂，先背下來再說」，據說他曾經創造了三天背一部莎士比亞劇本的奇跡[14]。

在當年樂山武大學子的回憶錄裡，有不少陳登恪的零星記載：

「還有一位中國才子型的教授是陳登恪，他是中國文學系外國文學系共有的財產，他在中文系教中國小說史，在外文系教法文。到了第三年的法文，勉強可以稱作法國文學。有人說他一肚子學問，可以教的東西多得很，可是教什麼也等於沒有教。他上課就念他的講義，對學生是視若無睹，順著鐘聲下課……他嗜酒如命，中年說話時有點發抖，雙手亦微顫。」[15]

「教我們第二外國語法文的是陳登恪教授，他是早年留法的學生，身體似乎比較弱，講課時手時常發抖。」[16]

「陳登恪教授是法語專家。外文系學生多選法語為第二外語。記得他講過一個法語故事：媽媽給孩子穿衣服，這天孩子怎麼也站不起來，

---

13 張培剛：〈感恩母校，懷念老師〉，武漢大學經濟與管理學院網站。

14 謝紅星主編：《武漢大學歷史人物選錄》（武漢：崇文書局，2012年），頁232。

15 吳魯芹：〈武大舊人舊事〉，《學府紀聞・國立武漢大學》（臺北：南京出版公司，1981年），頁150。

16 陳仁寬：〈回憶樂山時期的老師們〉，武大北京老校友會編印：《北京珞嘉》1997年第3期。

> 原來她把孩子的兩條腿塞進一個褲筒裡了。當時我對法文不夠重視，不好好聽講，現在只記得一個完整句子：『你怎麼生病了？因為我喝涼水了！』」[17]
>
> 「陳登恪先生是陳寅恪先生令弟，他教我們中國小說史，他以魯迅先生《中國小說史略》為教材，但總不斷在黑板上抄寫補充材料。」[18]

1949年武漢易幟時，陳登恪任武漢大學校務委員會委員、文學院副院長兼外文系主任。1953年1月辭去外文系主任兼職，1953年院系調整，調任中文系教授，教授唐宋小說，曾任文學院院長。當年武大中文系「五老」（劉永濟、劉博平、徐天閔、席魯思、黃焯）之一的徐天閔去世後，由陳登恪替代。他擅長詩詞，於經學、小學等領域都有極深的造詣（得黃侃真傳）。他對學生和藹慈祥，教課認真細緻，很受學生的敬重。據他的老同學李璜回憶說，陳登恪「談論時略有口吃之病，然頗多風趣，形容細緻，令人解頤」。

陳登恪平生為人正直光明，讀大學時是「五四」運動的積極分子。在南京任教時，一次因校方對某教員處理不公，便忿然辭職。在武漢大學任教時，一次法文考試，某省長的女兒交白卷，校長為顧全省長面子，幾次要登恪給記60分。他堅決拒絕，執意只給記「0」分。

陳登恪夫人賀黔雲，江西萍鄉名士賀國昌之女，生子一，名星照。

陳堯成：一輩子的武大日語教授

他在日本求學十年，期間經歷了關東大地震，倖免於難。

他1931年進入武漢大學後，一輩子都在武大外文系任日語教授。

他就是陳堯成。

---

[17] 王陸：〈樂山時期的武大外文系〉，臺北國立武大校友會編印：《珞珈》（2000年4月）第143期。

[18] 王達津：〈樂山瑣憶〉，龍泉明等編：《老武大的故事》（南京：江蘇文藝出版社，1998年），頁321。

陳堯成（1900—1986），湖北宜昌縣城人。1916年至1926年在日本求學。

1918年春，陳堯成進入東京第一高等學校。學校每年的暑假時間較長，加上日本是個島國，四面環海，海水浴鍛煉身體很方便，所以在假期時，除了回國探親以外，常常是和三、四位同鄉或同學的中國人赴海濱進行海水浴。

1922年，陳堯成考進了東京帝國大學文學部教誨系。1923年暑假，他和兩位宜昌同鄉一起去葉山度夏。他們在一座半山坡上的廟宇裡的一側租了兩間房，在那裡住了一個暑假。學校即將開學，9月1日上午他們收拾好行李，預備動身回東京。在去火車站路上，遭遇關東大地震，倖免於難。他獲帝國大學學士學位後還讀過研究院，主修教育。那時日本侵略中國的野心已開始暴露，國人愛國，抗日情緒高漲。

1927年陳堯成回國後，先在湖北省立一中當教務主任，後任武昌中山大學講師。從1931年起，他一輩子都在武漢大學外文系任日語教授。武大所開設的日語多半由他主講，編有《日漢詞彙》一書，還著有《現代日語句法》書稿。早年武漢大學辦學成功而享盛譽的一個主要原因是：有一群教職員工，擇善固執，把他們的一生毫無保留地奉獻給學校，茹苦含辛，鞠躬盡瘁，死而後已。陳堯成就是他們當中的一個比較「低調」的人，謙謙君子，沈默寡言。

陳堯成執教從中學轉入武大，開始是講師。他到武大後不久有一位他在日本帝大的同學雷君以教育部督學的身份來武大視察，發現陳在武大，於是向校方表示，以陳的學問資歷，當講師似略嫌委屈。校方當即表示同意，並稱陳堯成升級事早已在計畫中。雷督學離武大回南京，校方即向陳表示，擬即升他為教授。那曉得陳堯成已知雷君剛來武大，當即表示：「我教書若有好成績，經過一段時期能升教授當然是好事。但是現在升我，有人會說校方向雷督學討好，而我是靠同學關係走捷徑，那我別無選擇，只有馬上辭職。」結果是雷督學來武大，使陳堯成從講師升教授，延遲了好幾年。

武大在珞珈山校舍初建，以地處郊遠而交通不便，學校員工子弟上學發生困難，乃有東湖中學的創辦。陳堯成對中學教育有經驗，應邀兼任校長。他辦事負責認真，待人誠懇和藹，深受員工學生的愛戴。

抗戰時期，陳堯成帶著全家八口隨學校從武漢遷到四川樂山，住在高西門外的斑竹灣倪家花園，和理、工學院學生第六宿舍是鄰居。機械系學生劉年美回憶，「我們機械系的學生住在斑竹灣第六宿舍，和陳老住處很近。因此有時陳老、余俊和我三人一同步行從斑竹灣到樂中。那時余俊和我都是二十歲的小夥子，對於陳老的健步如飛暗中驚佩不已。陳老一輩子不吸煙、不喝酒，生活極有規律，極少生病，晚年得癌症，真是十分不幸的事。」[19]

樂山山明水秀，本是教學、讀書的好地方。可惜抗戰方殷，物力維艱，通貨膨脹，武大師生員工的生活一年不如一年。陳堯成兒女多，負擔重，為環境所迫而找了一份兼差，舊調重彈，在省立樂嘉中學當教務主任。他的大女兒陳佩荃，是武大畢業，後任武大文學院副教授而退休；大兒子陳華安是工程師，抗戰勝利後畢業於北京工學院，不過他的學生生活有一段波折：他大學畢業比一般人晚了兩三年。原來當時陳堯成在大學教書，在中學當主任，自己兒女的學費卻無法全部負擔，首先輟學的是兒子華安，他被送到武大工學院實習工廠去當學徒，除了學手藝還有飯吃，可以減輕家中的負擔。他為什麼不肯向校長請求一下，讓華安免費或減費、在樂中讀書？因為他從來不抱怨，不叫苦，而且決不說一句、半句假話。當然更不要提什麼搞關係、走後門了。

機械系學生劉年美是陳堯成夫人的侄子，他提到過這樣一件事：「我還記得一件我當時年輕已做，現在的我決不會做的事，我向陳老替一位同學說人情。那位同學選修日文，考試方面頗有把握，但是因為兼職（大概是教補習）關係，日文班曠課不少，托我向陳老疏通。我明知陳老是一絲不苟的人，還是厚著臉皮向他說了。當他沈默良久——我是如坐針氈——最後：『只要他考試分數高，曠課的事教務處不問，我就不提。』後來這位同學的日文合格了，順利取得學分。」

劉年美感歎陳堯成，「自己的兒子讀不起書不抱怨，而對為謀生而曠課的學生卻諒解、包容，充滿了人情味。」「他是自奉儉而待人厚的謙謙君子。可是我們若進一步觀察，便一定會發現他是那種小事隨和，大事原則，『外圓內方』的真君子。」[20]

戴克中為我們描繪了1949年以後的陳堯成：

---

[19] 劉年美：〈陳堯成教授二三事〉，臺北國立武大校友會編印：《珞珈》（1995年7月）第124期。
[20] 劉年美：〈陳堯成教授二三事〉，臺北國立武大校友會編印：《珞珈》（1995年7月）第124期。

我們搬家那天正好是陳堯成教授的五十歲大壽，他們全家都到漢口去了。晚上，陳伯伯、陳伯母（劉藝萬女士）來看望我們，和父親寒暄了一陣。陳伯伯在外文系教日文，他是一個非常謙和、沈默寡言的老先生。陳伯母卻熱情洋溢，常與父親開玩笑，打「嘴巴官司」。那時，他們的兒女都自立了，經濟狀況比我家好。在我們家周轉不過來時，陳伯母就常幫助母親。陳伯伯喜歡大自然，每年溽暑都要外出旅遊。兩位老人外出時都將大門的鑰匙交給母親代管。記得「文革」之中，高尚蔭教授的住房成了二派紅衛兵的爭搶之地，高伯母（劉年翠教授）曾向母親要陳家的鑰匙在這兒躲避了幾日。陳伯伯生活非常簡單，他老人家從不嗜煙酒。父親早已無課可授了，他每週還授幾節日文，但我很少看見他看書。

每天飯後，陳伯母、陳伯伯都要坐在樓梯口和父親閒聊一陣，他們多談武大的舊事，什麼東廠口、滋陽村、斑竹灣、白塔街……等地名我都聽熱了。陳伯伯很少插話，他不喜歡談死，每當談到此話題時，他走開。他絕對不談政治時事，也從不談論武大的各級領導。陳伯伯非常和善可親，我家剛搬到他家隔壁不久，母親因闌尾炎住院，父親又在黃石出差，我和妹妹就由他們照顧。每天晚上兩位老人都過來看看我和妹妹，還經常給我們送吃食。

「文革」中，陳伯伯也沒有逃過劫難，運動一開始就被紅衛兵抄了家，當時我一直站在旁邊，幾個紅衛兵還比較文明，沒有打砸。陳伯伯十分坦然，低著頭看不出有什麼怨言。陳伯伯經歷過關東大地震，他常說：「生命本身是短暫的，財產並不重要。」陳伯母就受不了，她常常忿懣的抱怨世道不公平，抗戰期間她在嘉定吃了不少苦，現在好不容易過了幾年太平日子，又碰上這場運動。陳伯伯常安慰陳伯母，勸她想開些，將身外之物看淡一些……[21]

好不容易熬過文革結束，1986年陳堯成去世。

---

[21] 戴克中：〈我對我家鄰居——夏振東、陳堯成兩位教授的印象〉，臺北國立武大校友會編印：《珞珈》（1997年7月）第132期。

李儒勉：三進三出的語音學教授

他曾兩度赴英國劍橋大學求學、講學；
抗戰末期，他受聘於英國駐華大使館新聞處，負責編輯《中英週刊》；
抗美援朝期間，他負責反對細菌戰方面的文字編譯工作；
他就是三度到國立武漢大學外文系任教、三度離開的語音學教授李儒勉。

李儒勉（1900—1956），名貴誠，江西波陽（今鄱陽）人。年幼時，隨從時任九江縣知事的父親李奎漢在九江讀小學及初中。1920年，以同等學歷考入南京金陵大學，攻讀心理學，並精心學習英語，業餘時間擔任英語補習教員，以彌補學費。1924年畢業後，先後在南京東南大學（現南京大學前身）及附中從事英語語音學教學，並編著《英語詞典》一部及教材多種，由中華書局和商務印書館出版，在教育界頗有聲望。

1931年，經聞一多推薦，李儒勉受聘為國立武漢大學英語系副教授，不久升為教授。1936年，利用休假機會自費去英國牛津、劍橋大學學習莎士比亞文學，然後再返回武大。中文系學生宋光逵（1935年9月從清華轉入武大）回憶說：「李儒勉教授教英文，對於一段英譯不知譯自何書，我下堂後低聲告訴他，那是譯自《禮記・禮運》篇。因我讀過《禮記》，熟悉『天下為公』這一段。想不到李老師第二天一上課，首先重講這段譯文，並聲明這是我告知他出自何處的。我佩服李老師的坦誠作風和求是的精神。」[22]1936年考入武大的王達津則說，「在珞珈山時教我們大一英語的是李儒勉先生，他是個很溫和的老師。」[23]

1938年春，武大西遷入蜀。起初，「李儒勉和朱光潛在樂山半邊街，合租了一棟住宅，有廳堂，有正房，有側屋，是相當寬大的。進大門就是一個大的堂屋，兩側就是廂房，前前後後，有不少的房間」[24]，所以錢歌川1939年夏天到

[22] 宋光逵：〈尊師、頌師和超師〉，武大北京老校友會編印：《北京珞嘉》2002年第1期。
[23] 王達津：〈樂山瑣憶〉，《老武大的故事》（南京：江蘇文藝出版社，1998年），頁319-320。
[24] 錢歌川：《苦瓜散人自述》（北京：中國華僑出版社，1994年），頁177。

武大任教，他們夫婦加入暫住，也不覺得擁擠。讀黃炎培日記，有一條關於李儒勉的記載：

> 1939年12月24日：午，李儒勉夫婦招餐，其夫人周慧專（嘉樂門外水井沖八號），同席王撫五、陳通伯、高公翰、劉南陔、陳登恪等。[25]

按，水井沖八號即位於半邊街。半邊街一名現已改為嘉定南路，水井沖地名尚存。

樂山「八・一九」大轟炸之後，武大教授紛紛徙居城外。李儒勉和錢歌川兩家合夥在雪地頭建造房子。這在葉聖陶的日記中有記載：

> 1939年12月4日：與墨上小山，觀李儒勉、錢歌川兩家合築之新屋，將完工矣。房間寬大，眺望甚曠，勝於吾廬。[26]
>
> 1940年1月19日：夜，劉宏度、程迺頤兩家宴鄰居，余與墨偕往，同座尚有錢歌川夫婦、李儒勉夫婦。李家猶未搬來，及其來時，則依藍家小山而居者凡五家矣。[27]
>
> 1940年9月19日：午後四時，昌群來，聞李儒勉將移家江津，任事於女子師範學院，念李所租藍家山上房屋，可以由彼租來居住（昌群居對岸山中，究多不便，近回馬邊老家，亦有種種麻煩）。余遂與昌群偕訪儒勉，儒勉答稱房屋已轉讓與武大同事楊姓矣。但四川習俗，房客並無自由轉讓房屋與他人之權。則藍君與儒勉必將有一番小小口舌矣。[28]

按，樂山時期，李儒勉先後在四川大學、國立女子師範學院兼任英語語音教學工作。

---

[25] 中國社科院近代史研究所編：《黄炎培日記》第六卷（北京：華文出版社，2008年），頁220。
[26] 商金林編：《葉聖陶抗戰時期文集》第二卷（北京：人民教育出版社，2005年），頁51。
[27] 商金林編：《葉聖陶抗戰時期文集》第二卷（北京：人民教育出版社，2005年），頁58-59。
[28] 商金林編：《葉聖陶抗戰時期文集》第二卷（北京：人民教育出版社，2005年），頁106。

葉聖陶日記中又有李儒勉託錢歌川請葉氏為其子李凡補習國文的諸多記載：

> 1940年1月4日：錢歌川來，云李儒勉有一子，欲從余補習國文，余應之。[29]
>
> 1940年1月8日：李儒勉子李凡今日首次來，令自習〈蘇武傳〉，留二時而去。[30]
>
> 1940年1月19日：午後李凡來，為講書改文。[31]
>
> 1940年2月3日：李儒勉送來一火腿，大麯一瓶，蓋其子從余之束脩也，受之有愧。[32]

1943年，李儒勉受聘於英國駐華大使館新聞處，「主編一個英文半月刊」[33]。重慶談判時，他以教育界知名人士的身份，受到毛澤東和周恩來的接見。

抗戰勝利後，李儒勉被武大新任校長周鯁生請回。周在1945年11月5日武大開學典禮上的演講中就公開說過：「今天，雖然教授名單上增添了許多位教授，但是因為交通不夠方便，已經到校的只有三位：一位是孟昭禮先生……一位是李儒勉先生，曾在本校外文系教過書，以後去英國研究，回國後歷任本校教授及在英國大使館新聞處服務，現在仍舊回到本校外文系教書；再一位是周如松先生……」[34]

1946年7月，西南聯大的聞一多教授被國民黨特務暗殺，李儒勉堅決站在進步師生一邊。1947年，武漢大學發生了「六一慘案」，李儒勉和其他主持正義的教師一道，積極掩護進步學生，國民黨特務揚言要加害於他，他絲毫不為所動。

1948年初，李儒勉再次赴英國劍橋大學講學，次年元月回到香港。在答記者問時，李毫不含糊地說：「國民黨垮臺的日子不遠了。」[35]

---

29 商金林編：《葉聖陶抗戰時期文集》第二卷（北京：人民教育出版社，2005年），頁57。

30 商金林編：《葉聖陶抗戰時期文集》第二卷（北京：人民教育出版社，2005年），頁57。

31 商金林編：《葉聖陶抗戰時期文集》第二卷（北京：人民教育出版社，2005年），頁58-59。

32 商金林編：《葉聖陶抗戰時期文集》第二卷（北京：人民教育出版社，2005年），頁60。

33 錢歌川：〈追憶兩個同庚好友〉，《錢歌川文集》第四卷（瀋陽：遼寧大學出版社，1988年），頁963。

34 周鯁生：〈要將武大辦成五千人乃至萬人大學〉，徐正榜、陳協強主編：《名人名師武漢大學演講錄》（武漢大學出版社，2003年），頁202。

35 轉引自〈李儒勉〉，《上饒地區教育志・人物》（江西上饒地區教育志編纂組編印，1991年），頁456。

1949年5月，上海易幟，李儒勉立即打點行裝經旅大趕赴北平。老友胡喬木、田漢等勸他留在京城，後經周恩來安排，任職於中央對外文化聯絡局；先後負責抗美朝援反對細菌戰方面的編譯工作，同時兼任北京輔仁大學英語系主任。不久，加入九三學社。

1956年8月，李儒勉應邀參加知識份子座談會，在發言時，突發腦溢血逝世，遺體葬於北京八寶山公墓。

顧如：從「南開皇后」到「白宮女皇」

1928年9月，國立武漢大學正式成立。翌年5月，王世傑（字雪艇）就任校長。王於1920年由歐返國，即在北京大學任教，對校長蔡元培先生招收女生之舉深為贊許。王在教育部任職時，不但主張小學和大學男女要同校，就是中學也當如此；因為有些偏僻地方，也許至多只能辦一間男子中學，女子就沒有讀書的機會了。當時武大設有「女生指導員」，畢業於日本早稻田大學的周清芬在1933年9月來校任女生指導員。王世傑晚年在台（從「總統府諮政」任上退休）回憶武大往事，仍慶幸：「武大女生，有聲聞於社會，而我亦深慶延攬師資之得人。」[36]

1935年3月，武大校方特地自天津聘請顧如女士來擔任女生指導。顧如，字友如。武大時期有人出上聯：「高翰高公翰」，以「顧如顧友如」對，十分貼切。顧如是上海人。畢業於南開大學，只因其容貌出眾，有人冠名「南開皇后」。據就讀過武大外文系的吳魯芹回憶，「我見到她的時候，她已是漸進中年，但是風韻仍極高雅，相信當年校花的頭銜，絕非虛譽，後來在臺北一次聚會中，座中大半是男女弟子，小半是她昔日的同事，有人對她當年傾倒芸芸眾生的情形，願聞其詳，於是眾口一詞：『顧老師，說出來聽聽嘛！』我想，那時她已是六十以上的高齡了，可是並未現老態，輕描淡寫地說了一句：『就差沒有鬧出人命案子來就是了！』這是何等的筆墨！她沒有寫文章是十分可惜的事。用筆能夠經濟到一如蜻蜓點水，一句話遠勝過一篇冗長的敘述了。」[37]

---

[36] 轉引自佚名：〈老武大的女生〉，武漢大學珞珈學院吧。

[37] 吳魯芹：〈武大舊人舊事〉，《學府紀聞：國立武漢大學》（臺北：南京出版公司，1981年），頁145。

顧如曾留學美國，獲加州大學碩士，在擔任女生指導的同時還是外文系教授，教一班英文。同時代武大人都評價說，顧先生精明幹練且勤勉敬業，人又和藹可親、風度優雅，深得女生敬愛，她擔任女生指導成績斐然。武大有一棟女生宿舍樓，向東湖方向兩角伸開，像隻蝶兒，所以有人稱為「蝶宮」。那麼統領「蝶宮」眾佳麗的「南開皇后」顧如，則為「蝶宮女皇」。1939年中文系畢業的殷正慈回憶顧如——

> 當我第一天進入母校，第一次踏上女生宿舍的石階，第一位遇見的師長，就是顧友如老師。她豐神綽約，玉立亭亭，正在大廳的中央，指揮著工友們搬運什物。她舉眸向我莞然一笑，問清楚我這位「新鮮人」的姓名後，就說：「我已經將你編住在三樓某室。」回身指著幾位工友，向我一一介紹：「這位是門房老方，這位是雜役老姚，這位是清潔女工王嫂，這位是……右首是餐廳，左首是閱覽室，前面是會客室，後進是琴室，再後進是……」寥寥數語，就將女生宿舍描畫出一個大概的輪廓，使我了然於懷，不再對新環境有所懷疑及怯懼。一剎那間我湧出無限歡喜之情，我已經非常喜歡她了。
>
> 我不僅喜歡她的精明幹練，洞察人情；也喜歡她的衣飾髮型，步態翩翩。她穿著一身剪裁合度的旗袍，韻致高雅。一舉手、一投足，都使人覺得舒坦瀟灑。剛從女子中學出來，所看到的那些訓導人員，多是粗衣布裙，短髮黃膚，給人一種陳年煙葉的感覺。「大學裡的老師，畢竟不凡。」我不禁暗暗喝彩。從第一天起，我就愛上了我們那玉宇瓊樓式的宿舍，更愛上了那敏慧多才的導師。
>
> 此後若干年，顧師指導我們要守秩序、遵守時間、愛清潔、懂禮貌、敬業樂群……種種誠意、正心、修身的基本「功夫」。顧師以言教、以身教，使我們潛移默化，在和煦的春風中，真正享受著大學之道。[38]

抗戰爆發之後，武大西遷樂山。「那時顧師挈著也顧、而顧兩位小世兄，和陸維亞學長，一同賃居在白塔街後一座小山嶺上」，殷正慈回憶，「我因家

[38] 殷正慈：〈悼顧有如師〉，《學府紀聞：國立武漢大學》（臺北：南京出版公司，1981年），頁127-128。

母攜帶幼孫，由武漢避敵來嘉，也就遷出女舍，賃居在校山麓下的白塔街上。彼此高低疊宇，聲咳可通，雞犬之聲相聞。因為是患難師生，較前更親近。而家母和顧師，也由本不相識，成為近鄰與好友。當我暫離樂山，赴他縣工作期間，舍間諸事，多蒙顧師關切照拂，使我衷心銘感。這也是此後若干年，每逢見到顧師，追念前塵，使我錯覺上常將恩師與慈母的形象混而為一。」[39]

樂山白塔街，有當時武大唯一的女生宿舍，也是當時武大最好的宿舍，被學生們戲稱「白宮」。顧如這位珞珈的「蝶宮女皇」，應該改稱「白宮女皇」才是，不過當時好像沒人這麼說。顧如管理白宮女生，十分講情理。不像婆婆管小媳婦，也不像獄吏管囚犯，鬆緊有度，頗得口碑，就連不時枉顧「白宮」的男生也說她富於同情心，沒有把好逑的君子，一律看做是搶親的惡漢。比如法律系的一個男生，經常到外文系去「留學」，醉翁之意是想結交該班上一位女生。某晚，該生攜帶了三本古典名著之類的書，直奔白塔街求見該女生。據他回來報告的「災情」是：先是雙方面面相覷，無話可說，接著他就以三大本名著相贈，對方似乎是不知所措，芳容失色。連叫幾聲「我不能受你的禮物！」就從會客室奔到後面去了。這時顧如正從外面走進來，看到他一副喪家之犬的模樣，知道準是碰釘子了，問明原委，不免莞爾，「原來是這麼一點芝麻大的小事啊！好了，好了，把這三本書留在我這裡，我也是念文學的，我可以看；有時也有女同學向我借書看，說不定我還可以替你借給她！」後事當然並沒有照這種如意算盤發展，不過這位男生對顧如女士的雍容，真是感激涕零的，他說：「不但感情上不肯把這幾本書抱回來，體力上也真是抱不動了。」[40]

1941年7月，清華大學梅貽琦、羅常培一行訪問武大，梅氏在11日的日記中記道：「清華同學在經樓下設宴歡迎，共有三桌：桂、陸、繆、高、方、謝、普、吳、樓、王[41]之外，則有方壯猷、顧如、李家光、孟昭彝、夏鼐諸君。飯罷成立嘉定校友會，推桂為會長。」[42]

---

[39] 殷正慈：〈悼顧有如師〉，《學府紀聞：國立武漢大學》（臺北：南京出版公司，1981年），頁128。

[40] 吳魯芹：〈武大舊人舊事〉，《學府紀聞：國立武漢大學》（臺北：南京出版公司，1981年），頁145。

[41] 桂、陸、繆、高、方、謝、普、吳、樓、王：分別指武大教授桂質廷、陸鳳書、繆恩釗、高翰、方重、謝文炳、普施澤、吳其昌、樓邦彥、王鐵崖。

[42] 黃延復、王小寧整理：《梅貽琦日記（1941—1946）》（北京：清華大學出版社，2001年），頁65。

同年7月17日，楊端六、袁昌英夫婦之女楊靜遠日記載：「下午和媽媽進城。……再到顧先生[顧如]家，她後天要走了，坐飛機到仰光去消夏。這年頭恐怕只有她一人能作這種旅行吧！」[43]

顧如的女生指導一職約在1942年卸任，繼任者朱君允。

大概在上世紀四十年代末，顧如隻身去了臺灣，「已棄政從商，生活上頗為優裕，內心中則十分落寞」[44]。1978年去世後，殷正慈有〈踏莎行〉哀悼之：

> 舊夢難溫，舊恩難再。落梅似雪山凝黛。空持手簡憶芳華。劫灰化盡心魂在。
>
> 寸寸離腸，沉沉憾海，人間生死情無奈。天涯何處望歸旛？寒鴉明滅松岡外。

李納：「不學無術」的英國籍教授

上世紀四十年代初期，在樂山街頭，不時會有一個身材高大瘦削、黃髮碧眼、滿面長鬚，穿著廉價的灰布長衫，類似西方天主教神父形象的外國人，常常被市民圍觀。

他，就是武大外文系的英國倫敦籍英語教師李納（Mr. George Rainer），「綽號耶穌（Christ），因為相貌相似的緣故」[45]。

抗戰時期在我國大學中教外語的洋人不多，李納甘冒生命危險，遠到中國內地一個偏僻縣城任教，是有原因的：原來他是第一次世界大戰期間英軍一個報務員，戰爭結束後，流落在澳門落戶。曾任澳門官立學校英文教員十九年。他沒有受過傳統的學校教育，但他一口地道倫敦英語發音，成為戰時武漢大學英語教學急需的師資人才。當時的武漢大學上自校長王星拱，教務長朱光潛，訓導長趙師梅以及院系教授多數留學英國，深切瞭解英國大學的辦學原則。文學院長陳源為了培養學生正確的英語發音，需聘一位標準發音的英語

[43] 楊靜遠：《讓廬日記》（武漢大學出版社，2003年），頁4。

[44] 殷正慈：〈悼顧有如師〉，《學府紀聞：國立武漢大學》（臺北：南京出版公司，1981年），頁128。

[45] 錢歌川：《苦瓜散人自述》（北京：中國華僑出版社，1994年），頁179。

教師，委託在香港工作的落華生去物色人選。李納的倫敦英語發音優勢，因此中選。

曾在外文系任教的戴鎦齡認為，「李納來武大，英國大使館文化專員蒲樂道（John Blofeld）似負有部分責任。是英國文化協會當初介紹李納，蒲樂道任這個協會的代表，深恐李納不勝任，卻以無人頂替為理由，聽之任之。武漢大學在這方面也不免遷就。」[46]

李納到底如何？在戴鎦齡看來是不太合格的，他說：「錢鍾書教授在給我的信中，周玨良教授在和我談話中，都評論過李納，前者指其業務，後者指其生活作風。他似乎是一時英語界部分人士中的話題。我認為那些評論是中肯的。如何聘請外國專家到我們的高等院校教學，在今天還是值得研究的問題。兼文學院院長的陳源教授應該說是熱心吸引外語人才的。溫源甯從一個海外華僑成為北京大學的英語教授，就是經過他穿針引線，極力推薦。詩人倍爾（Julian Bell）到武漢大學外語系教書，又是他院長任內作出決定的結果。不過他請來的李納卻大不愜人意。這個倫敦附近出生的英國人，第一次世界大戰中從大學中應召入伍在戰艦上服務，目睹戰爭的慘酷殺傷及破壞，退役後漂泊來遠東，以投稿及教書為活，已是一個亟度心靈空虛和幻想破滅的人，於是一度縱情酒色，在武大時常通夜不眠，看小說消遣。平心而論，作為一部活的留聲機，對學生提高英語口語實踐能力，他是起了相當大的作用，但學問如何，則頗有問題，而武大是以高工資聘用他，給以教授名義，無怪校外有識之士都嘖有煩言了。」[47]

見仁見智。1939年考入武大經濟系的學生丁宗岱認為，「李納先生作為大學基礎英語教師是合格的。他教學認真，每堂課自始自終全部用英語講解，特別是他那標準的倫敦英語發音，使學生受益不淺，因此受到學生的尊敬。作為英語基礎課學生之一，我一度同他交往較多。但他在外語系教師中是很孤獨的。因為那些受過英國大學教育，並獲有職稱的教授們，不願同一位被稱為『不學無術』的人交往。特別令他難堪的，是外語系胡稼胎教師，作為訪問學者在倫敦期間，從未說過武漢大學有個英籍教授李納先生的存在。這件事使他感到十分尷尬。」[48]

---

[46] 戴鎦齡：〈英語教學舊人舊事雜記〉，珞珈山水BBS站。

[47] 戴鎦齡：〈英語教學舊人舊事雜記〉，珞珈山水BBS站。

[48] 丁宗岱：〈記英籍教師李納先生〉，臺北國立武大校友會編印：《珞珈》（2000年10月）第145期。

丁宗岱的回憶文章又說，「外語系助教吳志謙同李納交往較多。但兩人並非教學工作中的結合，而是輪流作東到飯館『打牙祭』的夥伴。當時師生生活清苦，每週難得吃頓肉菜。有個時期，我也打破師生界限，被邀參加到他們輪流作東到飯館『打牙祭』的行列。生活上增加不少樂趣。」還說，「樂山武漢大學教師們的居住條件很差。為了躲避警報，李納先生也同別的教師一樣，在郊區農村租了個茅屋居住。他所雇用的保姆欺騙他是個外國人，常帶她的男友在李納先生上課期間，到他的住房裡尋歡作樂，搞得室內杯盤狼藉、秩序大亂，他不勝其煩，卻無可奈何。為此，他需邀請一個學生與他同住，既分攤伙食負擔，又代管理保姆老實服務。我曾應邀到他那個茅屋住了兩三個月，目的是想多跟他學些英語，結果令我失望。因為他的生活習慣特殊：每天往返走路、教學，勞累不堪，回到家中就是休息。他對我的英語學習要求不感興趣。他患了牙痛病，就用酒來治療，不聽別人勸說。但他在生活和工作中的精神支柱是強烈的，而且充滿自信。他對我說：『你們大學生從小學一步步走進大學校門，而我卻從大學教師起步。』他這些話，聽起來，讓人吃驚。」[49]

教育部1939年分配到武大外文系借讀的王陸，對這個英籍老師有著深情的回憶，說「外文系唯一的英籍教授是李納，身穿黑色長袍，留髯鬚，永遠是笑容可掬，這使我想起在北平輔仁大學校園裡神父兼教授的形態。他能說一口流利的廣東話，可我聽不懂，還是用英語交談方便。外文系有個外語學會，每年都演出英文戲劇，多半是莎士比亞劇作。我上三年級時，導演並演出了Sir Jamess Barrie的名劇The Admirable Crichton，這是一部諷刺劇。彩排時，李納教授向我建議，要特別注意劇本括弧裡的說明，這使得演出變得有聲有色。李納先生非常喜歡飲酒，每次至少飲四兩，我雖不善飲酒，但總是陪他喝個痛快。有一次天色已晚，只好找個旅店住下，沒想到他隨身帶著睡衣，他背對著我換上睡衣，然後與我同榻而眠。李納先生很好學，尤其是學寫漢字。有一次他寫信給我，問我成都有沒有他放『鋪蓋』的地方，真難為他寫出那麼多筆劃的漢字來。在樂山青衣江浮橋對岸，有許多教授都有茅屋住宅，李納也有一套。學生們有時相約去他的村居度週末，他很隨和，與大家相處融洽。」[50]李納嗜飲，在葉聖陶1940年5月15日的日記裡有佐證：

---

[49] 丁宗岱：〈記英籍教師李納先生〉，臺北國立武大校友會編印：《珞珈》（2000年10月）第145期。
[50] 王陸：〈樂山時期的武大外文系〉，臺北國立武大校友會編印：《珞珈》（2000年4月）第143期。

> 午刻至東潤所，承招吃午飯也。同座有英人李納，此人嗜酒，諸友慫恿余與之並飲，各飲黃酒兩斤餘。余醉矣，歸來即睡，六時始醒，吃了一碗稀飯，復睡。[51]

抗戰末期的樂山，物價上漲，生活艱難，教授們大多身著一襲青衫，腳蹬一雙布鞋，就連外籍教授李納也不例外。「這個群體清貧自守，默默地耕耘著武大這塊良田，布衣粗食居陋巷，保持著孔門弟子顏回、子路的遺行，自得其樂。他們的節操，他們的際範，潛移默化，對我們學子是無形的教化與薰陶。我們每天站立兩廂不僅是來瞻仰他們的風采，而是來接受教誨。」[52]誠哉此言！

抗戰勝利後，李納往安徽大學任英語教授，上世紀五十年代初回國。

戴鎦齡：讓「烏托邦」進入中文的人

提起莎士比亞的十四行詩，你也許並不陌生。但你一定不知道，20世紀三十年代，剛從愛丁堡大學學成歸來的他，將莎翁的十四行詩，一首一首地譯成中文，當作情書，寄給了後來成為他夫人的女友。這一「無心之譯」，後來成就了一段被學界爭相傳誦的佳作，至今仍然被公認為是最好的莎翁十四行詩譯作之一。

在他的譯作中，最為大眾所知的，則是他翻譯了湯瑪斯・莫爾《烏托邦》一書。其中堪稱譯名經典的「烏托邦」一詞，便是由他首創。

八十年代培養出我國第一位英語語言文學博士，他的名字已被英國劍橋世界傳記中心載入名人辭典。

他就是抗戰時期在國立武漢大學外文系任教的翻譯家戴鎦齡。

戴鎦齡（1913—1998），江蘇鎮江人。關於他家世，在戴克中博文中有這樣的介紹：

---

[51] 商金林編：《葉聖陶抗戰時期文集》第二卷（北京：人民教育出版社，2005年），頁75。

[52] 伍一民：〈回憶在樂山的日子〉，臺北國立武大校友會編印：《珞珈》（1998年1月）第134期。

曾祖父戴恒是同治二年進士，當過翰林，辦過上海機器織佈局，歷史上有他一筆。再往上追溯，戴恒的父親戴善之（永慶）是咸豐年間潤州首富，蕪湖有戴公堤，修甘露寺他一拋就是十萬白銀，也算一個人物。二百年來，真正載入官家正史的京江戴氏後人除了戴恒就只有戴鎦齡了。……

戴鎦齡是我的叔祖父，他是我曾祖父戴恒的弟弟戴怡（靜夫、敬夫）最小的兒子。他本人可能完全沒有他父親的印象，因為他僅三歲時父親就去世了。他也幾乎不可能有多少關於他母親的記憶，他父親去世後（也可能在去世前），他母親就被趕出了家門。據曾祖父留下的書信記載，戴怡是戴家最有才氣的人，「戴家的良駒」。他十幾歲中舉，當時的前科狀元李承霖親筆向戴恒報告喜訊。可惜的是從此戴怡就再未進學，背靠殷實的家庭過起了名士的日子。從他留下的詩詞信箚看來，他是一個性情中人，除了丫鬟以外他娶了四房太太，有十餘個兒女。他的大公子也如法炮製，前後也有五房夫人。據說是戴怡64歲時與如皋丫頭春風播種，生出了戴鎦齡。當時大家庭一片責備，但他堅持納妾，老太爺火也真旺，後來還生了一個鉑齡。老太爺駕鶴以後，長子鐵齡立馬將鎦齡的媽媽趕出了家門。家人傳說「鎦齡」有「留下」的含義。可憐的戴鎦齡四歲就沒了爹娘。

父親走後，長兄為父，鐵齡掌管了全家的大權，同邑同宗的海齡（我祖父）家裡的孩子請了國文、英文、算學先生發蒙，他卻只能旁聽，稍大一點就被送去黃橋當學徒，過寄人籬下的日子。戴鎦齡真是好勝好強、能吃苦、要上進、要出人頭地！他先去上海讀之江大學，後又來武昌文華圖專讀書。他苦讀，一本英文字典從A背到Z。爸爸常說戴鎦齡真是下死功夫啊！我父親1931年從愛丁堡大學回國在武漢大學任教，他們經常走動。爸爸常說，新時代了，他哥哥已不敢過度的欺負他了，我爺爺也幫他向他哥哥掙得了一些房產。他立刻賣了部分產業，自籌路費負笈英倫[53]。他也去了爸爸就讀的愛丁堡大學……[54]

---

[53] 廣州中山大學圖書館長程煥文教授為《外國圖書館學術研究——戴鎦齡文集續集》寫序時，曾轉述該書編者王賓教授之語：「戴先生高中畢業後選擇了圖書館學，考取公費留學到愛丁堡後又改學英國文學。」

[54] 戴克中：〈才名到了心未死——戴鎦齡教授〉，項爍新浪博客。

在去英國留學之前，戴鎦齡於1933年9月考入私立武昌文華圖書館學專科學校，攻讀圖書館學本科，1935年6月畢業，獲文學學士學位。在此期間，他先後在《私立武昌文華圖書館學專科學校季刊》上發表了〈西洋分類法沿革略說〉（1934年6卷1期）、〈紐西蘭民眾圖書館概論〉（1934年6卷2期）、〈尼加拉瓜民眾圖書館概況〉（1934年6卷2期）、〈挪威民眾圖書館概況〉（1934年6卷2期）、〈巴勒斯坦民眾圖書館概況〉（1934年6卷2期）、〈目前美國圖書館界財政問題之面面觀〉（1934年6卷4期）、〈字典簡論〉（1935年7卷1期、7卷2期）、〈Wanted: A Chinese Encyclopedia（我們需要一部中文百科全書）〉（1936年8卷1期）等9篇論文與譯文，1934年還出版了譯著《圖書館的財政問題》（武昌文華圖書館學專科學校出版，1934年）。令人驚歎的是，戴鎦齡只是利用1934年近兩個月的暑假就完成了約十萬言的《圖書館的財政問題》的翻譯工作。他在〈譯者序言〉中說：「余於今年夏日譯成此書。回憶暑假兩個月中，玩時愒日，殖學荒怠，僅在迻譯方面，稍稍著力；又以暑威逼人，時有鬱蒸之思，下筆殊難自滿。初意來校後，可從容將其斟酌損益，期於十分信達；但近因校課繁重，卒卒曾無須臾之間，一理宿債。」儘管「疵漏難免」，但是，校長沈祖榮卻對戴鎦齡的譯著評價甚高，曰：「譯者，係本校本年度第二年級同學戴鎦齡君，他是在暑假之間譯成此書，思得有所貢獻於國內圖書館界。余閱畢此書，見其文筆流暢，內容切當，故甚嘉許戴君之發憤，而又想到我國圖書館之困難問題，財政亦其重要之一端，故樂為介紹，並付學校刊行之」[55]。

那時，武昌文華圖書館學專科學校採用的是美式圖書館學教育制度，即從修完大學二年級課程的學生中招收圖書館學專業學生，學制僅兩年。因此，廣州中山大學圖書館長程煥文教授贊嘆說：「一個大學本科生，在攻讀圖書館學專業的兩年間竟然發表了7篇中文圖書館學專業論文與譯文和1篇英文圖書館學專業論文（另1篇英文論文發表於畢業後參加圖書館工作之時），並且還出版了一部譯著，這的確是一件非常了不起的成就，即便是在今天，很多博士生都做不到，碩士生和本科生就更不用說了，真是令人佩服和不可思議。」[56]

---

[55] 轉引自程煥文：〈《外國圖書館學術研究——戴鎦齡文集續編》序〉，程煥文新浪博客。

[56] 程煥文：〈《外國圖書館學術研究——戴鎦齡文集續編》序〉，程煥文新浪博客。

卻說戴鎦齡在愛丁堡大學獲文學碩士學位後，於1939年回國。從是年起直至1953年夏，歷任武漢大學外文系副教授、教授，系主任及校務委員等職，中間曾兼任武漢地區及四川、安徽兩省兄弟院校教授。1940年考入武大經濟系的黃鎡曾經回憶當年：「在學習中有幾件事給我留下很深的印象：一年級英語是戴鎦齡老師教授的。他對學生要求很嚴，每次上講臺，總要指名一兩位同學站起來背誦已經教過的課文中的某一段，或講解某一段課文，率以為常。」[57]1944年，戴鎦齡與方重等人合編《近代英美散文選》，朱光潛以英文為該書作序，當年8月開明書店印行。葉聖陶為該書所寫廣告詞道：「作者根據多年的教學經驗，精選散文二十五篇，從哈代起到當代英美作家止：內容不限於文藝，政論、自然科學文字、社會科學文字都有。適合於大學和高中高年級英語教學之用。每篇之後附有作者小傳和注釋，對於教學自修，都極有幫助。」

抗戰時期，戴鎦齡曾與武大教授陳源、羅念生、方重、朱光潛、費鑒照等志同道合好友多次聚會，商議翻譯各種西洋名著。四十年代初，有人將他翻譯的散文彙編成集，取名《英國人論》，收入「青年文庫」在重慶中國文化服務社出版。除翻譯外，他還在四川的樂山、成都、重慶等地的報紙雜誌上發表了大量的散文和文學評論，成為頗有知名度的學院派後起之秀。在成都主持開明書店的葉聖陶曾專門在「明湖春」設盛筵兩席，歡迎兩位學者蒞臨成都。一位是從昆明來的朱自清，另一位便是假期來成都訪友的戴鎦齡。葉聖陶後來創辦文藝講習會，邀戴鎦齡主講過西洋文學。朱自清也看好這位剛從英倫返國的青年才子，並通過文人酒會將他介紹給馮玉祥、豐子愷等人。由此可見，戴鎦齡在四十年代初的學界文壇已非等閒之輩[58]。其侄孫戴克中說，「他在武大時相當活躍，那時他才三十餘歲，詩酒乘年華。在家鄉他也讓人刮目相看，我大伯伯在淪陷的泰興辦楊陋學塾用了他的房子，讓他當掛名的校長，也免了日本人的盤查。」[59]

抗戰勝利，武大復員回到珞珈山，戴鎦齡「也相當進步，反蔣十分積極。吳宓在武大當系主任時他幾乎隔三岔五就去拜訪，和他討論問題。學生不滿意講授《十八世紀英國文學》課程的老師，他主動承擔了該課程的講授任務。他

---

[57] 黃鎡：〈樂山學習生活雜憶〉，臺北國立武大校友會編印：《珞珈》（2000年7月）第144期。

[58] 王賓：〈智者的歷程〉，《戴鎦齡文集——智者的歷程》（廣州：廣東人民出版社，2004年），頁377。

[59] 戴克中：〈才名到了心未死——戴鎦齡教授〉，項爍新浪博客。

也積極參與社會活動，撰寫了不少文章載於報刊。解放後他更是積極思想改造，一直是共產黨依靠的力量，1952年就當了外文系主任。1948年他家住在特三區新修的教授住宅，吳宓因為沒有家小而住不上牢騷滿腹。……戴鎦齡對孩子相當嚴厲，我真真的記得一天的傍晚我和李國平教授家的孩子爬在他家的窗臺上看戴老大、戴老二被罰跪在地板上的模樣。」[60]

五十年代受教過戴鎦齡的薛芳馨回憶：「我在武大外語系英語專業學習時，戴鎦齡老師是我們外語系系主任。他教我們大四的英語翻譯課。1952年我們外語系部分同學借調到武漢市外賓招待委員會擔任臨時翻譯時，戴老師與吳紀先教授又曾擔任過我們的顧問。平時他與同學們關係非常好。我們畢業時，他給我們班的同學每人贈送了一本英語文學書籍作為紀念。我獲贈的是一本《蘇聯短篇故事選集》英譯本。……當年在武大外語系英語專業學過的老同學可能還記得，那時有一種傳說：戴老師能背得出英文簡明牛津辭典（The Concise Oxford Dictionary of Current English），這本英語詞典是當代英語詞典中最具權威性的詞典之一，詞條豐富。我曾就此事詢問過他老人家，他說：『全部背出一部詞典那是誇大其詞，但查閱的次數多了，許多詞和詞條能熟練掌握這是完全可能的。』我隨即告訴他，我校的一位英語教師最近到杭州旅遊，回來後他抱怨杭州的旅館多收了他的錢。他用了『Overcharge』這個詞，戴老師即用英語解釋『Overcharge』的意思，即『Charge too much for thing to person』（對人或物要價太多或太高）。我回去一查，果然與簡明牛津詞典上的解釋一模一樣。這說明戴老師對該詞典應用之熟練，記憶力之強。」[61]

1953年全國院系調整，中南五省外語院系合併入廣州中山大學後，戴鎦齡便長期在中大任教（「文革」期間曾在廣州外國語學院任教四年），先後任外語系教授、系主任、校務委員、校黨委委員等職。在他到中大之前，廣東的英語教育幾乎為空白。中大外語學院教授王賓回憶，「是戴老壯大了中大外語學院。文革前，中大的英語系一直佔據著全國前三的位置，這全賴於戴老帶領著一批教師潛心治學與悉心育人。」[62]

---

[60] 戴克中：〈才名到了心未死——戴鎦齡教授〉，項爍新浪博客。

[61] 薛芳馨：〈緬懷我國外語教育界、翻譯界老前輩戴鎦齡恩師〉，《武大校友通訊》2005年第1輯。

[62] 陳紅豔等：〈戴鎦齡：讓「烏托邦」進入中文的人〉，《新快報》2013年4月14日。

熬過了文化革命之後，戴鎦齡趕上了中國難得的好時代。1981年11月，他被國務院批准為英語語言文學專業首批博士生導師，接著便培養出中國第一位英語語言文學博士。他先後為本科生、碩士研究生、博士研究生開設過十多門課程，如英語詩歌、歐洲古典名著、莎士比亞、西歐文藝批評史、英語寫作、翻譯等。

戴鎦齡專於英國語言文學，尤擅古典文藝批評，還旁涉圖書館學、語言和文藝、詞典學和翻譯學。他的翻譯以不失原文語言風格、精神實質見長，譯詩尤是。莎士比亞十四行詩在中國有很多譯本，他的譯本在音節和韻式的處理方面獨闢蹊徑，成為其中翹楚。據其夫人徐開蜀介紹，他最初的動機不是發表，而是作為戀愛時兩地之間的書信。譯一首，便給徐寄去一首。全部譯完，徐保管，他又不斷地修改，最後卻毀於紅衛兵之手。好在儲安平主持《觀察》雜誌時，得悉戴鎦齡藏有妙筆之作，討去四首刊登出來，遂得以流傳。眾所周知，詩歌一經翻譯淪為散文的分行羅列，由音步或者平仄體現出來的形式美竟告闕如。戴鎦齡的詩歌修養跨越英漢兩種語言系統，翻譯莎詩時自然要追求形式美的對稱，其譯文堪稱現代中國翻譯史上一絕。

在其譯作中，最為大眾所知的，則是他翻譯了湯瑪斯・莫爾《烏托邦》一書。其中堪稱譯名經典的「烏托邦」一詞，便是由他首創。該書的原著是英國政治家和作家湯瑪斯・莫爾；Utopia是他根據希臘文生造出來的一個詞，ou在希臘文裡主要是「無」的意思，topos在希臘文裡有「位置、地方、空間」的意思。譯名「烏托邦」可以理解為「烏」是沒有，「托」是寄託，「邦」是國家，這三個字合起來的意思即為「空想的國家」。

除了《烏托邦》，戴鎦齡還譯有《浮士德博士的悲劇》（英／馬婁著）、《英國文學史綱》（蘇／阿尼克斯特著），撰有論文〈論科學實驗對近代英國散文風格形成的影響〉、〈近代英國傳記的簡潔風格〉、〈英國文藝批評史中的唯物論觀點傳統〉、〈談中西文論中的以水為喻〉等，著作有《戴鎦齡文集：智者的歷程》、《外國圖書館學術研究：戴鎦齡文集續篇》等。正是因為他的博學多識、為中國英語教育作出的傑出貢獻，他的名字已被英國劍橋世界傳記中心載入「名人辭典」，成為一名真正受到世界認同的學者。

楊安妮：熱心抗日的瑞典女教授

樂山時期，武大外文系有兩名外籍教授，一個是蓄著大鬍子的英國人李納，另一個則是金髮碧眼的瑞典人楊安妮。

當時外文系有四位著名女教授：袁昌英、朱君允、孫家琇三位是留過洋的中國才女，另一位是全校師生矚目的、風姿綽約的德文教授楊安妮。

楊安妮（？—1982），原名瑪麗．安妮。因與四川才子楊茂修結婚，按中國封建傳統應隨夫姓，故名楊安妮，也有叫楊瑪麗的。

楊安妮出身於瑞典名門望族，由於她家學淵源，天資聰穎，在念完中學時，即精通德、法、英、義四國語文。瑞典國Kaistat專校畢業，後在巴黎大學文科修業。1922年，四川洪雅縣著名的楊家四少爺楊茂修，從當時北平的朝陽大學畢業後到法國巴黎大學攻讀法學博士學位。在一次學校舉辦的舞會上，經友人介紹，楊茂修認識了當時在巴黎大學學習的瑞典女郎瑪麗．安妮，從此過從甚密，感情與日俱增，瑪麗因此又結識了許多中國留法學生，瞭解了不少中國文化，民情風俗，對中國產生了一種美妙的嚮往，數年交往，兩人互生愛慕之情。

楊茂修，字暢然，筆名傻瓜。1901年生於洪雅縣柳江一個士紳家庭。幼年讀私塾，由家庭包辦與舅父的三女張一君訂婚。青年時到北平朝陽大學讀書，1922年畢業，準備留學法國，被女方得知後，由洪雅遠涉千里，到北平同他結婚，婚後不久，楊茂修就毅然出國留學。張一君後來有喜，生了大兒子楊大正。這段隱情，楊茂修暗藏在心，而安妮．瑪麗卻蒙在鼓中，始料不到。

1929年，楊茂修學業即將完成，但心中卻惴惴不安，考慮再三，為了不傷害安妮．瑪麗真情美意，避免自己的良心受到譴責，在拿到博士學位後，便悄悄離開巴黎，返回祖國上海。楊的不告而別，使安妮心急如焚，焦慮萬分，首先在中國留學生中四處尋找，八方打聽，經得知楊已返回上海，這位癡心多情的瑞典女子便不顧親朋好友的勸阻，隻身來到中國，臨行時還身藏一隻手槍，欲與楊茂修同歸於盡。安妮在上海找到楊後，聽他娓娓訴說原委，誠懇道歉，瞭解到他是因為封建包辦婚姻，不得已才出此一策時，深為理解和同情。終於在1929年夏，這對在異國他鄉苦戀了數年的情侶結成了眷屬。翌年，安妮在上海生下了第一個男孩，取名楊庚生（後改為更生）。從此，她定居中國。

楊茂修在上海市政府工作兩年後，想回四川，1931年初，經由當時河南省主席商震介紹給駐成都的川軍29軍軍長田頌堯，擔任軍部顧問，安妮也隨夫到了蓉城，住在成都西華門街，與大哥楊雨樓在一起，過著和睦儉樸的生活。安妮曾任四川大學理學院德文講師。她幾年中又相繼生了兩個男孩，其中一個夭折，一個取名楊艾南。

楊茂修才華橫溢，不但法律學識淵博，且文學造詣也深，在川軍中參襄幾年之後，深感難展雄才，便於1935年應聘去北京大學任教，後常在《論語》雜誌上發表不少宏文讜論，成為當時頗有名氣的評論家。而身為瑞典人安妮激於義憤，也參加了抗日活動，從而結識了許多抗日愛國將領，如張學良、馮玉祥等並過從甚密。後北平淪陷，她再次隨夫回到四川洪雅老家。楊茂修擔任了縣參議會副議長，瑪麗應縣中校長聘到校義務教英語會話課，教學生動員民眾抗日等會話。她還在教餘時間宣傳開展體育活動，鼓勵學生游泳，自己親自到校門前的文昌宮沱裡示範，一時「洋女人下河洗澡」的消息傳遍洪雅，引起成百上千人觀看，開了地方新風。

洪雅縣當時屬樂山專區管轄，從武昌遷到樂山的武大校長王星拱，聞知洪雅有位巴黎大學畢業，精通四國語文的外籍女才子，於1941年發出一封英文聘書並親自簽名，禮聘安妮到武大任教。初來武大時，學生稱她為楊安妮瑪麗。她任外文系德文教授，講授課程為Die Deutsche Sprache。楊安妮「碧眼金髮、風姿綽約，是全校師生矚目的人物。她教學要求嚴格，帶領學生進行德語對話練習，教書育人的風範深得全校選修德文同學的景仰」[63]。曾任武大空間物理系主任的王燊教授，1940至1944年間就讀武大物理系，他晚年回憶當年通向及格的一些「歪門邪道」，其中有這樣一例：

「德語」是楊安妮老師教的，據說她老是瑞典人，一句中國話也不說。

---

[63] 王碧瀅：〈老武大的外籍教師〉，珞珈新聞網。

那天考試，有一大段翻譯。譯文就在書上；坐在後面的張筱和學長（物理系，同班）知道地方，但不敢看。我請她把書翻開遞給我，我把抄好的卷子高高舉起，讓她再抄。這時，站在講臺上楊老師看見了，遠遠地沖著我們「SIE」地喊話。我跟張學長說：「別抬頭！」就這樣，在楊老師無可奈何的喊聲中，我們「大功」就告成了。[64]

據楊茂修的侄子楊大和回憶：「那時，武漢大學有些進步的教授撰寫了書稿，自己無錢印刷，又找不到地方出版，為了傳播進步思想文化，而不得不籌集出版資金。我縣吳鴻恩同志（原中藥材公司副經理，第一屆縣政協委員，現已退休）當年在樂山工作時，就親見在為朱光潛教授出版書籍籌集資金的名單上有安妮•瑪麗的名字。」[65]

教學之餘，楊安妮積極參與抗戰宣傳活動，經常傳授一些抗日用語，指導學生編排英語版抗日活報劇。1943年馮玉祥將軍、郭沫若先生到樂山宣傳抗日、募集資金，在武大籌備義演郭氏為抗戰而創作的名劇《孔雀膽》，楊安妮為籌備小組成員之一。1943年冬，在樂山的一次獻金支援抗日大會上，楊安妮牽著年僅8歲的小兒子楊艾南走上獻金台，楊艾南將心愛的金色撲滿小心翼翼地交給大會主席。這個洋婦人和「小洋人」的義舉獲得眾多人士的熱烈掌聲，也深深感動了到會的一鄭姓鉅賈，他當場以萬元鉅款買下這個撲滿，又立即將它送還大會。與楊安妮在抗日大後方重逢的馮玉祥將軍，有感於這個異國女子長期對中國抗日戰爭的支持，特書寫對聯相贈：「紀念木蘭女，要學秦良玉」。楊安妮還積極動員青年參軍抗日，她保姆的兒子就是由她動員參加抗日入伍的。臨行前，給他一筆錢，還將自己親筆簽名的相片贈送，鼓勵其英勇殺敵，在她的鼓勵下，有不少青年走上抗日前線。

1945年抗戰勝利後，楊安妮未隨武大復員去武漢而回到洪雅。其時，楊茂修已任國府立法委員，她常隨夫奔走於成都、南京、上海等地，但每年都必回洪雅柳江鄉的老家住一些日子，並和楊的前妻和睦相處，不分大小，對前妻所

[64] 王燊：〈樂山二憶〉，《武大校友通訊》2008年2輯。

[65] 楊大和：〈憶四嬸安妮•瑪麗〉，《樂山市中區文史資料選輯》第7輯。

生大兒楊大正也視同己出，擔負起教養責任，仍命其親生子楊艾南不斷資助其同父異母的大哥，愛屋及烏，深受讚揚。

1951年，洪雅實行土改，楊家被劃為大地主，楊茂修又是立法委員，兩罪並罰，在劫難逃，終因不堪折磨淩辱，懸樑自盡。楊安妮因是外國人，未靠剝削生活，得以倖免，但仍被驅逐出國，離境時不准攜帶任何財物，只能把她親生的，當時只有15歲的小兒楊艾南帶走。

楊安妮這位把青春、愛情和大半生獻給一位中國才子，對中國人民充滿美好情誼的瑞典女子，1952年3月滿懷淒涼地離開洪雅，輾轉一個多月回到瑞典。21歲的大兒子楊庚生正在四川大學讀書，只好留在國內。

楊安妮回到瑞典後仍致力於世界和平，瑞中友好和殘疾人福利事業，曾任瑞典世界和平理事會理事，瑞中友協理事，瑞典首都斯德哥爾摩一個盲啞學校的行政領導，直至1982年逝世。其子楊艾南，繼承母親遺志，為中瑞文化交流和經濟合作不遺餘力。他雖高鼻深目、滿臉絡腮胡，是個標準「洋人」形象，卻仍可以說一口地道的四川話。

羅念生：獻身古希臘文化的學者

在希臘首都雅典有一條街，雅典人稱它羅念生街。這是雅典市民為紀念中國著名翻譯家、古希臘戲劇研究者羅念生而命名的。

雅典科學院於1987年授予羅念生「最高文學藝術獎」（當時國際上獲此獎者只有4人）；希臘帕恩特奧斯政治和科學大學於1988年授予他「榮譽博士」稱號（當時國際上獲此稱號者只有5人）。

有人說，一個羅念生或一個像羅念生那樣純樸、執著的知識份子，其潛在的價值不亞於五十所或一百所希望小學。

抗戰時期，羅念生曾在樂山國立武漢大學外文系任教。

羅念生（1904—1990），原名懋德。生於嘉定府威遠縣（今屬自貢）。其父羅九成以教書為業，曾開館辦私塾。當時的家鄉沒有小學，幼年的羅念生只能隨父讀私塾。他熟讀古書，才思明敏，記憶超群，所作文言文深得鄉賢稱讚。1918年，考入資中縣立小學。1919年，考入威遠縣立初級中學，後因學校臨時停辦，改入榮縣中學。半年後，他就讀成都華西中學。少年的羅念生品學兼優，尤以數學才能出眾，深得老師們喜愛，並望他將來專攻自然科學。羅九成為了兒子能繼續求學深造，便棄教經商，專營燒製木炭及煉鐵作坊，每年資助他60元銀圓做學費。1922年，他考入舊制清華學校，專攻自然科學。他的數學成績在班上名列前茅。他的同學有朱湘、柳無忌、孫大雨、楊葆昌等等。1926年，羅九成煉鐵生意破產，家中開始破落，難以支付學費。羅念生只得改學文學，以習作和譯稿掙得稿費維持生活和學業。清苦的校園生活，對時弊的憎惡，促使一批喜愛文學的學生經常聚在一起，討論新詩和新文學。1927年，經摯友朱湘引薦，羅念生為北京《朝報》編輯文藝副刊。從此開始了他的新詩及散文的創作。詩作大多收入他的新詩集《龍涎》中，散文收入以描寫蜀中山水風情為特色的散文集《芙蓉城》中。林語堂曾稱讚他的文字「清秀」。朱湘認為他的散文「風格清麗，有一奇氣」。他與同窗盧木野合譯了英國作家哈代的短篇小說，又與陳麟瑞合作翻譯了德國作家施托姆的著作，經常刊登在天津的《國聞週報》上，從此開始了他的翻譯生涯。

1929年，羅念生經過考試公費赴美留學。在美國，他先後在俄亥俄大學、哥倫比亞大學、康乃爾大學攻讀英美文學和希臘文學。在詹姆森教授所授的歐洲文學史課堂上，教授對古希臘文學的極高評價，加深了羅念生對古希臘哲學、文學的濃厚興趣，加上摯友朱湘的鼓勵，他利用課餘時間，從古希臘原文翻譯了悲憤詩人歐里庇得斯的《伊菲格涅亞在陶羅人裡》，由上海商務印書館出版，成為羅念生的第一部古希臘戲劇譯著。1931年，他與柳無忌、陳麟瑞等中國留學生在紐約共同編輯《文藝雜誌》（柳亞子主編），在上海出版。

1933年，羅念生看到學習英美文學的中國留學生為數眾多，而古希臘文學領域是個冷角，於是他決定轉赴希臘雅典，專攻古希臘文化，以填補祖國希臘文學研究之空白。是年，他登船橫渡大西洋，來到他久已嚮往的歐洲文化發源地——希臘，入雅典美國古典學院。在學院裡他選修了四門課程：雅典城誌、古希臘建築、古希臘雕刻、古希臘戲劇。當時，他是唯一的一位中國留學生，第一位到希臘留學的中國人。除了完成學院裡的課程，他的足跡踏遍了希臘半島的南北東西，遊歷了愛琴海上的大小島嶼。愛琴海上明藍的天空，雅典城上環繞的紫色雲冠，希臘人民的好客情誼，尤其是古代希臘留傳下來的文化光華……，都銘記在他的心中，為他日後六十年如一日地從事古希臘文學的研究和翻譯，奠定了牢固的基石。

1934年深秋，羅念生回到了祖國。先是在上海中華教育文化基金會翻譯西方名著，後轉入北平研究院考古組進行考古工作。1935年夏，羅念生在北京大學任教，講授古希臘文明史及英美文學，繼續翻譯工作。不久，他投入抗日救亡的洪流，揮筆寫下了〈老殘局的槍聲〉等散文作品，矛頭直對日本帝國主義的侵略行徑，表達了他的赤子之情。為此，他的名字被列入日本憲兵隊的黑名單中。盧溝橋事變前夕，他不得不隻身逃離北平，南下入川，而把妻子和出生僅有幾個月的兒子留在了北平。後來妻子和孩子經天津、香港，轉經數省終於與他相聚在成都。

抗戰時期，羅念生一方面在大學任教，一方面還要在各地中學兼課。他用古希臘人抗擊侵略、反對戰爭的經典譯作來鼓勵中國讀者奮發圖強，堅持抗戰；用古希臘英雄抗暴的故事，四處演講，激勵青年學生的愛國激情。在大後方的四川，出版事業和紙張極度困難，在羅念生的多方努力和奔走下，仍出版了他的《希臘漫話》、《芙蓉城》等文集，以及古希臘悲劇《特洛亞婦人》等翻譯作品。這些作品對鼓舞中國人民的抗日士氣和愛國熱情都是有積極作用的。1938年3月，羅念生與卞之琳、朱光潛、何其芳創辦了抗日救亡雜誌《工作》半月刊。1939年1月，加入「中華全國文藝界抗敵協會成都分會」，並當選為理事。2月，「文協」成都分會會刊《筆陣》半月刊創刊，羅念生、李劼人、蕭軍等十一人輪流任編輯。4月，羅念生與謝文炳、周熙民等人創辦《半月文藝》，發表抗戰文藝作品，進行愛國宣傳。「文協」成都分會成立時，國民黨相關部門的干涉與迫害，沒有會場開會，羅念生毅然騰空自己的住房，作為分會的會場。

1939年秋，羅念生隨四川大學遷峨眉山，任副教授，擔任英文、希臘悲劇、希臘羅馬古典文學、英國詩歌等課程。次年，升任川大教授。外文系內人事摩擦厲害。因與謝文炳、葉石蓀教授為學生打抱不平引起上司不滿，謝、葉離校他就。

1941年，羅念生由謝文炳介紹到樂山的武漢大學外文系任教授，擔任英文、古典文學、英國文學史等課程。當年外文系學生楊靜遠日記裡有點滴記載：

1942年10月21日：文學史換了羅念生先生教，他的發音也怪極了。

1943年3月3日：聽說羅念生先生到成都去了，因為一位美（？）國研究古希臘文學的學者久仰他的大名，特來拜訪他。也許他就不再回來，到燕大去了。

1943年3月9日：上午陪彭智慧去方重先生家問書。方先生告訴我們，羅念生先生在成都一家英文日報做事，文學史改由他教。

羅念生在樂山的生活極其困苦，自己胃病嚴重，妻子又重病，物價奇貴，靠典當借貸度日。1943年春，他由饒孟侃介紹回到川大（成都），仍擔任英文、英國文學史等課程教授，並當選為系主任。

1945年9月28日，抗戰勝利之初，民主運動興起，羅念生和姚雪垠等進步文人一起，在《新華日報》上發表〈成都文化界對時局的呼籲〉，反對國民黨反動派製造分裂，發動內戰的陰謀，結束國民黨的獨裁統治，成立聯合政府。聞一多被國民黨特務殺害後，羅念生與友人一起出專刊，寫詩文，悼念聞一多烈士，抗議國民黨當局的血腥罪行。

1946年，羅念生到長沙湖南大學執教。1947年，他經上海赴青島，在山東大學任教。1948年，大陸易幟前夕，他終於返回離別十數年之久的北平，就任於清華大學外語系。

1952年，周揚代表共黨高層寫信羅念生，鼓勵他研究和翻譯古希臘文化典籍，並邀請他到北京大學文學研究所專門從事研究工作。1958年，北大文學研究所合併到中國科學院哲學社會科學部文學研究所，後改為外國文學研究所。從此，他潛心於向中國人民介紹古希臘文化的工作之中，填補了我國古希臘文學研究的空白。

1985年中央戲劇學院決定排演索福克勒斯的悲劇《俄狄浦斯王》，羅念生興奮不已。這是在中國國土上第一次公演古希臘悲劇，是他多年的夙願，他不顧年邁體弱，冒著寒風多次到課堂給學生講課，介紹希臘悲劇。翌年6月，《俄狄浦斯王》一劇應邀到希臘德爾菲市參加國際古希臘戲劇節，並在雅典進行公演。羅念生以中國戲劇家代表團團長身份隨劇組參加了這一盛會。

1988年2月12日，羅念生接受雅典科學院授予的最高文學獎，在頒獎儀式上答謝說：「我一生鑽研希臘經典著作。每天早上，我展開希臘文學書卷，別的事全部置諸腦後，我感到這是我生平的最大幸福。我熱愛希臘和希臘人民，愛琴海上明藍的風光和雅典城上的紫雲冠時縈腦際。希臘文化是世界文化史上的高峰之一，可惜我沒有攀登到它的頂峰。時值立春，我已經度過了八十四個春秋，但願我能到達希臘悲劇詩人索福克勒斯的九十高齡，甚至修辭學家伊索格拉底的百年長壽，使我能努力鑽研，辛勤譯著，以報答希臘朋友對我的厚愛與鼓勵。」[66]然而兩年後的春天，86歲的羅念生病逝。

羅念生帶著遺憾走後，留給兒女的是一個僅有十元人民幣存款的存摺，留給中華民族子孫萬代的，卻是——一千多萬字，五十餘種譯著和論文。

2004年，十卷本《羅念生全集》出版後，有人說「會像是中國文化大地上搬來了一座希臘群神聚居的奧林匹斯山一樣」[67]。

朱君允：管理女生的外文系教授

1942年的初秋，兩條竹篷船從成都沿岷江而下，駛向樂山。船上有一個四十幾歲的婦女，還有三個孩子。

這位婦女便是國立武漢大學新聘的外文系教授，兼女生指導委員會主任朱君允。

朱君允（1894—1966）出身長沙一個書香大家，民國第一任民選總理熊希齡就是她的姑丈。自幼受到嚴格的國學教育，中國古典文學的修養極好。據其女兒熊性淑回憶，「她不但擅長吟詩填詞，且練出一手端莊秀麗、靈秀過人的小楷，抗日戰爭前在北京文化人圈中是頗負盛名的。據說她少年時為練書法曾磨穿過兩副硯臺。記得1939年國畫大師張大千先生也曾數次接媽媽過去為畫題詞。」[68]

朱君允是我國較早接受現代高等教育並去海外留學的女性之一，上個世紀二十年代初即畢業於金陵女子大學，並赴美留學，獲碩士學位。此時，與著名戲劇家熊佛西相識相愛，結為連理。回國後他們在北平過了十年幸福甜蜜的

---

[66] 羅錦鱗、趙淑寶：〈羅念生〉，劉啟林主編：《當代中國社會科學家》（北京：社科文獻出版社，1992年），頁192。

[67] 周健強：〈搬來了一座奧林匹斯山〉，《光明日報》2004年7月7日。

[68] 熊性淑：〈燈光，永遠的燈光〉，傳記網。

生活。熊佛西致力於開拓中國的現代戲劇事業，朱君允全力經營小家庭，也在北平大學戲劇系教一些課，襄助丈夫的事業。抗戰伊始，熊佛西隻身告別了妻兒，去後方和文藝界的戰友們匯合，投身抗日宣傳工作了。

後來，朱君允帶著三個幼小的兒女（即長子熊性美、長女熊性慈和小女熊性淑）輾轉天津、上海、香港、越南、昆明、重慶，最後到達成都，期待團圓，不料熊佛西已經移情別戀，一個十分圓滿的家庭由此破裂。丈夫揮手從茲去，扔下三個正在成長的孩子，不分擔一絲責任。朱君允首先面臨的是經濟危機，她年已過四十，初到異鄉，沒有分文收入，但她沒有退縮，毅然撐起了全家頭上的一片天。她的老同學、時任金陵女子文理學院校長的吳貽芳，伸出援手，朱君允開始教書謀生。她講授「西洋通史」和「英國文學」，兼指導學生們的課餘話劇活動。

為了維持生活，朱君允還到外校兼課，同時在燈下筆耕出一篇篇清新的散文在《成都日報》發表，其中有對戰前生活甜蜜的回憶，有對旅途跋涉見聞的敘述，有對至愛親朋的懷念，有對光明的期待和嚮往，最後輯為散文集《燈光》，由重慶國民圖書出版社1942年6月出版。武大外文系教授陳源在該書序言中寫道：

> 在七八年前，要是你高興在暑假內陪我到北平府右街一個朋友家去，你會發現在一條小胡同中有一所幽靜的房屋。……
>
> 抗戰發生的時候，只有主婦帶著三個都已經在中小學讀書的孩子在那裡。過了三年，她們方才由北平取海道轉到了抗戰的後方根據地四川。一別多年，你又有機會陪我去訪問這一家人家。孩子們都長大了，最小的女郎也已經快進中學，怪不得主婦的頭髮也花白了。她招呼你時還是那樣的親切。她留你吃了便飯才走。她留下一個天真聰明的孩子陪你閒談，自己到廚房裡去煮飯做菜，其餘的兩個孩子也幫著搬東西，擺桌子。在燈光底下，你看見三個孩子與他們的母親在一起，依然有說有笑，還是一個和悅的家庭。可是在笑樂的底下似乎蒙著一層抹不下的悲哀，你感覺得，也許笑聲止，眼淚便會突眶而出了。你不敢久坐，因為你知道這主婦明天一早還得出去做事。她得養活這一家人。你走的時候，帶去了一幅心酸的畫景。

> 這個人家的主婦便是這本書的著者。不像這大時代中的一般的犧牲者，她有一支生動的筆，而且她對於中西新舊文學有高深的修養，能夠把心腦中的感想和情緒，整個的搬到紙上來。在〈燈光〉一篇裡，我們看到她回憶中的一個如何幸福的家庭。這是一篇感人很深的文章。〈追憶地山〉和〈五姑〉兩篇也回憶起了當年北平文酒風流的盛事。可是作者是中華民族一個極有勇氣的女子。她文章中沒有隻字訴說她目前的身世，和藏在心靈深處的悲痛。在極端困苦的環境中，她還是眼望著一線的「光」，期待著「黎明」。[69]

朱君允蜀中生計日益窘迫，在老友陳源的舉薦下，時任武大教務長的朱光潛聘她為外文系教授，於是他們全家來到樂山。朱君允的家，「就在女生宿舍對面進德小學內的半山坡上，要去她家，得穿過一條彎曲的，用石板鋪成的小徑。小徑的兩旁，長滿了樹木和野草。」[70]

朱君允講英國文學課，並兼代女生管理工作。當年外文系學生楊靜遠日記裡有記載：

> 1942年9月28日：乾媽（按，指陳源夫人淩叔華）告訴媽媽（按，指外文系教授袁昌英），熊佛西的太太[已離婚]朱君允來了，她是新聘的女生指導。[71]

武大歷史系教授吳其昌的女兒吳令華，六十多年後回憶朱君允剛到樂山時的印象：

> 和對其他單身女教授一樣，我們稱她朱先生。她身板挺直，面容嚴肅，總是來去匆匆，見了我們這些同事的孩子，也從不稍假以辭色，不像蘇雪林那樣爽快地招呼問話。我還聽說她脾氣大，對女生管得十分嚴格，所以孩子們都有些怕她，總躲著她走。[72]

---

[69] 陳子善、范玉吉編，陳西瀅著：《西瀅文錄》（瀋陽：遼寧教育出版社，2000年），頁229-230。
[70] 馮家祿：〈永遠不忘的友情〉，臺北國立武大校友會編印：《珞珈》（1991年4月）第107期。
[71] 楊靜遠：《讓廬日記》（武漢大學出版社，2003年），頁88。
[72] 吳令華：〈想起了朱君允〉，轉引自空山佑實：《另類教授的人生迷途之二：朱君允》，新浪博客。

1943年考入武大的齊邦媛在晚年回憶錄中說：「唯一的舍監是朱君允女士，她的作風與南開那位無時不在的嚴師王文田完全不同，很少管我們，連露面都不多。我那時以為她是名劇作家熊佛西的太太，而且離了婚，大約應該是孤高神秘的女子，不必『涉入凡塵』管些衣食住行的瑣事。」[73]其實不然，朱君允走上新的崗位後，挽起袖子，說幹就幹。她的工作很大一部分是事務工作。這是朱君允始料不及，也是從未幹過的。但她卻表現出一股務實精神，腳踏實地，絕不以教書先生自居而輕視這些繁瑣的行政工作。她以年長婦女、師長之心愛護著這群在艱苦環境下求學的女青年。她常去巡視平房宿舍的衛生，察看廚房清潔及伙食好壞，關心女學生的熱水供應如何等等。每逢有學生生病了，她都親自去問寒問暖，囑咐同室的人多加照顧。

對她的工作，也許一些人並不領情，這在楊靜遠的日記裡可窺一斑：

> 1942年10月11日：顧先生（按，指外文系教授、前任女生指導顧如）來了，和媽媽談起新女生指導朱君允先生，說學生們和她大吵。媽媽同情她，顧先生卻有點幸災樂禍的樣子。[74]

四川氣候潮濕，加上當時衛生條件較差，床上總孳生著許多臭蟲。朱君允自己身受其苦，常半夜睡眼惺松地爬起來為捉臭蟲，不能不想到宿舍裡那一群背井離鄉的女青年。當時連六六六殺蟲粉也沒有，於是夏天一到，每隔一段時間她就囑咐廚房燒幾大鍋開水，要女學生們把床抬到室外日頭下，用滾開水澆，再曬乾，以消滅臭蟲。做這些事的時候，她總是跑進跑出，不辭勞苦，回到家中還津津樂道地講給孩子們聽，好像打了一場勝仗，痛快得很。

除了龐雜的事務工作外，朱君允還在女生中進行大量細緻的思想工作。當年的一些女生們，有時也會意氣用事鬧彆扭，個別的還會在宿舍裡大聲爭吵，影響他人的休息。這時朱君允就分別勸說：抗日戰爭時期，條件十分艱苦，大家離鄉背井出來求學很不容易。彼此不妨體諒寬容一些，顧全大局，對學業和自己都會有好處。

---

[73] 齊邦媛：《巨流河》（北京：三聯書店，2010年），頁102。

[74] 楊靜遠：《讓廬日記》（武漢大學出版社，2003年），頁90。

一位美貌活潑的女生和樂山的一位士紳產生了婚外戀。那位士紳的妻子狀告到武大王星拱校長那裡，說武大個別女生充當不光彩的第三者，破壞別人的家庭。王星拱將此事交給朱君允處理。朱君允為此頗費了一番心思。她和那位女學生作了數次長談，語重心長地勸說她：正值青年時期，千萬要以學業為重，以前途為重。還幫助她制定悄然離去的路線。這位女學生果然甩下感情包袱遠去他處求學，後來在海外成為一名很有作為，很有影響的人物。

1944年的暑假是個恐怖淒涼的暑假。由於衛生條件差，人們營養不良，傷寒病在樂山肆虐流行。七名年輕優秀的女學生不幸罹染此疾，高燒不止。在缺醫少藥的情況下，朱君允日夜奔忙，心急如焚。她親自去同仁醫院請醫生，動員廚房煮米湯——這是病人當時唯一能進食的東西。一切可以想到的，她都盡最大努力去做——絲毫沒有考慮自己是否也會被傳染。不幸的是，在一個暑假內七名優秀的女學生竟無一人倖免，相繼去世。後來小女兒熊性淑回憶當時的朱君允說，「媽媽則是焦頭爛額，幾乎被焦慮與憂傷擊倒。但她終於堅強地挺過來了。她熱愛這些如鮮花般的年輕生命，也感到自己身上責任的重大，但面對病魔，她卻無法奪回這些生命。在這段時間內，每送走一位同學，她都欲哭無淚，吃不下飯，睡不穩覺，最後自己也瘦了一大圈。」[75]

在樂山的白塔街，女生宿舍「白宮」從來是「閒人免進」的。但高年級的宿舍裡常有人丟失衣料等比較貴重的東西。同學之間互相產生了懷疑。朱君允不瞭解詳情，工作也無法下手。1945年4月的一天，洗衣服的丁嫂將女生夏××的一床被子拆開，發現裡面全是衣料等物，驚嚇之餘，忙把被子抱回原宿舍。同房間的學生頓時譁然，群情激憤地說：「真沒想到夏××原來是個賊！」朱君允聞訊後馬上趕去，說：「請大家克制一下自己的憤怒，給我一點時間，讓我好好和她談一次，讓她主動把東西都交還各位。但請大家不要隨意用言語傷害她，以免再出別的事情。」學生們聽了覺得有道理，就安靜下來了。朱君允找那位女學生長談了一番，她也供認不諱，最後將贓物全部歸還原主，基本平息了大家的憤怒。然後朱君允又替她向學校說情，校方念她尚年輕，沒有公開開除，只勒令退學。這件事情在楊靜遠的日記和熊性淑的回憶裡均有記載。

---

[75] 熊性淑：〈永不熄滅的燈光——回憶母親朱君允教授〉，武大北京老校友會編印：《北京珞嘉》1999年第2期。

朱君允是個喜歡交友又善於交友的人，她有人格魅力。她交友相當廣泛，但有一定的原則。她常給兒女們說：「君子朋而不黨。」那時教授們的私人來往比較多，自然而從容。他們常三三兩兩聚在一起高談闊論，天南海北，交流看法，吐露心聲，彼此都不設防。樂山只有一個電影院，也沒什麼其他娛樂設施。年長者調劑生活的最好方法就是串門、聊天。

熊性淑回憶母親朱君允說，「常來我家的教授不少，多為文法學院的。因為工作上的關係，媽媽與校長王星拱先生和訓導長趙師梅先生接觸較多。母親十分崇敬王星拱校長，總說他辦事公道，對人謙和、周到，對事細心。母親對趙師梅先生也很尊重，說他對己嚴，對人寬；自己生活非常儉樸，但對同事，特別是對離鄉背井的愛國學生卻像慈父般寬厚仁慈。朱光潛教授有時也來串門或吃頓飯……不知為什麼，每次他來看母親，在廊前品茶清談，欣賞遠處山光水色，我們兄妹總喜歡找個藉口在附近徘徊。記憶中，除了教書或管理工作，他們談論最多的是中國古典詩詞。我母親常請中文系和外文系的一些教授來吃便飯。他們當然不像年輕人那樣唱歌，而是在一起談古論今，填詞寫詩。我覺得耐人尋味的是，當時的外文系教授，如系主任方重常常是背誦雪萊、濟慈等人的詩篇，而搞歷史、中文和其他學科的人多談李白、杜甫、李後主甚至黑格爾。當這些教授們們議論紛紛時，我們的客廳裡就會融合中西文化，我當時覺得很滑稽。把這種看法對母親說了以後，母親正色道，東西方文化都有一些精品，關鍵不在於語言，而在於情和景的交融，特別是感情的抒發和流暢。」[76]

1945年8月10的黃昏，朱君允的大女兒熊性慈突然衝進門來大呼：「媽媽！日本投降了！」起初大家都有點不敢相信自己的耳朵，直到聽見外面鼎沸的人聲，才相信是真的。朱君允和兒女們相擁而抱，樂得眼淚直流，說不出話來。

1946年夏季，朱君允全家告別了美麗的樂山小城，隨著武大一起回到珞珈山。

1947年6月1日清晨，朱君允和繆朗山、梁園東等師生，在「反內戰、反饑餓、反迫害」的民主浪潮中被國民黨逮捕。三天後獲釋。

[76] 熊性淑：〈永不熄滅的燈光——回憶母親朱君允教授〉，武大北京老校友會編印：《北京珞嘉》1999年第2期。

大陸易幟後，朱君允當選為第一屆全國人大代表。1957年春天，「整風運動」開始，作為人大代表、武大工會主席的朱君允積極回應，身先士卒。數月後，風雲突變。是年冬天，她戴上了「右派份子」的帽子。後來，朱君允病倒了，被兒子接往天津醫治，慢慢得以痊癒。此時，她最大的追求就是摘帽子。

1966年12月的一天，在紅衛兵小將們打砸搶的高潮中，朱君允突發腦溢血，猝然而逝。王孔旭有懷念朱君允詩云：

大庭伸正氣，特工把賬記。漢皋女英豪，津門何慘戚。[77]

[77] 據王孔旭：〈懷念「六一」被捕五教授〉，武漢大學校友總會網站。

史學系

楊人楩：信仰自由主義的史學家

《中國大百科全書・外國歷史卷》共列舉的八位中國的世界歷史學家，武大有三位，他是其中之一。

他和他的兄長楊東蓴是樂山時期武大的兄弟教授。他哥在武大講壇上自由講授馬克思主義學說，宣傳革命理論；他卻信仰自由主義，主講法國大革命。

他就是樂山時期的武大史學系教授楊人楩。

楊人楩（1903—1973），字蘿蔓，或作洛漫、洛曼，筆名騄邁。湖南醴陵人。父楊策，係新軍四十九標標統；兄楊人杞，即曾任武漢大學法學院教授的楊東蓴。他們一歲喪母，五歲喪父，弟兄依乾媽童氏生活。他於1918年秋入長沙長郡中學（共產黨內有三個大人物與他同班，其一任弼時，其二蕭勁光，其三是1951年時任湖南省政府副主席的袁任遠），1922年考入北京師範大學英語系；1926年畢業後回長沙，任教長郡中學。北伐戰爭開始後不久，1927年初，他應同鄉同學朱克靖之召，到江西省政府任秘書。8月，由同鄉劉斐介紹，任北伐軍第二路指揮部秘書。北伐軍進抵沂州後，指揮部解散，部隊南撤，他便離開了部隊。

此後，他先後在上海暨南大學附中、福建泉州黎明中學、江蘇蘇州中學任教。據福建學界耆宿、晚年寓居澳門的梁披雲回憶：1929年，他與友人在泉州創辦黎明高級中學，提倡愛的教育和思想自由，是當時學界號稱傳播無政府主義思想的四大學府之一，楊人楩和巴金、王魯彥等著名人士都曾到該校授課，說明楊人楩這時仍信仰無政府主義。隨後他曾轉到上海暨南大學附中和蘇州中學任教，據曹聚仁回憶說：「鄭洪年先生主暨大校政時期，第一流學人雲集真如……對史學有真實工夫的，我獨推楊人楩兄，可謂此中權威。但他在暨南，教的是英文。」又說：「我和楊兄相識於蘇州，其時，蘇州女子中學的兩教師：楊兄和呂叔湘兄，都是英文修養最深，譯筆最暢達的能手。」[1]他在中學任教時，曾譯出克魯泡特金著《法國大革命史》（上下冊，上海北新書局，1930年）。1931年「九一八」事變後，蘇州學生運動蓬勃高漲。他竭誠支持愛國學生的請願罷課運動，不顧個人安危，應一些學校學生罷課委員會的邀清，作愛國宣傳演講，鼓舞了學生的鬥志[2]。

1934年2月，楊人楩到日本東京。當年7月，他回國投考中英庚款第二屆留學生世界史名額，被錄取；8月去英國，入牛津大學奧里爾學院（Oriel College）攻讀，導師為法國革命史專家湯普生（J. M. Thompson）。在牛津學習期間，他對法國革命史作了進一步的研究。當時學習條件很好。除在牛津聽課外，他在假期經常去倫敦大英博物館和巴黎各圖書館閱讀和收集資料。他在廣泛閱讀了十七、十八世紀英法兩國歷史的基礎上，進行法國革命史的研究，尤其注意雅各賓專政時期。他研究了雅各賓專政時期的領導人之一——聖鞠斯特的活動和政治思想。論文題目是〈從公安委員會的工作看聖鞠斯特的政治思想〉。論文完成於1936年。1945年、1957年曾兩次用中文出版。書名改為《聖鞠斯特》。這書不是傳記性質，而是對聖鞠斯特政治思想的研究。

1937年楊人楩獲得牛津文學士學位後，原希望獲得補助，留歐繼續學習一段時間。但抗日戰爭的爆發，他毅然決定立即回國參加救亡工作。正當他回國趕到武漢，國民黨當局在長沙放了一把大火。這種「焦土」政策，根本不是抵禦外敵，而是燒得老百姓無家可歸，哀鴻遍野。蔣介石不抗日，還不准愛國知識份子抗日。楊人楩在武漢奔走毫無結果，憤慨異常，決計轉到後方從事教學工作。他應四川大學聘，到成都執教。從此開始了大學教書生活。

抗戰期間，教書生活遠非風平浪靜。1938年秋，國民黨政府任命C.C.頭目程天放代替張頤為川大校長。川大師生中爆發了驅程運動。這一運動表明，大多數師生反對中統勢力直接控制學校。可惜這股反抗法西斯統治的洪流在當時

---

1 曹聚仁：〈史學家楊人楩〉，《我與我的世界》（北京：人民出版社，1983年），頁240。

2 張蓉初：〈懷念楊人楩同志〉，《中國當代社會科學家》第五輯（北京：書目文獻出版社，1985年），頁163。

只是一個自發運動。程天放走馬上任後，川大文學院教師參加反程運動的朱光潛和楊人楩只好捲舖蓋走路了。

1939年至1946年之間，楊人楩在樂山武漢大學歷史系任教，對武大世界史研究的開拓有很大貢獻。這時武大的外國史師資實力雄厚，培養出譚英華、胡鍾達、王榮堂等活躍在新中國世界史學界的骨幹。歷史系畢業的辜燮高〈樂山雜憶〉云，「楊人楩師，上過他的『西洋史籍（學名著選讀）』、『法國革命史』和『西洋近代史』。楊師是法國革命史專家，當時讓我們記住許多法國革命的人物、政黨和組織等，對於日後我考留學時能用外文（英文）答題起到決定性作用。楊師口才極好，儘管選課的人不多，但教室裏總是坐得滿滿的。他講授『法國革命史』時，講理論時提高聲調，用史實說明理論時降低聲調。我曾仿此法授課，也起到好效果。」又說「楊師十分關心學生，新中國成立後我回國的第一份工作便是楊師介紹的，以後在他的審校下曾翻譯過一些著作。」[3]

于極榮〈吳其昌先生印象記〉云：「武大遷校嘉定後，歷史系有兩位出色教授，其一為講授法國大革命史之某教授，其一即為其昌先生。某教授之叫座，致使文法學院同學往往舍棄本系課程不上而前往聽講，其號召力之強可以想見。……某教授詞鋒亢爽，富於煽動色彩，故頗能吸引聽眾。」[4]按，文中「某教授」即楊人楩。

楊人楩在樂山時，初與胞兄楊東蓴倆同住在嘉樂門外武聖祠一個較好的四合院內，後來為了節約開支和躲避敵機轟炸，在斑竹灣汽車站附近租了一座茅屋居住。外文系學生楊靜遠《讓廬日記》裏有一則關於楊人楩的記載，「（1942年3月1日）4點鐘以後媽媽到乾爹家隔壁的楊家，楊人楩先生[武大歷史系教授、楊東蓴先生之弟]結婚，因為今天是元宵節，特選此吉日：花好、月圓、人壽。」[5]按，文中「媽媽」，為外文系教授袁昌英；「乾爹」，為外文系教授陳源。

從四十年代開始，楊人楩在教課之餘，還翻譯了馬迪厄的《法國革命史》。他不僅譯注了這部歷史名著，更重要的是把當時在法國和國際史學界都很重視

---

[3] 辜燮高：〈樂山雜憶〉，《武大校友通訊》2008年第2輯。

[4] 于極榮：〈吳其昌先生印象記〉，《學府紀聞：國立武漢大學》（臺北：南京出版公司，1981年），頁164。

[5] 楊靜遠：《讓廬日記》（武漢大學出版社，2003年），頁42。

的一個新的學派介紹給國內讀者。這書的翻譯過程也是一個學習和研究的過程。為了譯好這部書，他經常伏案到深夜，參考了許多書籍，做了不少注解。以後又寫了《馬迪厄對法國革命史的研究》。他非常推重這位學者，欽佩馬迪厄的治學方法和精神。他經常以馬迪厄在講壇上倒下、在崗位上逝世的事實來勉勵自己的學生，希望大家一旦從事一項研究工作，要始終不渝地堅持下去。

此外，在抗日戰爭後期，他在較短的時間裏，翻譯了哥德沙爾克的《法國革命時代史》，這是一本廣泛吸收當代學者對法國革命史的研究成果寫成的著作。這書的翻譯主要為了解決那時教材和參考書的缺乏。

1946年朱光潛離開武大重回北大任外文系主任時，以「教學很行」推薦楊人楩到北大歷史系[6]。他到北大後，西洋史從古到今由他一人唱獨角戲，調來胡鐘達才替他分擔了古代史課程。他每講一課，先在講臺上走來走去，將本課內容娓娓道來，一段講完，突然停下來，擺好姿勢，就像唱戲道白過後，正式開唱，如同朗誦詩一般的字正腔圓，抑揚頓挫地念出一段經過字斟句酌的總結。然後又是「道白」、「開唱」，反復迴圈。學生們掌握了這個規律，「道白」時凝神靜聽，「開唱」時就抓緊筆記，力求一字不丟，記下它也就是抓住了考試時符合標準答案的重點。

他不僅能通貫古今講授西洋史，而且回國後仍繼續留學時對法國革命史的專門研究，四十年代又譯出哥德沙爾克著《法國革命時代史》（二冊，重慶南方印書館，筆名羅邁，1943年）和法人馬迪厄著《法國革命史》（上下兩冊，商務印書館，1947年），後者是譯注本，在注釋中展示出他與本書有關的深邃知識。他在教學和研究中專注於法國大革命，固然與他有此專長有關，但細究他何以有此專長並一貫熱衷於此，實際上反映他嚮往法國大革命追求自由、平等、博愛的思想。難怪在思想改造運動中，有人批判他自高自大，自稱「老子天下第七」，即在他前面除馬、恩、列、斯、毛而外，還要加一個羅伯斯庇爾。

楊人楩是一個熱心國事的知識份子，張揚自由主義的旗幟，投身於政治活動中。1945年抗戰勝利，面臨戰後如何建設新中國的問題，以大學教授為主

6 鄧廣銘：〈懷念我的恩師傅斯年先生〉，《鄧廣銘學術文化隨筆》（北京：中國青年出版社，1998年），頁246。

的知識份子成立了九三學社，他是發起人之一。為了表達自由主義者的政治主張，他發表了一系列論文，特別是關於闡釋「自由」和「自由主義」的文章有他自己的見解。1947年，他在《觀察》第2卷第11期發表了〈自由主義者往何處去？〉一文，熱情地歌頌自由，指出自由是人類生活所必需的條件。1948年10月，他又發表了〈再論自由主義的途徑〉一文（《觀察》第3卷第10期），自命為自由主義者的代言人，充分肯定自由主義者是始終走在前面的，始終不滿於現狀而要求進步的代表，並從多方面對自由主義者的責難或疑慮進行辯解。此外，1947年2月，他與朱自清、向達、金嶽霖、陳寅恪、許德珩、張奚若、湯用彤、錢端升等十三位教授在《觀察》（第2卷第2期）上發表保障人權宣言，當時在社會上產生很大的影響；針對當時公教人員待遇每況愈下的情況，他同王鐵崖、邵循正、袁翰青等教授聯名發表〈我們對於改善公教人員待遇的意見〉（《觀察》第3卷第8期）。

北平易幟前夕，不斷有人勸他離開大陸，誘以利祿；也有人為他和洋人拉關係，抓機會出國。他都堅決拒絕，表示決不做國民黨的官，也決不當白華。1949年之後，楊人楩退出了九三學社，但他也不再充當反對派發表政論，而是把精力集中於教學工作中。為了適應新中國的教學需要，他和夫人張蓉初自費聘請俄羅斯教師學習俄文，並著手翻譯新出版的《蘇聯通史》[參照英文本，並請向覺明（達）先生審定中亞和南俄的譯名，用三人合譯的名義]，是新中國最早出版的蘇俄通史譯作。

在五十年代，他熱心促進世界史研究的發展：倡議成立世界歷史研究所，組織世界史學會，創辦世界史雜誌，編譯世界史資料。他負責主編《世界史資料叢刊》，還和吳緒合作編譯《初編》之一——《十八世紀末法國資產階級革命》，1957年由三聯書店出版。他的舊著也得以重印和出版，1957年三聯書店出版了他在牛津大學的學位論文《聖鞠斯特》。他還是歷史系除翦伯贊以外，唯一配備有學術助手的教授。

1957年的反右運動降臨了，從來不是閉門搞學問而是熱心於學界和國家大事的楊人楩自然逃不掉。此後他在政治上和學術界銷聲匿跡，被撤銷了教研室主任的職務，放棄了從事多年的世界近代史專業，改行為非洲史，長期不承擔教學任務，歷史系的學生甚至不知有這位名震一時的教授了。

1973年，楊人楩病逝。「他和同類老知識份子的命運一樣，必然要風流雲散，屏息噤聲，逐漸被歷史遺忘。」[7]

徐中舒：先秦史研究的領軍人物

他以一篇有關文學史的〈古詩十九首考〉而名動一時，受到陳寅恪的賞識，並被推薦到中研院史語所工作九年。

大陸易幟後他由教育部定為一級教授，並當選為中國科學院學術委員會委員（院士）。

他在治學方法上，除繼承王國維的「二重證據法」外，又把它推進到「古史多重證法」，使中國古史的研究方法更臻完善。

他就是曾任國立武漢大學史學系教授的徐中舒。

徐中舒（1898—1991），初名裕朝，改名道威，字中舒，後以字行。戊戌變法那一年出生於安徽懷寧縣（今安慶市），世居安慶城西盛唐山下的月形山，族人聚居，又叫徐家阪。是湘軍曾國荃部與太平軍陳玉成部惡戰之地。他兩歲喪父。徐父早年棄農改習木工，因敏慧異常，又身材頎長，談吐不凡，所做的木雕鐫刻留存在宗祠與城內的藥王廟裡，讓鄉人嘖嘖稱道。但因當時國勢衰退，昏饋顢頇的大清王朝已無力生聚教訓自己的子民，聽任鴉片煙彌漫灰暗的社會。徐父在外務工時不幸染上毒癮，處境日漸窮困潦倒，身子日漸虛弱。後終在替人建房時不慎從梁上墜下摔死。幼年喪父，人生大不幸，此事在母親的嘮叨教育下徐中舒刻骨銘心。以至於他後來在〈先妣事略〉中回憶：「吾三歲時，小叔嘗問不肖，將來嗜吃鴉片否？吾答『片不吃』，及後吾母見不肖於紙煙及酒皆無所染，每述此大樂。」[8]徐中舒5歲時不得不隨母入安慶清節堂。所謂清節堂早先是淮軍將領為戰爭中失去丈夫的孤兒寡母養生送死守節的地方，後成為收容節婦孤兒的舊式公益事業。清節堂只負責提供住宿伙食，其餘穿衣及日常零用皆需自籌，徐母入堂後即在新設的織布廠做工，但工資微薄，

---

[7] 周清澍：〈楊人楩：被歷史遺忘了的歷史學家〉，《東方早報》2010年11月1日。

[8] 轉引自程門雪：〈徐中舒：史林北斗，高山景行〉，《安慶日報》2005年1月24日。

常常是朝不慮夕，氣息奄奄。然而不曾識字的徐母稟性堅強，通達事理。為一心一意把兒子撫養成人，機杼聲日夜不息，「備極人世之淒涼」。直到徐中舒24歲時，才有能力將母親迎養於家。對於母親的堅韌與艱辛徐中舒是銘記一輩子的，他在中年寫的回憶說：「每日辨色而興，則促不肖起，不肖東行入學，則吾母西行入織，及薄暮，不肖歸自學，則吾母歸自織。入夜則一燈熒然，凡日間未竟之事，如不肖母子衣服縫治與浣濯，皆此時為之。往往刀剪聲與砧杵聲相雜下。或至淩晨，雞鳴入息片刻即興。吾母織作之勤，恒倍他人。每當盛暑，汗出如沉，機旁恒置水一盆，巾一方，汗下則出巾自拭。閒時絞之，則若小雨淅淅自簷溜間下注於盆。及今思之，其艱辛之狀，不禁為淚涔涔下也。」[9]其情其景讓人如讀現代版的〈陳情表〉而感人至深。

徐中舒天資很高，7歲入清節堂義學育正小學讀書，15歲（1913年）以優異成績被省立一中錄取，但因家境貧寒中途輟學回家自學，16歲（1914）又考入省立一師，原因是學校不收伙食費學雜費。因入學考試成績突出，他直接插入三年級就讀。在這裡，他遇到了引領他走入治學之路的國文老師——胡遠浚。胡遠浚乃前清舉人、桐城古文派大師吳汝倫弟子。胡在當時很有文名，著有《老子通義》、《莊子詮詁》。徐中舒在這裡受老師影響甚大，熟讀《古人辭類纂》和《經史百家雜鈔》，逐漸領悟到做學問要「惟陳言之務去」，立下獻身學術的宏願。畢業之後，徐中舒曾在師範附小任教。和當時大多數同學一樣，在師範學習時，徐中舒也讀了嚴復《天演論》、《社會通詮》等書，強烈地感受到了西學東漸的浪潮。1918年後又考取了武昌高等師範學校數理系。同學中結識未來的美學家朱光潛，二人因家鄉、家境、年齡、經歷大致相近和共同的求學願望，遂成為終生好友。一學期完後，徐又輟學，原因是高師雖說是公費，但旅雜及制服書籍等費仍是沉重負擔，而且那時的徐母仍在清節堂裡操勞，常令徐中舒寢食不安。後來徐中舒又考入南京河海工程學校。對這一選擇，徐中舒回憶說：「師範畢業以後，我先後考上了武昌高等師範學校數理系和南京河海工程學校，終因所學與自己的興趣大相徑庭，不忍捨棄對中國傳統文化的愛好而輟學……我覺得學習首先要有濃厚強烈的興趣，要根據自己的特點，選擇那種與自己性之所近的學業，方能持之以恆，百折不撓，終而學有所

[9] 轉引自程門雪：〈徐中舒：史林北斗，高山景行〉，《安慶日報》2005年1月24日。

成。學習本是一件極其辛苦、極枯燥之事，若無濃烈的愛好，是很難做到樂在其中的。孔子說『知之者不如好知者，好知者不如樂知者』，就是這個道理。」[10]

自上中學以後徐中舒每次輟學後都做家教以維持生計，但僅有兩次做家庭教師的經歷使自己收穫很大。一次是1921年經胡遠睿介紹在桐城方家主講《左傳》。方家主人父親著述頗豐藏書也多，讓課餘的徐中舒大飽眼福。另一次是1922年在上海豪富人家，即李國松家任教。「李國松之祖父李鶴章是李鴻章之弟，其父李經羲在清季曾任雲貴總督，北洋時代曾任國務總理。他家是安徽的大地主大官僚家庭。我在李家任家庭教師共三年半，學生二人：李家騮、李家駒。」這是徐中舒後來在《我的簡歷》中的敘述。在李家徐中舒還是講授《左傳》，教學相長，以至他將其弄得滾瓜爛熟人稱「徐左傳」。李家藏書更為豐富又有當時上海出版的新書，授課時間少束修甚豐，讓徐中舒非常滿意的同時也大開眼界。這時他也將在安慶的老母從清節堂接出，自己也成了婚。夫人江聰是徐中舒就讀的育正小學校長的侄女，14歲起以童養媳身份入清節堂與徐母同居勞作，以資助徐的學業，並侍奉徐母。

1925年，清華大學國學研究院首屆招生，王國維、梁啟超、陳寅恪、趙元任擔綱導師。為了投學大師門下，徐中舒毅然放棄了李家豐厚的報酬（年薪600銀元），而報考研究院，以第4名被錄取。按照研究院的規定，研究生研究一年必須寫一篇論文，經導師認可即准予畢業。徐中舒因家累較重，只研究了一年就畢業了。其畢業成績為第8名，在畢業論文〈徐安淮夷群舒考〉上有文化巨擘梁啟超的小楷評語：「從音訓及金文款識以貫串傳注，精思獨辟有左右逢源之樂。」他於1926年7月回到安慶，在合肥六中任教半年，旋又受聘於上海立達學園。其間，28歲的他在夏丐尊、豐子愷、葉聖陶、朱光潛等人創辦的學術刊物《立達》（季刊）創刊號上發表了處女作〈古詩十九首考〉，一時洛陽紙貴，引起復旦大學國文系主任劉大白的注意。1928年劉大白聘他為國文系教授，不久，暨南大學中文系也聘他為教授，他兼任兩校課程將近兩年。

1929年，徐中舒進入當時國史最高學術機構——中央研究院歷史語言研究所任編輯員（相當於副研究員），月俸300銀元，可謂是收入頗豐，兩年後升為研究員。據說這一位置是國學大師陳寅恪向所長傅斯年推薦的，據說陳也

---

[10] 徐中舒：〈我的學習之路〉，徐中舒：《先秦史十講》（北京：中華書局，2009年），頁1-2。

是看了〈古詩十九首考〉一文後因愛其才而所為的。1929年，該論文又在當時的《國立中山大學語言歷史研究所週刊》第六卷六十五期重載，其後有編者按：「某君《古詩十九首之研究》——單行本上海光華書局出版——係抄襲此文而成。其間割裂增損多失原意，因為重行刊印此。」由此可見當時的「文抄公」對徐的知識版權也頗為「青睞」。1940年，朱自清著《古詩十九首釋》，就是受《古詩十九首考》啟發後寫出的。對此徐中舒在懷念好友《憶佩弦》中敘述：「我初認識佩弦時我對於舊詩曾作了一點小考證，如古詩十九首之類，很能引起他的注意。以後見面的時候，他總喜歡談這個問題。後來抗戰當中，他隨學校遷到昆明，戰前的刊物在這些地方很不易找。他從昆明休假來成都以後，就寫信到峨眉，要我的古詩十九首考，他在轟炸中怕我僅存的單行本遺失，他抄了一份之後，仍將原本寄還了我。」

徐中舒在中研院史語所一共幹了九個年頭，直到抗戰爆發。這是他一生中流金歲月。大部分時間都在和同仁一道埋頭整理八千餘袋重達十五萬斤的明清內閣大庫檔案，這是一個巨量，整理地點在故宮午門樓上。徐中舒是從苦寒中過來的，生性不好遊樂，不貪圖享受而專心致志於鑽故紙堆的工作。《內閣檔案之由來及其整理》、《再述內閣檔案之由來及其整理》以及參與刊行《明清檔案》甲編、乙編十數冊，為傳承中華文化燃燒奉獻著自己青春年華。期間，他於1931年到北大歷史系兼課，將自己研究殷周史的心得編成《商周史料考訂大綱》進行講授，深受學生歡迎。

1937年抗戰爆發，史語所從南京遷至長沙，以後還再遷昆明和四川南溪的李莊。徐中舒在長沙會合了一家老小，後經傅斯年推薦，接受了中英庚款委員會和四川大學的聘書，成為四川大學歷史系中英庚款教授，從此和四川結下了深緣。當時他來到成都，在川大主要講授先秦史、史料整理、甲骨學、金文學等課程，深受學生歡迎。1939年暑假，川大避日寇空襲遷往峨眉山伏虎寺上課。這時四川物價不斷飛漲，徐中舒的薪水逐漸難以贍養八口之家了。1942年9月，他不得不在樂山的武漢大學歷史系兼課。樂山距峨眉七十里，為了節省點車費，他「徒步跋涉嘉定峨眉之間，來往兼課，至為困頓」[11]。11月，他利用在

[11] 徐亮工：〈徐中舒先生生平編年〉，《徐中舒先生百年誕辰紀念文集》（成都：巴蜀書社，1998

樂山教學之暇，為成都即將創刊的《三人行》撰寫〈中國歷史上的民族主義與抗戰前途〉一文。

1943年春，川大遷回成都，全校都集中在九眼橋側。徐中舒為了維持一家生活，到華西協合大學和燕京大學兼課。抗戰勝利後，生活反而更加困難，1946年秋，他不得不應聘到南京中央大學授課，以獲得微薄的兼薪，次年返川。成都易幟前夕，蔣介石飛到成都，指令當時的川大校長黃季陸勸說徐中舒等幾位著名學者去臺灣，黃季陸多次到徐家登門勸說，甚至親自送上飛機票，但他始終不為所動，堅持留在川大。

1949年以後，徐中舒除繼續擔任川大教授外，還擔任過西南博物館館長等職。在1952年「三反運動」中成為鬥爭對象，在那年的僅有的文章〈我的思想檢查〉中，他寫出的「深刻」檢查是：「用公家的信紙信封寫公家信，但裡面總夾雜些私人事件，尤其是致華大聞宥先生信裡，曾託他買書。這樣公私不分，不但貪汙了信紙信封，而且還貪汙了郵票。再川大史學系曾託寫信徵詢賀昌群先生能否來川大執教，我完全作公務處理，用公家信紙信封郵費，這不是貪汙是什麼……」他常被拖出去批鬥，但對此卻異常豁達，每次批鬥回來，倒頭便睡，大概不到五分鐘就鼾聲大作了。那時，孫子徐亮工還小，但也被逼著寫了大字報，要和祖父劃清界線。祖母罵他：「小崽子！你祖父這麼愛你，你居然要劃清界線？」祖父卻在一旁笑著說：「他該寫啊，他應該寫嘛，不寫咋個辦呢？」[12]

文革後，80多歲的徐中舒老枝著新花：受教育部委託舉辦「先秦史進修班」；擔任了中國古代史與考古學兩個博士點的導師；主編《漢語大字典》（八卷本），這是目前收錄文字最多、釋義最全的漢語字典，成為中國辭書出版史上的一座里程碑；領導編纂國家級科研專案《甲骨文字典》，這部字典被認為是甲骨學上劃時代的巨著。

徐中舒的研究，一方面繼承了乾嘉學派，特別是晚清考據之學的嚴謹學風，熟諳古代文獻典籍與文字音韻之學，另一方面，又強調實證，擺脫傳統經史之學從文獻到文獻的研究方法，重視地下出土的古器物上的古文字材料，

年），頁331。

[12] 轉引自程門雪：〈徐中舒：史林北斗，高山景行〉，《安慶日報》2005年1月24日。

印證古史。這些，都來不得半點的穿鑿附會，需要辛苦地長期的積累與探索。這樣的歷史研究是漫漫寂寞艱辛的，它最重史料，無征不信。但有了明確的目標，徐中舒樂此不疲，以畢生精力，寫下百餘篇史學論文和十餘部史學專著、字典，成為中國先秦史研究和古文字研究的領軍人物。

徐中舒師從王國維的「古史二重證法」，又把它推進到「古史多重證法」，古文的熟諳，古文字的辨析，考古材料的佐證、邊裔民族的資料，哲學的思辨，融為一爐，大大提高了古史研究的整體性與科學性。這一方法影響深遠，2002年完成的國家社會科學的跨學科的重大課題「夏商周斷代史工程」就是大規模運用這一方法延伸推廣的典型。

梁園東：叫板顧頡剛的史學教授

他在三十年代的上海支持學生們的愛國主義活動，博得「進步教授」的名聲，成為「與時代脈搏息息相通的文化戰士」。

他在《東方雜誌》上刊發長文，對顧頡剛一百多萬字的《古史辨》進行深入的分析批判，認為此書在史學方法上完全是錯誤的，「簡直走到一條絕路上去」了。

他在抗戰之前就出版過《初中歷史課本》、《高中歷史課本》、《中國文學史》、《五代十國史》、《中國政治思想史》、《外國史》（二冊）和《西遼史》（譯著）等諸多著述。

他就是抗戰時期曾任國立武漢大學史學教授的梁園東。

梁園東（1901—1968），原名佩袞，字公宇，1927年起改名園東。山西忻縣（今忻州）人。其父梁際蓉，是個舊民主主義革命志士。清末留學日本，參加了同盟會。辛亥革命期間，參加了太原起義。閻錫山控制山西軍政時期，他只作擔任了幾年榆次縣的知事，就棄官從商，在太原開設商店。這個商店後來成為共產黨地下活動的接頭據點。父親的行為，無形中影響了梁園東今後的成長。

上中學之前，梁園東在家鄉溫村讀私塾，受教於叔祖梁歌九（前清秀才），熟讀四書五經，為後來研究古史打下了良好的基礎。1916年，15歲的梁園東由忻縣中學補習班考入山西省立第一中學。1920年考入北京大學預科學習，兩年後入北大哲學系。經過「五四」運動洗禮的北京大學，是新思想、新文化運動的根據地，共產主義思想傳播很快。梁園東是一個熱情、剛正、有抱負而又沉靜好學的人，在潛心讀書時，感到北洋軍閥統治下內憂外患的現實越來越嚴重，使他坐不下來，因之一接觸到共產主義就看見了前途。他後來回憶說：馬克思主義使他進入了一個「全新的世界」。1924年經王壯飛介紹，他加入了中國共產黨。當年10月，他在《大夏》雜誌發表了第一篇論文〈十年來之中國外交〉，表現了他對國事的關切和對軍閥賣國外交的憤慨。

1926年，梁園東於北大畢業時，由黨組織派他到武漢參加了黨領導下的全國農民協會工作，並任秘書。是年9月，由於工作的需要又被派回太原做地下黨建工作，任國民師範進山中學教員。在這期間，他和梁春霆、趙鏡如、續儉等人籌辦出版了《滂沱》雜誌宣傳革命。1927年「四・一二」政變後，國民黨山西省黨部成立了「清黨委員會」，太原的共產黨組織遭到破壞。梁園東由續儉等人掩護，逃離太原往洪洞避居半年。是年9月，他隻身赴滬。這時上海的黨組織已被迫轉入地下。他沒有找到黨，從此脫離了組織。他在苦悶中深感自己對中國社會、歷史知道的還很少；同時，為了生活，便轉向文教戰線，轉向對中國社會歷史的系統研究。他先後在上海勞動大學附中、浦東中學任教，在大東書局任編輯，最後在大夏大學[13]任歷史教授兼系主任。這期間，他除編著了高、初中歷史課本外，還出版了《五代十國史》、《中國文學史》、《爪哇史》等書。同時在各文史雜誌上連續發表論文。對中國古代社會的發展階段、性質進行了論述。

在梁園東三十年代的史學論文裡，論及史學方法的最重要一篇，當是他在《東方雜誌》（1930年第27卷）上發表的連載兩期（23期、24期）的長文〈《古史辨》的史學方法商榷〉。《古史辨》是以顧頡剛為首的疑古派作為疑古運動的陣地，自1926年第一冊出版開始至1941年止，15年間先後出版了七冊，發表了學術論文350餘篇。參加討論的學者之多，討論的涉及面之廣，對古史探討之深，在當時都是空前的，這一興起於五四時期，活躍於上世紀二三十年代的史學流派（即古史辨派），所形成的疑古思潮，成為二十世紀影響最

13 大夏大學：1924年6月，廈門大學三百餘位師生鬧學潮來到上海，發起建立的一所綜合性私立大學。「大廈」即「廈大」之顛倒，後來取「光大華夏」之意定名大夏大學。抗戰期間曾西遷貴陽，與復旦大學合併為中國歷史上第一所聯合大學，光復後遷回上海。

大的思潮。在當時，乃至以後相當長的一段時間裡，古史辨派的疑古思潮幾乎籠罩了全中國的史學界，在海內外形成了巨大的影響。梁園東的〈古史辨的史學方法商榷〉，主要是針對1926年和1930年出版的前兩冊《古史辨》而言的。梁園東的老師胡適在介紹《古史辨》時說：「這是中國史學界的一部革命的書，又是一部討論史學方法的書，此書可以解放人的思想，可以指示做學問的途徑，可以提倡那深徹猛烈的真實的精神。」他甚至還說：「在中國古史學上，崔述是第一次革命，顧頡剛是第二次革命，這是不須辯護的事實。」儘管如此，梁園東卻不迷信權威，不迷信時風，大膽詰難，對古史辨派研究歷史的方法，對一百多萬字的顧頡剛《古史辨》，進行了深入的分析和批判。梁園東以為，顧頡剛雖然批評崔述的尊經衛道、太信儒者，但顧頡剛走的還是清儒崔東壁的老路。顧頡剛的研究方法，「完全和司馬遷、崔東壁『殊途而同歸』，司馬遷和崔東壁是『相信』了真的和好的『古書』上，自會告給他們可信的古史，他們遂根據『儒者之言』，編出認為可信的上古史；現在顧先生也是『相信』了真的『古書』上，自會告給他一種『可信的』東西，不過現在告訴出來的這個『可信的東西』，和司馬遷、崔東壁的改了樣，是一個『不可靠』，於是顧先生也根據上編出他的不可靠的『偽古史』！表面上看起來是改了樣，但毫無疑惑的是那些古代史料並未被整理，卻是真的：司馬遷和崔東壁從『古書』上取了『可信』的方面，顧先生是從『古書』上取了『不可信』的方面！其沒有自己的方法，完全相信古書的態度，司馬遷、崔東壁和顧先生正是一脈傳來的家法！」[14]梁園東認為《古史辨》在史學研究方法上完全是錯誤的，是沿襲了司馬遷和崔述整理上古史的方法，「走上他們的錯路，而且自己更把這個錯路擴大，簡直走到一條絕路上去」[15]。他指出「依賴古書的真偽」，「來判古史的真偽」，根本不是史學方法。是故，他推崇清代學者俞正燮的《癸巳存稿》和《癸巳類稿》，認為俞正燮的史學方法「更正確」。「俞正燮實是一個極有特殊眼光又極精嚴的歷史學者」，「他實是真能不以古況今或以今釋古的」[16]。

---

14 梁園東：〈《古史辨》的史學方法商榷〉，姚奠中、梁歸智選編：《梁園東史學論集》（太原：山西人民出版社，1991年），頁32。

15 梁園東：〈《古史辨》的史學方法商榷〉，姚奠中、梁歸智選編：《梁園東史學論集》（太原：山西人民出版社，1991年），頁24-25。

16 梁園東：〈清俞正燮的史學〉，姚奠中、梁歸智選編：《梁園東史學論集》（太原：山西人民出版社，1991年），頁71。

1932年11月，《東方雜誌》搞了一次徵文活動，題目是〈新年的夢想〉。這次活動在知識界反響很大，包括林語堂、朱自清、郁達夫、梁漱溟、俞平伯、徐悲鴻、顧頡剛、鄭振鐸、周作人、施蟄存、茅盾、巴金、老舍在內的許多學者文人都參加了這一活動，其中也有梁園東。他在談到「夢想的個人生活」時這樣寫道：「我自己的夢，因失敗的結果，早已沒有了！不過，還有一個，永久不會消滅，就是：我夢想能有一個漂亮的嘴巴，能口若懸河！」[17]他夢想中的中國，應該是一個以個人為中心，而不是以政府為中心的社會。「如果（設立）政府是不得已的，那末我就夢想一個政府，他至少是一個不怕人講話的政府。」梁還說：「我們現在什麼事都依賴政府，要他『強』我們，要他『富』我們，而政府內說是要富要強必先『訓』我們。但是結果上他又覺著孺子不可教，以為非管束住我們，他不能幹。然而社會是被管住了，政府還是幹不好！……我夢想有朝一日社會能自己起來幹，不要依賴任何的政府！」對於政府為什麼要鉗制世人之口，他一針見血地指出，這是因為政府害怕被人推翻。所以他夢想能有一個不怕被人們推翻，因此也就鼓勵人講話的政府。他認為，到了那個時候，「他雖要你講，你也無話可講」了[18]。

從1931年的「九一八」事變，經1932年的「一二八」淞滬抗戰，到1935年的「一二九」運動，梁園東雖不在鬥爭的第一線，但在學校的課堂內外，總是宣傳進步思想，熱情支持學生們的愛國主義活動。他在廣大學生中間，博得了「進步教授」的名聲。他和當時在上海的進步學者鄧初民、侯外廬等人有較多聯繫，而對同鄉陳高墉、同學陶希聖等人，則越來越疏遠，對另一同鄉衛聚賢的所謂考古成績，更每予以嘲笑。所以梁園東在三十年代的上海，「絕不是一個寧靜的學者，而是與時代脈搏息息相通的文化戰士」[19]。

1937年盧溝橋事變爆發，抗戰開始。梁園東隨大夏大學西遷，年底到達貴陽。在貴陽三年，因辦刊物被國民黨查封，一氣之下離開貴陽到了湖南藍田師範學校，受到了學生們的熱烈歡迎。而該院院長卻在學生中散佈「梁某的史

---

17 轉引自劉仰東編：《夢想的中國》（北京：西苑出版社，1998年），頁123。

18 轉引自智效民：〈漂亮的嘴巴——追憶梁園東〉，《香港商報》2000年7月13日。

19 姚奠中：〈梁園東教授傳〉，姚奠中、梁歸智選編：《梁園東史學論集》（太原：山西人民出版社，1991年），頁6。

學走的不是正路」的流言。梁園東提出抗議，對方雖一再道歉，但他以為「不足合作」而轉赴四川。在白沙女子師範學院，院當局要他兼系主任，而系主任卻需要到「中央訓練團」受訓。他不想作這個系主任，但卻想借機會看看國民黨在搞什麼？他懷著自己的目的去了重慶。他一到「訓練團」，團的頭頭們很高興，認為梁園東轉過來了，便親自接見，隨著就送來入黨（國民黨）申請書。他不填。那些人很驚訝，一再勸誘，他堅持不動。問他：為什麼？他說：「入黨自願，不能勉強，一定要我入黨，那不違反你們的黨章嗎？」他進一步還說：「你們定的訓練的目的、任務不合理，我不能接受。」那些人冒火了，說：「那你來幹什麼？」他說，「我是學歷史的，應該瞭解一切情況，作一些社會調查。」這一來，他當然成了不受歡迎的人，便被提前遣送回白沙，而且通知學院立刻把他解聘。院長謝循初不同意，回答他們說：「梁先生是教授，沒有犯法；沒有到期，不能解聘。」[20]這是1943年冬天的事。此後常有特務便衣監視他的行動。

1944年夏天，聘期滿了，梁園東應國立武漢大學之聘去了樂山。據辜燮高（1946年畢業於武大史學系）回憶說：「梁園東師，上過他的『商周史』課。梁師精於考據，難能可貴的是他不為考據而考據，也不為考據所累，總是能得出較新的結論。日後我的有些文章也帶考據色彩，但重點是以考據作為手段得出較新的結論。此即有受梁師影響。」[21]1945年8月日本宣佈投降後，蔣介石卻想獨吞勝利的果實，挑起內戰。以周恩來為首的中共代表團，在重慶和各民主黨派、民主人士建立了廣泛的統一戰線，進行政治鬥爭。在武大任教的梁園東，雖然僻處樂山，但積極支持民主運動，與進步人士有不少聯繫，並聽過周恩來作的時事報告，認識了周恩來。周瞭解到他的家屬仍在老家，便去電延安轉山西忻縣地區民主政府予以照顧。

1946年8月，梁園東隨武漢大學遷回武昌。從這時起到1950年7月的四年間，梁園東發表的文章有〈中國史的發展階段〉、〈中國古代圖騰部落之一——白虎族考〉和研究〈中國上古史的方法〉等文。關於「史的階段」的劃分，他有獨到見解，也掌握了豐富的資料，從上海時起，他就不同意郭沫若把

---

[20] 姚奠中：〈梁園東教授傳〉，姚奠中、梁歸智選編：《梁園東史學論集》（太原：山西人民出版社，1991年），頁7。

[21] 辜燮高：〈樂山雜憶〉，《武大校友通訊》2008年第2輯。

周代劃入奴隸社會的觀點，而認為周代是「典型的封建社會」，此文是對原有論點的發揮，「圖騰」一文是他長期研究圖騰的部分成果，「史學方法」一文則是他一貫堅持唯物史觀方法論的總結，文章中明確指出：必須「以社會發展史的觀點處理上古史的材料」，「才能解決上古史的問題」。顯然只有這樣，才能掃除長期以來歷史研究上的混乱狀態。

武大復員武昌不久，梁園東支持外文系繆朗山教授創辦俄語學習班，他自己也積極參加俄語學習，為直接閱讀蘇聯書刊做準備。1947年初，在時局逼迫下，以「反內戰、反饑餓、反迫害」為內容的民主運動風起雲湧，武大學生積極回應。5月28日至31日晚上，武大舉行反內戰、爭溫飽的時事座談會和文藝晚會。繆朗山、金克木和梁園東等五名教授在座談會上發言，強烈譴責國民黨發動內戰，不顧人民死活的罪惡行徑，得到學生們的歡呼。不料，5月31日深夜，軍警突然包圍學校，按黑名單進行大逮捕。次日凌晨在全校學生救護被捕師生的過程中，軍警開槍當場打死學生三人，傷十餘人，同時逮捕了梁園東等師生員工20人。這就是當時震動全國的「六一」慘案。在全國各大學的支持和學校當局的多方營救下，梁園東等被捕師生先後獲釋。半個多世紀後，學子王孔旭有懷念梁園東詩云：「唯物論青史，戴上紅帽子。深情寄挽聯，晨昏迎旭日。」[22]

1948年5月，武大進步師生自發地創辦了「六一圖書館」，學生們推選梁園東教授兼任圖書館館長。這年底，中共武漢市地下委員會任命劉緒貽為武大教授支部書記，「和吳廷璆、梁園東兩教授組成教授支部」[23]。1949年武昌易幟前夕，梁園東積極與師生進行護校鬥爭迎接共黨軍隊，實現了他半生奮鬥的理想。

1950年8月，梁園東回家鄉太原任山西大學歷史系教授兼師範學院院長。1953年秋後，師範學校獨立建院，他被任命為山西師範學院院長。1957年被打成「右派」，「在山西右派中排名第二」（僅次於王文光），並撤職降級。未幾，因中風而偏癱，「他那張漂亮的嘴巴也喪失了說話功能」[24]。接著「文革」開始，梁園東被遣送回忻縣溫村老家。不久，腦溢血突發而逝。

[22] 王孔旭：〈懷念「六一」被捕五教授〉，據武漢大學校友總會網站。
[23] 劉緒貽：《奉命競選教授會主席》，愛思想網站。
[24] 智效民：〈漂亮的嘴巴——追憶梁園東〉，《香港商報》2000年7月13日。

吳廷璆：中國日本學界的奠基人

他對中國的日本史亞洲史研究作了許多先驅性和開創性的工作，這是他最傑出和不可磨滅的貢獻。

他歷時20年領銜主編的洋洋百萬字《日本史》是我國日本研究中一部里程碑式的著作。

他就是曾任國立武漢大學史學教授、中國日本史學會理事長的吳廷璆。

吳廷璆（1910—2003），浙江紹興人，與蔡元培、魯迅、范文瀾是同鄉。吳廷璆少時多不幸，在他還不滿一歲時，父親就撒手人寰。其時，胞妹尚在母腹之中。寄居在姑母家中的母子三人，生活艱苦但不累及孩子教育。他4歲識字，6歲入學堂。9歲時，母病故，兄妹移至叔父家寄養。叔父中過舉人，早年從日本早稻田大學畢業，辛亥革命後曾擔任祁陽縣縣長。後因不滿官場腐敗，對社會悲觀失望，意志消沉而辭職還鄉。不久，家境逐漸敗落，最後靠典當借債度日。然而，叔父對愛侄的教育格外用心，親授說文解字、古詩、楚辭等。13歲時，吳廷璆考入兩浙鹽務中學。因多門課程系英語授課，外語水準突進。中小學教育和嚴厲的家學，為他日後的學術發展和造詣打下了堅實的基礎。

1929年，吳廷璆考入北京大學史學系，兼修日本文學。在傅斯年、陳受頤、蔣廷黻、錢穆等學術權威雲集的史學系，他的史學研究功力日進，而法學院教授許德珩、陳啟修講授的社會學、馬克思主義經濟學，更令他激情勃發無以自制。此間，他學習了《共產黨宣言》、《社會主義從空想到科學的發展》、《兩個策略》等著作，在《北平晨報》副刊上發表高爾基、契訶夫的進步小說的譯作，並結識了一批進步同學，初步樹立了改造社會必須打倒整個剝削階級的世界觀。

1931年「九一八」事變後，由於南京政府採取不抵抗政策，舉國群情激憤。「反帝大同盟」成立後，吳廷璆積極參加北大支部的活動，隨後成為中共北京市委秘密領導的「抗日救國十人團」成員。其時，北平各高校學生掀起的敦促南京政府抗日的「請願」活動聲勢浩大，但在國民黨控制的北大學生會及北平市學聯的干擾破壞下未能取得成果。為此，北大學生於當年12月1日召開全校大會，推翻校學生會，成立「非常學生會」，並推舉吳廷璆為副主席。次日，北大學生南下示威團首批人員強行登上列車南下，到達南京後，吳廷璆和千家駒作為學生代表立即舉行記者招待會，申明抗日主張。第二批北大同學抵甯後，衛戍司令部下達禁止遊行示威命令，北大示威團400餘學生遂公推吳廷璆與張勃川前往司令部交涉。吳、張二人到司令部後即被逮捕並嚴加審問，而後與其他被扣押在孝陵衛的同學一起展開絕食鬥爭。他們被強制押返北平後，「非常學生會」控制的《北大新聞》（三日刊）出版了「北大一二・示威運動」專輯，其中的〈衛戍司令部之夜〉一文系吳廷璆手筆。後來，這一鬥爭經歷被楊沫撰寫小說《青春之歌》時選作素材。

爾後，吳廷璆應楊虎城邀請到西安任教陝西省立一中，繼續參加抗日民主運動，因與師生歡迎紅四方面軍北上被通緝。在南漢宸、杜斌丞幫助下，脫險返平，辦《北大新聞》。1932年冬，北平當局鎮壓抗日學運，被迫流亡日本，考入京都帝國大學史學科，專攻亞洲史和東西交通史。1936年畢業歸國，任青島山東大學講師。抗戰爆發後，由葉劍英推薦到山西五台參加八路軍，任總政治部敵軍工作部幹事。1939年末，范文瀾請調他前往新四軍豫鄂邊區工作。在途中得悉范被捕，即到西安商同杜斌丞營救范出獄赴延安，本人留在西北及西南從事中國民主政團同盟（1944年改為民主同盟）地下工作。1942年任四川大學歷史系教授，兼任燕京大學（內遷成都）歷史系教授。在成都與馬哲民、李相符、楊伯愷、劉清揚、黃憲章等組織「唯民社」（屬民主政團同盟），辦大學書店，出版《大學》、《青年園地》等刊物，繼續配合杜斌丞、朱蘊山、張友漁、郭則沈等進行鬥爭。1944年與許德珩、吳藻溪、劉及辰等發起組織「民主科學社」（1946年改稱九三學社）。

1944年，吳廷璆被四川、燕京兩大學同時解聘，8月份由彭迪先、朱光潛邀往樂山武漢大學任歷史系教授。南開大學歷史學院教授辜燮高回憶吳廷璆說，「早在1944年，我在武大讀書時便聽過他的西洋通史和中西交通史課，當時還開了印度史課。」又說在中西交通史課程裡，「我好像發現了新天地，即中國許多史料，在世界歷史上竟有如此多的用途。我曾一度想搞中西交通史，後因環境不許可作罷。1951年我到南開大學便是受吳師之聘的。」[25]2012年11月份，本人在採訪張寶鏘（1942年夏天從同濟大學機械系轉入武大史學系）老人時，老人念念不忘恩師吳廷璆，說他當年的畢業論文就是在吳教授指導下，參閱了一些日本歷史學家的日文著作寫成的。

1947年任武大「新民主主義教育協會」支部委員，同年武大「六一慘案」中組織教授後援會。武漢易幟後，吳廷璆先在武大任校委會委員兼生產管理委員會主任。不久，他寫信給范文瀾向其表達了欲行北來的意願。范文瀾上世紀20年代中曾執教南開，於是便向南開大學歷史系力薦。文學院院長馮文潛與歷史系代系主任楊生茂十分歡迎以進步教授著稱的吳廷璆加盟南開。1949年7月25日，兩人共同致函吳廷璆，信云：「頃據友人言，先生擬行北來，故急馳書致聘。若武大能允先生離校則敝校歷史系亟希先生來此任教。歡迎情切，不盡言宣，望速賜覆為盼。」接著，又發出第二信：「廷璆先生惠察，敬啟者：茲承范文瀾校長介紹，欣聞先生有意北遊，諒已得貴校當局之同意，敝校用敢禮聘先生為文學院歷史學系教授。南大新史學之發展端賴先生之領導。」[26]

與此同時，馮文潛還兩次電示正在武漢的文學院講師張世英，請其到武漢大學直接面見吳廷璆轉達南開敦聘之盛意。同年8月12日電文謂：「漢口五聖廟仁里上巷五號沈永昌先生轉張世英弟，面交武大歷史系吳廷璆教授：前函計達，敦聘主講南大，至希俯允電示。請囑張君代發。」武漢大學得知吳廷璆準備離開北去，立即上報中南區文教部。潘梓年部長趁到北京開會機會，親到華北大學范文瀾處表示，武大需要吳先生，請不要向南大推薦。楊生茂得知消息後，為防調動有變，立即致函潘梓年「僅請部長從中協助並予諒解」。馮、楊思賢若渴之盛情，深深打動了吳廷璆，表示「堅來南開」。當時，按高等教育委員會的規定，新聘教授來校其本人及家屬路費概不予補助，加之吳先生來南大，高教委尚未批准，於是馮、楊用個人剛領的薪金給吳湊足旅費6萬元（舊幣）。9月17日即匯往武漢大學。同時馮文潛又發出熱情的信，懇切地表示要去車站歡迎吳的到來，「讓你看看我們這群癡人怎樣歡迎你的到來，讓我們一塊兒為人民南開做出貢獻。」10月6日晚9時吳廷璆從漢口發出電報云：「南大馮

---

[25] 辜燮高：〈樂山雜憶〉，《武大校友通訊》2008年第2輯。

[26] 梁吉生：〈吳廷璆先生加盟南開〉，據南開新聞網。

院長楊教授虞（7日）啟程，璆。」當晚10時多，馮文潛收到電報，立即與楊生茂商量迎接吳廷璆的準備工作。

吳廷璆來到南開後，即參加學校籌建政治理論課程的建設。1950年9月7日，校務委員會第31次會議提名他擔任歷史系主任（10月27日教育部批覆，准予備案），不久，又擔任了學校社會發展史教學委員會委員。五十年代，南開歷史系面臨著兩個問題：一是如何按照新民主主義教育方針的要求，對舊南開歷史系進行改造，按照新的歷史觀規範教學工作。吳廷璆在前系主任楊生茂先生工作的基礎上，繼續推進教學改革，加強課堂教學與實際相結合，組織師生到各地歷史博物館參觀；二是如何加強歷史系教師隊伍。當時，歷史系一些教師如周培智、胡宜齋、程綏楚、鄧綏林、戴蕃豫等相繼離校，教師減員嚴重。在此情況下，吳廷璆大力引進教師，1951年8月聘英國愛丁堡大學碩士、廣西大學副教授辜燮高來系任講師，截至當年11月歷史系教師達到10人（其中教授、副教授3人）。他對於系裡的每位教師，都儘量給予關照，盡可能解決教學和生活困難。最典型的莫過於對辜燮高的關心。土地改革開始後，辜在四川的家庭受到衝擊，妻子也被禁止外出，這給遠在千里之外的辜燮高的思想和工作上帶來沉重負擔。吳廷璆得知這一情況後，連續給正在四川參加土改工作隊的文學院院長馮文潛寫信，請其與當地政府聯繫給予幫助。馮文潛先生接讀吳函後，立即向有關方面反映情況。後來幾經周折，辜夫人終於來天津團聚，並得在學校圖書館工作。後來的文化大革命中，吳廷璆曾因辜的問題頗遭連累，但他始終沒有怨言。

吳廷璆主講的課程有中國近代史、日本史、印度史、亞洲史。他講課的特點是緒論特長，一講就是好幾個星期，那是他要把有關這一課題的知識，包羅進去，開闊學生的視野，讓學生學到課本上難以盡述的學問。他極為關心年輕人的成長，對學生要求嚴格，不管是本科生還是博士生的論文，他總是逐字逐句地改。

吳廷璆學識淵博，尤其在東西交通史、亞洲史和日本史研究領域造詣深厚，其關於若干重大歷史問題的研究和見解，在中外學界產生了積極影響，從而確立了史學大家的地位。吳廷璆治史，宣導經世致用之學。其踏上史學研究之路係出於個人志趣，亦是時代、社會要求使然。20世紀30年代中期，吳廷璆撰寫首篇學術論文時，選擇了漢代的西域經貿關係課題，其出發點是「儘管中國與西方國家的接觸已經多年，但在諸如中國如何通過對外交往能使本國富強起來，怎樣才能在同外國進行自主、平等互利的交往過程中。逐步使自己融入現代國際社會等許多根本性問題上，都尚未解決。所以，便希冀從過去的中西交通的歷史發展中，去找尋其規律和獲得啟示。以後，研究的興趣遂一發而不可止」[27]。

中西交通史是吳廷璆畢生矢志不渝、潛心專研的學問領域，其早期研究成果卓著。〈漢代西域的商業貿易關係〉是他在日本京都帝國大學史學科的畢業論文，也是他踏入史學殿堂的處女作。這篇長達五萬字的作品，以中國古典文獻記載的史料為依據，以西方國家及日本學界的研究成果為參考。逐次闡述了西漢初期商業資本的狀況、漢與西域諸國的關係、漢武帝的西部開發政策及西域國際貿易的景況。論文對研究對象的總體把握及研究路徑的設計頗為老道，而關於張騫和班超出使西域、塔里木盆地商隊、民族間貿易的範圍、交易形式與商品種類等具體史實的考證，細緻入微，盡顯超凡才氣。

吳廷璆是學術界公認的新中國日本史學科的開拓者之一。在大化改新、明治維新等關乎日本歷史轉折的重大問題上，他的研究獨樹一幟，其創新性觀點影響了我國史學界的幾代人，並對日本、蘇聯、朝鮮等國際學界產生了影響。他的特殊貢獻在於：聚學界英才於麾下，主持完成《中國大百科全書》亞洲史卷及新中國成立後由我國學者撰寫的第一部大型日本通史類著作《日本史》。《日本史》係吳廷璆領銜、南開大學日本史研究室和遼寧大學日本研究所的十餘位學者合作完成的成果。該書的寫作於1975年啟動，1994年由南開大學出版社出版，歷時二十年。在這部洋洋百萬字的大作中，吳廷璆不僅親手撰寫了第1卷第9—14章。還對全書進行了最後把關。這部《日本史》在中國是開創性的。此前從沒有這麼完整的關於日本的論著。雖然過去有黃遵憲的《日本國志》、戴季陶的《日本論》、王芸生《六十年來中國與日本》等書，但這些都只涉及日本史的一個方面或一段時期，從沒有這樣百萬字的、全面論述日本歷史的著作。儘管在今天看來，這部著作還有需要彌補之處，但它畢竟是國內日本史研究的先驅之作，為國內日本學的研究奠定了紮實的基礎。

---

[27] 楊棟樑：〈坎坷人生路，文途武道始為伊——記史學家吳廷璆〉，《中國社會科學報》2010年8月5日。

第二章：法學院的教授

法律系

燕樹棠：三進兩出的法學界泰斗

他早年負笈日本早稻田大學，後官費留美，先後在哥倫比亞大學、哈佛大學和耶魯大學學習，獲博士學位。

他曾任國民黨三大法官之一。周恩來曾說他的嘴比國民黨的飛機、大炮厲害多了。

他三次（1928年9月至1931年6月、1937年8月至1938年12月[1]、1947年9月至1984年）出任武大法學院教授，其間三次兼任法律系主任。

他就是中國近代傑出的法學家和法律教育家燕樹棠。

燕樹棠（1891—1984），字召亭。河北定縣人。出生於一個書香世家，其父燕友三是前清舉人，畢業於京師大學堂，後負笈東瀛入早稻田大學學習教育，回國後擔任過河北大興師範和順德師範的校長。1914年，燕樹棠於天津北洋大學法律系獲法學學士學位，畢業後曾在北洋政府短期供職。1915年通過清華專科考取官費赴美國留學，先後在美哥倫比亞大學、哈佛大學和耶魯大學學習，於1917年獲得哥倫比亞大學法學碩士學位（L.L.M.），1920年獲得耶魯大學法理學博士學位（J.S.D.）。

1921年燕樹棠回國，應北京大學校長蔡元培之聘請，任法律系教授兼系主任，同時兼授清華大學法律課程。燕樹棠篤信法律、法制，只講服務於國家和社會，當然也不相信共產學說。直到晚年，他向他小兒子的同學談起民國初

1 謝紅星主編《武漢大學歷史人物選錄》「燕樹棠」云：「1937年8月至1938年12 月，再次任國立武漢大學法律系教授兼系主任。」但是《西南聯大史料》（卷四）「聯大三十一年教授名冊」顯示：燕樹棠1938年8月到聯大。

年的往事時，也一再強調法律和法制的重要。世界本應是參差多態的，那時的中國實在是太單調了。燕樹棠在北大講課非常認真，對學生也十分嚴格，從來就不苟言笑，學生都有點怕他。但他課講得好，聲音洪亮，講解細緻，沒有廢話，教學效果非常好，學生都喜歡聽他的課。他辦事規規矩矩、豁達大度，從不妒賢嫉能。1921年周鯁生回國受聘為北大法律系的教授，燕聽了周的講課並看了他的講義後覺得周講得新、講得好，立即將自己長期講授的課讓給了周鯁生。26年後，在武漢大學的燕樹棠又將自己的授課讓給了剛剛回國的韓德培。他這種大家風範一直為北大、武大的教授們所稱道。

1928年國立武漢大學創建初期，燕樹棠就來到了武昌東廠口的武大，住在武昌的曇華林。受國民政府大學院（後改為教育部）的委派，他和劉樹杞、李四光等人到東湖邊勘察過新校址。他是武大法律系的第一任系主任，武大法律教育的創始人之一。他和王世傑、王星拱、楊端六、周鯁生、皮宗石等先生都是當時學生仰慕的名教授。

當武漢大學遷至山明水秀、清雅絕倫的珞珈山下時，他回到了北大並兼任了清華大學政治系的教授。1931年「九一八」事變後，他積極投入了愛國反日的行列，參加了教授救國的團體，那時他和張奚若、梁思成、陳岱孫、金嶽霖等人幾乎每個週末都去吉祥胡同聚會。陳新宇說，「1931年8月至1936年7月，是燕先生執掌清華教鞭之時光，其間籌備斡旋、杏壇耕耘之付出，實不容抹煞。隨後在西南聯大，國難之時，篳路藍縷、步履維艱中之堅守，更是其偉大人格之體現。」[2]

1937年「七七事變」當天，一個留日的教授戴修贊告訴他，日本人來了一定會抓他。7月9日他隻身一人離開北平又來到了武大。三個月後其夫人才攜兒女隨流亡學生一起來到了武漢。1938年燕樹棠全家隨武大西遷，在樂山待了短短的半年時間。

武大外文系學生吳魯芹的回憶裡有一則燕樹棠的軼聞：

> 教授中脾氣大的，或者說愛發脾氣的要數法律系主任燕樹棠、史學系主任吳其昌，不過他們發脾氣的對象不同。前者是對學生，後者是對圖書

[2] 陳新宇：〈法治的恪守者——燕樹棠先生的生平與思想〉，《華東政法大學學報》2009年第4期。

> 館員。燕樹棠原是北大的法律系教授，和王雪艇、王撫五、周鯁生、陳通伯一批北大老人同來創辦武大的，在教授群中是「重鎮」之一。思想極端保守，遇到學生不肯好好讀書，最痛心疾首，忍不住時就破口大罵。抗戰初期，搗亂的學生用「要求實施戰時教育」做題目來罷課，來請願。他在法學院門前對請願的學生就迎頭痛擊：「你們說給我聽聽，什麼是戰時教育！教育就是教育，你想學開槍殺敵人到軍校去，到前線去，不要在這裡搗亂，妨礙別人上課。」學生當然不聽他的話，繼續叫罵。[3]

1938年4月，北大、清華、南開等校在滇成立了西南聯大，聯大的法律系沒有大牌教授，校長蔣夢麟特將燕樹棠請去任系主任。此時燕樹棠家大口闊，拖兒帶女，生活已十分拮据。但他仍酷愛教職，連兼職律師都不幹。據西南聯大的校史中記載，抗戰時的聯大教師生活相當困難，連法律系主任燕樹棠教授都靠擺地攤來補貼家用……此時燕先生患眼疾，當地無法醫治，又無錢去外地治療。他曾請皮宗石幫忙到教育部申請補助。後來一個學生資助了旅費他才得以去成都醫治。《聯大八年》一百零二位教授介紹裡這樣寫燕樹棠：

> 這位二十九歲即執鞭於北大法律系的教授，據某些法律系的同學說現在是愈來愈「堅定」了。據燕先生自己說：他曾經親自指揮過北大同學攻總理衙門，也遞過告段祺瑞的狀子。如今，他「剛強」的表現於去年在《中央日報》所發表的《憲法與憲政》：堅持先有了實行憲政的環境與習慣，才能有一部好憲法，並斥聯合政府「混水摸魚」。後表現於與本校Winter教授辯論，以法律的觀點著眼，認為李宗黃等不是murderer。現在是聯大法律系主任。教法理學和民法，據說燕先生的試題是要貫通了全書才能答得好的。[4]

燕樹棠在西南聯大講授「民法概論」、「憲法」、「法理學」、「國際私法」、「國際法」等課程。當時在國際法界，一直有「南周（鯁生）北燕」之

---

3 吳魯芹：〈武大舊人舊事〉，臺灣《傳記文學》第34卷第4期。

4 西南聯大《除夕副刊》主編：《聯大八年》（北京：新星出版社，2010年），頁207。

說。他為人正直，有強烈的愛國主義思想，一貫要求學生認真地學習法律，以便實現以法治國。在他的主持下法律學系形成了一種崇尚公正、廉明和以法治國的好學風。燕樹棠雖為孫中山「特批」的國民黨員，在政治立場上，卻趨於中立，更多秉承的是傳統知識份子之道德勇氣，鐵肩道義，辣手文章，建言建策，針砭時政。1945年抗戰結束後的「反內戰」運動中，他是《國立西南聯合大學全體教授為11月25日地方軍政當局侵害集會自由事件抗議書》的八名起草委員之一；在「一二・一」慘案發生後，他為聯大法律委員會委員之一，對包括雲南省前警備司令關麟征、第五軍軍長邱清泉在內的涉案人員提起訴訟。

由於燕樹棠秉性梗真、敢於直言，又是著名的教授和社會賢達，所以他一直是國民參政會的參政員。此外他還兼任監察院的監察委員，國民政府憲政實施促進委員會的委員。但是因為他不信仰共產主義，崇尚以法治國，更反對戰亂。在國民參議會上他不僅與民社黨、青年黨人有齟齬，而且與周恩來、董必武也常常爭執。以前，珞珈山下一直有周恩來說「燕先生的話比國民黨的飛機大炮還厲害」的傳聞。

抗戰勝利後周鯁生回國任武漢大學校長，他又將燕樹棠請到了武大，此時他當選為國民政府最高法院大法官。周校長勸他別去南京，他說：「我去看看，寫兩篇文章就回來。」在寧只住了幾個月，他又回到了珞珈山下。燕樹棠治學特別嚴謹，從不輕易行文撰書，半個世紀以來，他除了撰寫過民法章節，參與過《法律適用條例草案》的起草以及參加編審六法全書以外，只發表過幾篇論文。燕樹棠有非常完美和獨立的人格，除了認真教書以外，他很少與人交往，不嗜煙酒，幾乎沒有什麼特別的嗜好。現在看來，這樣的人當法官真是太合適了。

大陸易幟前夕國民黨去臺灣，杭立武給他機票，請他去臺灣。他不願離開大陸，當時的回答是，我不想當「白華」。現在已無法得知那時他是如何估計以後的命運的，只知道他對家人說，「我一輩子愛國，共產黨不會殺我，我不想坐到外國人的軍艦上去，改朝換代總還是要用人的。」於是這位年近六旬的老教授就留在武大了。

1949年之後，燕樹棠這位在課堂上站了三十個春秋的鴻儒被迫離開了三尺講臺，先後安排在武大法律系編譯室、武大圖書館工作，掃地、洗廁所。

1984年，燕樹棠以93歲高齡去世後，一位後輩學人哀思綿綿地敬獻挽聯云：

唯法是據，唯民是歸，一生致學無違誤；
慎思所終，慎念所選，百代兒孫有典型。[5]

吳學義：東京審判中的武大教授

日本在二戰中戰敗投降後，由中、美、英等盟國組成的遠東國際軍事法庭，在東京對日軍戰犯展開審判。中國政府為此組織了實力強大的法律精英參審代表團，其中有兩名「武大人」，分別是法官梅汝璈和檢察官顧問吳學義。梅汝璈於1931—1933年任教於武大法律系，關於他的生平事蹟家喻戶曉，而吳學義作為當時中國參審代表團中的檢察官顧問，其生平事蹟則很少為世人所知，而他也是武大法律系教授。

吳學義（1902—1966），出生於江西南城縣萬坊鎮南坑村吳家一個普通農戶家庭。他還有一位胞兄吳學齡，在家鄉躬耕為生，後避戰亂離開故土，徙居福建長汀[6]。吳學義由於天資聰穎好學，中學畢業後獲得江西省庚款補助，東渡日本留學。就讀京都帝國大學（現日本京都大學）法學部，於1931年獲得法學士學位。同年回國，任國立武漢大學法律系講師，1934年晉升為教授，主要講授「勞工法」、「法院組織法」、「民事訴訟法」、「民法概要」等課程，其間著有《民事訴訟法要論》、《中國民法總論》、《民事法論叢》、《法學綱要》、《司法建設與司法人才》、《戰時民事立法（事情變更原則）》等著作。1936年6月，有位學生在武大歡迎新同學的《特刊》上這樣介紹吳學義：

關於吳先生第一點要說的，就是他的好學不倦，現在他雖處於教授的地位，卻過的是學生生活，他和同學們同住在宿舍，據說他每週只是

---

[5] 戴克中：〈法學泰斗燕樹棠〉，臺北國立武大校友會編印：《珞珈》（1999年4月）第139期。
[6] 許建平：〈吳學義：一位不該被世人遺忘的南城人〉，《撫州日報》2011年9月13日。

有規律的回家一兩趟，當你有問題問他而走進他房間時，會見他正攤開書在讀著，有時走出圖書館，曾見他挾著厚厚的一疊雜誌忽忽地走來，假使你常到圖書館去閱讀雜誌，那裡你也可以常同他見面，吳先生雖在教室裡讚美著日本教授說「日本教授都很勤勉，他們一面教書，一面卻在拚命地讀書，所以教了幾十年書的老教授不但經驗豐富而且學問淵博，決不是初出茅廬的教授所能比擬的」。吳先生的讀書精神大約受他們的影響不少。

第二點就是他做事負責任，但凡上過他的課的都很知道，按時到教室，從不輕易請假，這是他負責的顯而易見的鐵證，不請病假固然是他身體健康之賜，可是不請事假卻是他負責精神的表現，電鈴響過幾秒鐘後，就見他低著頭走進教室來，假若你那時要出教室，最好眼睛望著前方，否則也許湊巧會撞在他身上，進了教室的第一步工作自然是點名，但是吳先生點名從未抬過頭，只是照例的依著順序宣讀一遍罷了，點過名，照例是很機械的把講義瑟瑟地翻上幾頁，「上次講到……」這才言歸正傳的開了場，於是把頭一低，似乎演吳先生的教材的電影又在他面前開展，電影一幕幕的進行，吳先生也急急的隨著講，生怕重要的教材在剎那間會被無情地自動機拖了過去，這種緊張狀態直要延續到再次的電鈴聲為止，當然其間也有片刻的停頓，這就是吳先生間或有的口吃了，可是這種口吃於我是不承認的，吳先生縱不能算嫻於辭令，但也決不致於口吃，這不過是因為教材洶湧得太急，一時千頭萬緒的不知語從何起，可是當他把頭略微一昂，兩眼向上一翻，就又宛如黃河決口，一瀉千里了，沒有聽過他的法院組織法的，見他這種神情，總以為他編的講義太多，恐怕時間不夠，所以有些慌張，但是他的法院組織法講義總計只有二十九頁，照他講書的速度讀下去，有兩小時也盡可讀完了，這種事實正是以解釋吳先生讀的書多，他的讀書不是背講義更不是讀講義，尤其可貴的是他把服務司法界所得的經驗每隨講書而灌輸給同學。

最後就是吳先生的和藹及熱心了，和吳先生談話的人縱不覺得他春風滿面笑盈可掬，也決不是威風凜凜的使人望而生畏，至於和藹到什麼程度，只能讓諸位自己去領略了，至於他的熱心，很有實例可以證明，假使你有問題去問他，那他一定盡其所能的替你解釋，就同他在法律討論會解答問題一般，每次法律學會開會總有他列席，因此他在法律系同學間取得一般的信仰，不但如此據說他對同事們也一樣的和氣，所以他和教授們的感情很好，尤其和周鯁生先生意氣相投，這大約因為他們的性格很有些不謀而合的緣故吧。[7]

最後，這位同學說，「由於上述幾點特長，吳先生在法律系的地位日趨重要，這種重要性，恐怕在不遠的將來會擴張到全校，這是值得我們法律系的同學共同慶幸的。」的確如此。抗戰爆發後，吳學義也隨武大西遷到了四川。據當時的學生陳仁寬（1945年畢業）回憶：「法律系另外兩位講課很受學生歡迎的教授都是留學日本的，一位是教我們刑法總則、刑事訴訟法的蔣思道教授，另一位是教我們民事訴訟法，法院組織法的吳學義教授。蔣先生那時還兼作律師，他講課時從不看講稿，侃侃而談。吳先生也是從不照本宣讀，他講課時的姿勢是雙手交叉平放在腹前。吳先生常說：『周鯁生先生希望武大畢業生都能考取庚款留學，留學當然好，但這個希望不太現實，我希望你們都能考上高考司法官考試。』」[8]

王德芳先生回憶，「二十八年春間我將家屬送到樂山居住……到了夏天，我的三個孩子都染上了百日咳，醫藥極困難，幸承吳學義教授的不少照顧」，又提到1939年8月19日樂山遭受日寇轟炸，吳學義的房屋「被炸成了一片瓦礫」[9]。

抗戰時期的樂山小城，資訊並不發達，但吳學義「兩耳常聞窗外事」，常與武大同仁交流時政局勢。這在當時中文系教授葉聖陶的日記中可找到大量證據：

1940年1月25日：吳學義來，談及高陶發表汪與敵人訂約事，據言此殆為二人復歸於政府方面之禮物。又言近有傳說，有人為汪至重慶設法，謀得一下場之方式。余以為此舉果實現，亦足使敵人大恚，然汪猶得蒙原宥，實非正名之道也。吳又言今之米內內閣猶是過渡，將來或將有純屬軍人組織之內閣，其時搜括愈烈，民怨愈甚，而其總崩潰亦近

---

7 王燮荃：〈吳學義先生〉，龍泉明、徐正榜主編：《走近武大》（成都：四川人民出版社，2000年），頁46-47。

8 陳仁寬：〈回憶樂山時期的老師們〉，武大北京老校友會編印：《北京珞嘉》總第3期。

9 王德芳：〈長懷母校〉，龍泉明、徐正榜編：《老武大的故事》（南京：江蘇文藝出版社，1998年）頁277。

矣。其言頗有理，故志之。[10]

1940年10月4日：遇吳學義，吳謂聞人傳言，美國俟大選以後，確將有驚人之舉，壓迫德日意三國。雖非必參戰，而其力雄厚，足以制服侵略國家。甚冀此言之不虛也。[11]

1940年10月18日：夜間，吳學義來，論國內外局勢。謂美如與日戰，日軍必將自我國步步退卻，先自宜昌而武漢，而京滬，而徐海，而平津，而山海關，而完全出我國境。我追之愈急，勝利愈大云云。此君極端樂觀，而言之有理，余與墨皆為之興奮。[12]

1941年1月2日：吳學義來談，謂我國或將與英美訂軍事同盟，如有必要且將出兵緬甸，保護滇緬路，甚而至於出兵新加坡云。余思此言如成事實，則中日之戰與歐洲戰爭合而為一。左派或不贊成，以為歐洲戰爭為帝國主義間之衝突，我之對日抗戰為民族革命戰爭，我而參加歐戰，抗戰則變質矣。[13]

經濟系教授楊端六之女，武大外文系學生楊靜遠日記也有類似記載：

1941年7月28日：吳伯伯（吳學義教授）下午來，告訴我們廣播的好消息：英美對日斷絕一切貿易關係。哈哈！日本鬼，現在可夠受用了吧！我希望它和英美開戰，我們好鬆口氣。[14]

1944年5月22日：晚上英文會開會。胡壽聃告訴我們吳學義在堂上講孔祥熙辭去財政部長職了，大概由宋子文接手。我們都興奮，如果是真的，中國財政也許可以開始整頓一下了。[15]

1945年8月15日，日本無條件投降。同年12月，由中、美、英等十一國組成的遠東國際軍事法庭決定對發動侵略戰爭的日本軍國主義分子進行審判。中國

[10] 商金林編：《葉聖陶抗戰時期文集》第二卷（北京：人民教育出版社，2005年），頁59-60。
[11] 商金林編：《葉聖陶抗戰時期文集》第二卷（北京：人民教育出版社，2005年），頁110。
[12] 商金林編：《葉聖陶抗戰時期文集》第二卷（北京：人民教育出版社，2005年），頁113。
[13] 商金林編：《葉聖陶抗戰時期文集》第二卷（北京：人民教育出版社，2005年），頁137。
[14] 楊靜遠：《讓廬日記》（武漢大學出版社，2003年），頁5。
[15] 楊靜遠：《讓廬日記》（武漢大學出版社，2003年），頁229。

國民政府接到駐日盟軍統帥總部的通知，便指示外交部和司法部遴選派往東京的外交、司法人員。兩部官員立刻從全國範圍內挑選精英，組成了具有強大實力的參審班子，44歲的武漢大學法律系教授吳學義被選派擔任檢察官顧問。

1946年5月，吳學義隨代表團從上海乘專機飛赴日本東京。5月3日，正式開庭的前一天，各國法官、檢察官、顧問、律師以及有關人員召開一次預備會議。十一個對日參戰國的法官都莊嚴地坐在審判席上，中國法官梅汝璈身穿嶄新的法官服，威嚴地坐在審判席的中間，審判席後面插著參戰國的國旗，美國插在第一位，中國插在第二位。吳學義一看中國國旗插在第二位，立刻向梅法官打手勢，伸出了右手食指，意思是中國國旗應插在第一位，梅見吳的手勢後，心領神會，立即向庭長韋伯提出：「中國國旗應插在第一位。」並與美國法官進行激烈的爭論，唇槍舌劍，終於讓中國國旗就此插在了第一位，美國國旗則移至第二位。這是自1840年鴉片戰爭之後，中國代表團出席國際會議有史以來國旗插在首位的第一次！國內新聞媒介立即發了這一重大新聞，有的報紙還及時刊出「號外」。

消息傳至吳氏家族，吳家個個揚眉吐氣，引以為豪，吳學義的兄嫂生前活了80多歲，她更是常常對子孫自豪講述小叔子吳學義這一段捍衛中華民族尊嚴的故事，教育子孫樹立自信，以先人為榜樣，不怕困苦，努力讀書，要為先人爭光。

除此之外，吳學義還為東京審判作了大量幕後工作。2005年8月，由王志主持的中共中央電視臺欄目《面對面》播出的《遠東國際軍事法庭親歷者揭示東京審判背後故事》這一節目中，當年21歲先後擔任國際檢察處翻譯官和中國檢察官辦事處秘書的高文彬就提到，日本投降後有計劃地銷毀了大量侵略證據，為搜集證據，中國檢察官向盟軍總部提出申請要求查閱日本政府的機密檔案，得到許可後，吳學義幾乎每天都到被查封的日本行政當局檔案庫，從字裡行間發掘日本戰犯的罪行證據。面對成千上萬的檔案，吳學義與同行劉子健，兩個人就在那裡找，找了一個禮拜[16]。

東京審判從1946年5月開庭到1948年11月宣判終結，歷時兩年零七個月，28名甲級戰犯得到了應有的懲罰，東條英機等7名主要甲級戰犯被判死刑。

---

[16] 許建平：〈吳學義：一位不該被世人遺忘的南城人〉，《撫州日報》2011年9月13日。

1948年12月，吳學義從日本回國，任國立中央大學法律系教授，同時兼任浙江大學、安徽大學、國立政治大學等校教授。大陸易幟前夕，他放棄去臺，留在南京工作。在1952年全國高校院系調整中，被調到中國藥科大學教外語，並擔任圖書室主任。文革爆發之年，吳學義在南京去世。

吳學義之子吳中匡，原南京市第二附屬醫院兒科專家。他曾在國內媒體撰文，敘述在東京審判期間，其父吳學義還利用精通日語、英語的特點，與盟軍總部和日本當局交涉，到日本宮內省追查文物，把許多被劫物陸續追回，挽回國家損失[17]。吳學義還有一女，則是南京某高校教法學教授，繼承父志。

曾炳鈞：押運美國戰機回國的人

他是清華大學正式命名後的第一期政治學系學生，後又考取清華公費留美。

他曾接受中共地下黨員的委託，從美國押運一船戰鬥機帶回中國。

他就是抗戰時期曾任國立武漢大學政治系教授兼系主任的曾炳鈞。

曾炳鈞（1904—1994），別號仲剛，祖籍四川瀘縣。他三歲喪父，家境窘迫，但好學勤思、奮發向上，於1925年考入清華大學政治學系，為清華大學正式命名後的第一期學生。有人問及他當年為什麼要選擇政法這條道路時，得到的回答是：「人各有志，我看到當時的祖國正處在風雨飄搖之中，想立志用政治和法律來救中國。」[18]他就讀清華時，在經濟上除得到老家瀘縣的學業補貼外，「每天下午四至六點在清華圖書館參考書出納處的助學工作以及翻譯、寫稿的酬勞就是生活來源。所以，直到畢業時，他還欠學校學費、伙食費二百餘元，至1934年才還清。」[19]青年時代的曾炳鈞接受了進步思想，在清華園主編《認識週報》，抨擊時弊、追求光明。他在上面發表過〈最近世界政治大勢〉一文，字裡行間散發著革命氣息。1928年「濟南慘案」發生之後，他與馮友蘭等人發起組織了「濟案後援會」，後發展成為「清華大學邊疆問題研究會」。

---

17 許建平：〈吳學義：一位不該被世人遺忘的南城人〉，《撫州日報》2011年9月13日。

18 周恩惠：〈路漫漫兮，驅馳不輟——訪著名法學教育家曾炳鈞教授〉，《法學雜誌》1985年5期。

19 曾爾恕：〈父親留下的財富〉，《中國政法大學校報》2005年8月31日第96期。

1929年清華大學畢業後，曾炳鈞與陶孟和一道主編《社會科學雜誌》季刊達五年之久，雜誌著重研究中國的人口、勞工和工資指數這樣一些學術性課題。他在季刊上發表過題為《中國勞工組織》的文章，呼籲當局制定勞動法規，用法律來保障勞工的民主權利。1933年起任《國聞週報》的「經濟時事評論」專欄主編，在上面發表過論文〈危機日迫的中國經濟〉，並受天津《益世報》社論主筆錢端升委託，任該報社論的特約撰稿人。

1933年，清華大學又恢復了公費留美制度，曾炳鈞考取後，於翌年遠渡重洋，到美國伊利諾州立大學政治系研讀。光怪陸離的異國風光，沒有使這位質樸、好學的中國青年飄然自醉，他到美國後幾乎沒有離開課堂、圖書館和宿舍，整天在「三點一線」的軌跡上發奮苦讀。功夫不負有心人。他僅用一年時間就以論文〈英美預算制度〉把碩士學位攻下來了。之後，他又來到美國著名學府哥倫比亞大學學習，師從L. Rogers教授（聯合國成立後曾任國際勞工局局長），並經導師引薦加入威爾遜學會，在學會做過題為〈1911—1924年中國聯省自治運動與憲政問題〉的報告。正在他躊躇滿懷之時，不幸身患嚴重風濕熱，國內又停發了留學生的公費，但病魔的纏繞和經濟上的拮据，都沒有動搖他繼續攻讀，以知識振興祖國的念頭更加堅定。他通過勤工儉學於1941年以論文〈中日衝突在英國議會中的反映〉獲得政治學博士學位。

曾炳鈞學成之時，正值山河破碎之時，日寇瘋狂轟炸後方，他毅然放棄在美國供職機會，接受中共地下黨員、清華同學冀朝鼎委託，「冒著被日機轟炸的危險，簽下生死狀」[20]，作為中方唯一代表，押運挪威貨船S. S. Gunny號（挪威與納粹德國是交戰國），從紐約取道大西洋經非洲好望角輾轉航行兩個多月至仰光，將一船美國供應中國的P40型戰鬥機押運回國[21]。

回國後他先在雲南大學政治經濟系任教，然而國難當頭，這裡卻慢條斯裡，後來在重慶遇到翁文灝，昔日學者被蔣介石推到經濟部長的位置上來。翁氏聘請曾炳鈞任經濟部參事，實際上他當上了個啥事都不管的「員外郎」。不久，他清楚地看到了國統區政治上黑暗根子在蔣介石的獨裁統治；物價暴漲、民不聊生的禍根是蔣宋孔陳四大家族在經濟上高度壟斷。於是，他就毅然地棄

[20] 曾爾恕：〈父親留下的財富〉，《中國政法大學校報》2005年8月31日第96期。

[21] 戴克中：〈人情親疏——曾炳鈞教授的木箱〉，項爍新浪博客。

職來到樂山武漢大學任教，兼政治系主任。

據1942年考入武大政治系的王滋源回憶，「第一次看到曾炳鈞教授是在『政治學概論』的課堂上。他中等個兒，圓圓而清瘦的臉上戴一副金邊眼鏡。講課聲音不大，深入淺出，鞭辟入裡，引人入勝。」[22]大三下學期，王滋源為寫畢業論文到曾炳鈞家拜訪，請他當指導教授。他慨然應允，並擬定了論文題目：〈盧梭之民約論〉。此後，王滋源常到曾炳鈞家訪問，請教閱讀原著中碰到的一些問題，他都一一給以圓滿的解答。四年級秋季一開學，王滋源便把繕寫好的論文交給了他。過了一個多月，曾炳鈞找王滋源談話，說是論文通過了，寫得不錯，「文辭優美」。曾炳鈞還語重心長地說：「滋源，別看你是學政治的，但你不是搞政治的材料，你是個做學問的人。要發揮自己的長處。」王滋源臉紅了，對導師的鼓勵感到高興，也深覺不安，眼看就要離校了，得馬上找事做，學問從何做起？當他向老師坦陳了處境後，曾炳鈞沉默了一下，親切地說：「政治系還缺個助教，我設法為你爭取一下。」後來又教導他：「教書是讀書人最後一道防線。你國學根底不錯，在成都或附近縣城的中學找教書的工作，還是不太困難的。不過，你以後工作了，要學習英國邏輯學名家約翰・穆勒，他在東印度公司任職，把這當成謀生的職業，做學問，才是他的事業。」

1947年，國民黨統治區反饑餓、反內戰的群眾鬥爭，風起雲湧。武漢大學進步學生於6月1日組織示威。國民黨的憲兵和員警兩千來人，荷槍實彈，在珞珈山校園，向手無寸鐵的學生和職員工開槍射擊，當場就打死了三名學生，許多學生被抓走，校園內外呈現出一片陰森、恐怖氣氛。曾炳鈞在全校召開的教授會上慷慨激昂地說：「這個社會太黑暗了，學生們何罪之有，我們如果在軍警的屠刀下不敢再進行鬥爭，去營救被捕的學生，我們就不配作師表，不配作堂堂正正的人。」會上，他被選為教授會議主席，繼續向國民黨當局進行鬥爭。他和國際法教授韓德培等六人在上海《觀察》上發表〈我們對於當前學潮的看法〉，堅決要求當局無條件釋放無辜的被捕者，嚴懲殺人兇手，保障校園安全，保障師生的民主權利，對死傷者予以撫恤。他擔著風險，在同仁支持下，終於迫使當局接受了上述條件，勝利結束了武漢學潮史上的「六一」事件。這時，他已預感到蔣家王朝末日的來臨，便欣然北上。

[22] 王滋源：〈回憶曾炳鈞教授〉，武大北京老校友會編印：《北京珞嘉》2003年第1期。

1949年之後，曾炳鈞擔任共黨領導下的清華大學第一任政治系主任，1952年院系調整後調入北京政法學院，與吳恩裕、戴克光、嚴景耀（雷潔瓊之夫）並稱「北京政法學院四大教授」，1954年分配至國家與法教研室準備財政法講義，1956年擔任國家與法的歷史教研室主任，參加了當時集體編寫講義的全過程。他主編的《中國法制史》是北京政法學院建立後公開印行的第一部教科書。

1956年，曾炳鈞寫了一篇題為〈法的繼承性〉的文章，刊登在《政法研究》雜誌上。誰料，竟被作為舊法學觀點進行不公正的批判。接著，清華大學著名國際法學專家陳體強副教授被錯劃為右派分子，曾炳鈞仗義執言，說：「陳體強一生是愛國的，要從本質上看人。」這兩樁事有言論、有行動，加到一起很有被劃為右派的可能。這時，政法學院已經有批判他們大字報和漫畫了，政法學會中也有人準備組織「討論」。幸虧吳德峰[23]說：「曾秉鈞的文章是學術問題，政法學會不能作此結論。」他這才免於罹難。為了避免寫文章引起政治問題的麻煩，他不再寫文章，在1963—1964年休假期間翻譯了美國伯恩斯的《當代世界政治論》，而這在當時的政治氣候下卻依然惹了麻煩。由於緊接到來的文革運動，他不斷為此做出檢討，這部譯著直到1983年才由商務印書館出版。1966年，在北京市委佈置關於《海瑞罷官》的討論後，曾炳鈞為《文匯報》撰寫了論文〈從抑制豪強看海瑞的執法〉（載《文匯報》1966年2月25日），後來又為《新建設》撰寫了〈對於清官的兩點看法〉。為此，在文化大革命中他被冠以「反動學術權威，為舊法揚幡招魂」的罪名一再受到批判。

曾炳鈞二女兒曾爾恕撰文回憶說：「父親所學是政治學，又有留洋的背景，這使他的研究在後來受到相當的限制，但他一生憂國憂民，始終保持著對國家政治的高度關注，即便在文革迫害的高壓下也不例外。記得在周恩來去世的日子裡，恰逢我回京探親期滿，在父親送我去火車站的路上，他不顧黑雲壓城的政治氣候，執意與我一起提著沉重的行李先到天安門廣場參加人民群眾自發的大規模紀念活動。在人民英雄紀念碑旁，他異常激動地記錄了許多祭奠和聲討的檄文。文革後，百廢待興，父親經常在家裡和政法學院的老同事討論

---

[23] 吳德峰（1896—1976），湖北保康人。原名吳士崇，字德峰。1924年加入中國共產黨。曾任中共武漢地委委員兼軍委書記、中共湖北省委代理軍委書記、鄭州警備司令部政治委員等職。1949年之後，先後任武漢市市長、中南軍政委政法委員會秘書長、副主任、國務院第一辦公室副主任、中國政治法律學會副會長兼第一書記、中共中央政法小組成員、國務院政法辦公室副主任、最高人民法院副院長等職。

世界形勢、議論國家大事和學校的建設，余叔通先生、杜汝楫先生、陳光中先生、朱啟武先生都是家裡的常客，他們學貫中西，談古論今，抨擊時弊，高談闊論的形象我至今不忘。作為學者，他保持了在學術上的獨立思考，敢說真話的品質操守。」[24]

1979年中國政法大學復辦，招收了第一批研究生，已過古稀之年的曾炳鈞擔任法制史專業導師組組長。那時他年事已高，被師生尊稱「曾公」。他堅持參加教研室的會議，關注學校的進步與發展；他常在家裡接待師生，熱情認真地與他們一起探討學術問題；他熱忱而嚴格地指導研究生，督促他們多讀書並要求寫出讀書筆記；他克服由於青光眼而造成的眼力困難，持放大鏡逐字逐句地為研究生修改學位論文。他說培養一個合格的法學人才確實要有一個過程，古人云：「試玉要燒三日滿，辯材須待七年期。」他對政法教育戰線上的接班人，不僅寄予厚望，而且身體力行，為後來人鋪路。他認為教書不光要傳授知識本身，更重要的是要教會學生學習和思考的方法；就好像不僅要給求金者金子，更重要的是教會他點金術。

在中國政法大學，曾炳鈞度過學術生涯的後半生。在他去世時，在他的存摺上僅有三千元人民幣，除了滿屋的書籍外，再沒有留下什麼物質遺產，但留下不少精神財富。1949年之前，他曾在《新經濟》半月刊上發表論文〈人治與法治〉〈學術與政治〉（1942年）；在英文中國年鑒上發表論文〈中國戰時的工業和商業管制〉（1943年）；在《經濟建設季刊》上發表書評〈評羅濱漢斯教授的經濟計畫與國際經濟〉（1943年）；1943－1944年在武漢大學發表過演講「憲政與圖強」、「二十年後的中國」。此外還著有《魏瑪憲政時期德國的經濟復興》、《英國的財務管理：預算控制》（英文）、《在放任主義與全盤社會主義計畫之間》（英文）、《評柯爾的經濟政策未來十年展望》、《評拉斯基的美國的民主》等專論和書評。1949年之後，曾炳鈞著述亦豐，如主編《中國法制史》，翻譯《當代世界政治理論》當代政治理論等，並於「運動」期間發表時評多篇。

---

[24] 曾爾恕：〈父親留下的財富〉，《中國政法大學校報》2005年8月31日第96期。

政治系

吳之椿：王世傑極力舉薦的教授

1938年2月1日，辭去教育部長一職不久，剛上任中央政治委員會外交專門委員會主任委員的原國立武漢大學校長王世傑來到武大，向校長王星拱推薦吳之椿擔任該校教授，謂「吳為一思想極銳作事極有定性之人，近年同去教部服務，始終以畏友待之」[1]。

這個吳之椿到底什麼來頭呢？

吳之椿（1894—1971），湖北武昌[2]人。民初畢業於武昌文華書院，1917年官費赴美國入依利諾依大學，1920年獲文學士學位。又入哈佛大學，次年獲碩士學位。嗣後在倫敦政治研究院和法國巴黎大學深造。

1922年夏歸國後，吳之椿歷任中州大學、武昌國立商科大學、中山大學教授，支持學生進步活動。1926年，北伐軍進逼武漢，隨軍北伐。國民政府遷都武漢，是年秋任外交部秘書兼政務處長。次年1月，漢口英租界「一・三」慘案發生後，國民政府決定收回英租界，吳協助部長陳友仁與英方談判，並參加「英租界臨時管理委員會」工作，具體主持租界內一切事務。2月19日，中英雙方達成《收回漢口英租界之協定》。其後，協助陳友仁收回九江英租界。7月15日，汪精衛背叛革命，在武漢秘密召集「分共」會議，宋慶齡堅不赴會，以陳友仁為代表，赴會發言表示堅決反對「分共」。同日由吳向中外新聞界發表《為抗議違反孫中山的革命原則和政策的聲明》，並印刷成傳單，在武漢三鎮

1 《王世傑日記手稿本》第一冊（臺北：中央研究院近代史研究所，1990年），頁174。
2 吳之椿籍貫湖北武昌，是依據《國立西南聯合大學三十一年度教員名冊》籍貫欄，而許多資料顯示其籍貫湖北江陵。

大街小巷廣為張貼。「寧漢合流」後辭職，隨宋慶齡、陳友仁前往莫斯科。

1928年春，吳之椿取道西歐，在巴黎大學和柏林大學聽課，是夏回國。吳之椿回國後，旋應新任清華大學校長羅家倫之聘，任政治學系教授、系主任，並兼教務長。主持政治學系後，與教師共同努力，在系務方面多有改進，相繼增聘了張奚若、萊特（美芝加哥國際法教授）、胡道維等學者任教，強大師資，充實課程。1931年春因病辭職。第二年又任青島山東大學教授，並於1932年8月3日「就秘書長職」[3]。

三十年代，吳之椿曾為中英庚款考試委員會之委員，其餘委員為李書華、傅斯年、周鯁生、顏任光、辛樹幟。同時又為「校試委員」，與樓光來、周其勳負責英文命題。

有則吳之椿在南京中研院工作時期的逸聞。話說1937年8月淞滬會戰之後，南京成了一座危城，整個城市的人們都陷入西逃前的混亂之中。中研院史語所的語言學家趙元任此時正患病臥床不起，中研院照顧他，讓他帶著長女先行乘船西去，家中就只剩下元任的妻子楊步偉和三個小女兒。從此楊步偉就使出渾身解術去搞逃難的船票。巧的是美國使館有個二等秘書名叫J. Hall Paxton，他這時打電話到趙家，楊步偉就趕緊向人家討票。Paxton滿口答應可以把自己的太古號船票讓給步偉一家，這對楊步偉來說，真是雪中送炭。

楊步偉接Paxton電話時，「不巧正是吳之椿在此，得知此事趕快說，我派人去拿，我覺得再好沒有了，因那時總覺得遇到的朋友都是幫忙的。沒想到這個自私的人，給票拿到手，來對我說，可不可以給這張大菜間票給他太太和小孩先走？兩三天後他可以弄到船票給我們，若是一定要十九號走，招商局的票也有。我問他為什麼你不坐招商局，既是怕打，為何我們不怕？他說他的兒子小，我們孩子大了。我氣了要打電話給美國使館取消那張船票，吳用身子攔在電話前，用兩手推我。我當時看他那種卑鄙樣子氣得我要死。我回他你欺負我們母女將來你得不著好報的，也許你的兒子會死在江裡的。他就坐在我家下午不讓我出去。」[4]後來吳之椿太太歐陽采薇及孩子一起就登上了西去的客船。那一年，吳太太采薇二十多歲，剛從清華西語系畢業不久，育有一子。小吳少

---

3 黃際遇：《萬年山中日記》第二冊，轉引自黃小安新浪博客。

4 楊步偉：《雜記趙家》（瀋陽：遼寧教育出版社，1998年），頁111。

爺在船上搶了兩個外國孩子的東西，就跟人家發生了爭執，吳太太掄起大巴掌就賞了人家小孩子一記耳光。這就犯了眾怒，全艙人不平，要給他們攆下船。結果船到九江，這一家非法上船的母子就被船長轟下了船。

吳之椿聽到了妻子二人被洋人如此欺侮，馬上趕到了九江搭救。又弄到了南潯鐵路的車票，上車後更占了四個位置，讓孩子躺著睡覺。那節車本是載軍屬的，人家質問誰給他權利如此囂張。吳之椿道，乃吳玉峰將軍同意。這時過來一個軍人，喝問，你跟吳玉峰什麼關係，他如此照顧你？吳之椿說，他是我的學生。那個人指指自己的鼻子說，「我就是吳玉峰，你不認識我嗎？我何時給你弄火車坐位的？」於是，在一個小站上，這一家人又被扔到了月臺上[5]。

吳之椿到武漢大學任教應是1938年下半年的事情，其時武大已經西遷樂山了。除了任政治系教授之外，他還在1938年10月被武大校務會議推為副主任導師。在武大任教時間約兩年時間，期間的教學著述、生活交遊等資訊資料十分稀少。

1940年8月，吳之椿去了昆明的西南聯合大學，任法商學院政治學系教授。清華大學教授何兆武回憶當年在西南聯大讀書的情景，說：

> ……另外還有吳之椿先生，那時候總有五十多歲了，比一般的老師都老，也是講西洋政治思想史，其實主要就是講十九世紀後半葉英國達爾文主義的社會思潮。吳先生的課講得非常深刻，談到斯賓塞以降的英國政治思潮，真是如數家珍。不過他和張奚若先生一樣，都沒寫過大文章，要按現在的標準得被刷下去，可是那時候人們都知道他們是大學者，學問非常好。吳之椿先生偶爾寫文章，也不是純學術性的，我倒是對他的文章很欣賞，有一段我現在都記得，他說：人類的關係有一種是權威的關係，一種是聖潔的關係。比如政治上是權威的關係，你是我的下屬，你就得服從，可是夫妻間就是純粹的聖潔的關係，夫妻雙方是平等的，並不是說一方命令你什麼你就得聽他的。吳先生說：「可惜中國人的事情權威的成分多，而聖潔的觀念少。」這段話給我印象很深。[6]

---

[5] 據〈吳之椿的「權威」與「聖潔」〉，四事齋新浪博客。

[6] 何兆武口述，料峭子文：〈西南聯大回憶錄之三：民主人士張奚若〉，《上學記》（北京：三聯書店，2006年）。

《聯大八年》一百零二位教授介紹裡這樣寫吳之椿：「八年的『戰時』生活和將近一年的『復員』生活，磨得吳先生要比實際的年齡老了許多。兩顴突起，臉色近於臘黃，皮膚有了皺紋。舉動表現遲緩，兩耳失聰，背脊微微駝彎，人們都說：吳先生衰老了呵！柴，米，油，鹽，小娃子，一切家庭的瑣碎把他幾乎完全與學習隔離。但奇怪的是：為什麼他沒有比以往更憎恨現實的社會？他不是成天成夜叫苦嗎？他的苦從哪裡來？是誰的賜予？他不想。他像千千萬萬善良的農民，寧願站著活活餓死，而不去搶去劫一樣的不能使我理解，然而他本質上完全和他們不同。他教現代西洋政治思想和英國憲法史，這些，不正是和專制主義相背馳的麼？為什麼他能容忍？能若無其事的打發日子，我不懂，我完全不懂。也許，也許這就是聯大教授的『理論自理論』，『實行自實行』的功夫吧！」[7]

吳之椿熱心時政，如1945年與張奚若等十多聯大教授聯名上書蔣介石、毛澤東，就國共商淡、民主建設事宜發表意見，1947參與發表《十三教授保障人權宣言》抗議國民黨政府非法逮捕進步人士等。

1949年之後，吳之椿在北京大學任教，1952年成立北京政法學院時，他和錢端升等教授一起調到政法學院。1958年11月退休。1961年11月被聘任為中央文史研究館館員。1971年8月11日病故，終年77歲。著有《自由與組織》（重慶國民圖書出版，1940年）、《青年的修養》（重慶國民圖書出版，1942年）、《法治與民治》（生活書店出版，1946年）；譯著有《印度簡史》（北京三聯書店，1957年）、《論出版自由》（商務印書館，1958年）等。

樓邦彥：命運多舛的政治學教授

他早年留學英倫，師從英國工黨領袖、政治自由主義的開山者之一拉斯基。

他的專長是對憲法與行政法、尤其是英法政治制度的研究。

抗戰時期，他一度投身蔣介石的侍從室，但三個月內未獲一次召見，後改投胡宗南。

---

7 西南聯大《除夕副刊》主編：《聯大八年》（北京：新星出版社，2010年），頁228。

1949年後，他一度得到共產黨的器重和培養，後被毛澤東點名批評，打入另冊。

他就是曾任國立武漢大學政治系教授的樓邦彥。

樓邦彥（1912—1979），筆名碩人，浙江鄞縣（今寧波）人。1931年畢業於上海滬江大學商科。1932年插班考入清華大學法學院政治學系，1934年畢業後考入清華研究院。同年出版《歐美員吏制度》（與龔祥瑞合著）。他在清華受教於錢端升和張奚若等人。這兩位名師對樓邦彥有重要影響。張奚若是他的研究生導師，當初在清華上課時，他負責做張先生課的課堂筆記，但是他沒念完研究生就出國了。樓邦彥長子回憶說，「父親一生對張先生極為尊重。由於專業方向之故，樓邦彥與錢端升先生的交往更為密切。他晚年患腦瘤，已經病重得起不了床了，但錢端升先生去醫院看他時，他一下子就坐起來，師生二人就在病床上抱頭痛哭。於今思之，這是何等心酸的一幕。年近八旬的先生目睹自己往日的得意門生來日無多，該是何心情？錢先生自然難忘當初師生二人風華正茂時，在北平、在英倫、在昆明切磋學問、憤激國事的時光，再念及此後的漫長屈辱與一生中被迫荒廢的歲月、以及當初的壯志雄心，怎能不悲從中來。對於樓邦彥而言，面對生命的行將結束，想起恩師當年的希冀期待和自己後半生的兩手空空，又該是何等絕望？」[8]

1936年，樓邦彥與清華同窗王鐵崖、龔祥瑞一起考取第四屆中英庚子賠款公費生名額，赴英國倫敦政經學院留學，師從拉斯基（Harold Joseph Laski）[9]教授。在倫敦做了半年研究之後，樓邦彥向導師辭行，想到法國進修的願望，拉斯基竟然照准，還熱忱地介紹他到巴黎住在自己妹妹家，甚至幫他繼續申請南京政府的資助。當初在清華念書時的外文訓練，使他不僅英文遊刃有餘，法文也完全沒有障礙。在巴黎大學潛心學習的一年經歷，對其後來出版《各國地方政治制度：法蘭西篇》（正中書局，1942年）顯然有重要意義。樓邦彥在該書

[8] 謝喆平：〈舊書新出憶故人——政治學家樓邦彥〉，樓邦彥：《各國地方政治制度：法蘭西篇》（北京：商務印書館，2012年），頁104。

[9] 拉斯基（1893—1950）：英國工黨領導人之一，政治學家，費邊主義者，西方「民主社會主義」重要理論家。社會民主主義和政治多元主義的重要思想代表。一生著述三十多部，內容涉及社會科學許多領域，在歐美思想界有著重大的影響，被譽為與羅素、琳賽並列的英國三大思想領袖之一。

序言所列出的參考書目中，除了幾本老經典，大多是1920—1930年代出版的法文書，其中若干本很可能就是他當年在巴黎閱讀過的。遊學法國不到兩年，樓邦彥接到老師錢端升希望他回清華任教比較行政法的信，竟又拋下學業先行回國，「在他看來，能拿到清華的聘書比拿到博士更為實際，也才有了後來他對行政法以及自治領研究的成果」[10]。

1939年，樓邦彥回國任昆明西南聯大政治學系副教授。1940年，先後擔任樂山武漢大學政治學教授、重慶中央大學政治學系教授。樓邦彥「從昆明轉到重慶，大抵抱著實操政治的想法，向政治要人靠攏，一度投身蔣介石的侍從室，但三個月內未獲一次召見。他醒悟自己到底是寧波人不是奉化人，終難獲信任，遂離開，於1943年赴胡宗南長官處」。謝喆平謂「樓邦彥的個性更為直率而衝動，他當初離開西南聯大而徘徊於蔣介石侍從室外、進入胡宗南部，以及後來的人生跌宕，莫不與此有關」[11]。

在投胡之前，樓邦彥在武大完成了代表作《各國地方政治制度：法蘭西篇》一書。該書共有九章，分別是發展、法律地位、地方行政組織（議事機構）、地方行政組織（執行機關）、地方行政組織（聯合機關）、地方預算、中央控制、法院與地方政府、巴黎政府。這樣的寫作架構非常緊湊，卻基本上涵蓋了地方制度的歷史發展與彼時的具體內容，也從中央控制角度出發對法國的中央——地方關係進行了討論，並以巴黎作為地方政治的特別個案進行討論。全書內容可以說非常全面，在面面俱到的基礎上，重點突出。看得出來，樓邦彥與錢端升一樣，不但對法國資料和法規制度極為熟撚，而且剪裁得當、論述透徹。同時，師從張奚若治西方政治思想史的經歷，也在書中留下了深刻痕跡——比如在「中央控制」一章中對孟德斯鳩「三權分立」的批評。該書作為歐美各國地方自治制度介紹的民國叢書之一，起到了應有的作用。

樓邦彥此書篇幅並不算長（僅僅94頁），和如今動輒幾十萬字的著作比起來，可謂相當精短。但這有限的篇幅裡，他沒有浪費一字一句，精彩之句比比皆是：「在革命初期，一切的思想與改革的建議似皆尚激進：它們都犯了一個同樣的毛病：即過於理想樂觀，而沒有把握得住當前的事實以及較複雜的

[10] 吳強：〈自由主義的政治介入〉，《財新新世紀》2012年12月31日第51期。

[11] 謝喆平：〈舊書新出憶故人——政治學家樓邦彥〉，樓邦彥：《各國地方政治制度：法蘭西篇》（北京：商務印書館，2012年），頁105。

問題癥結之所在。」（第一章）「巴黎是什麼？巴黎即革命。」（第九章）關於中央控制，樓著的分析尤為精彩：「如果我們要是認為理智是進步的政治之基礎，那麼我們就絕不會以政治事物的存在事實來說明它的存在理由」，「政府權力是必定要受限制的，不受限制的政府權力便根本失去其存在的理由」，「關於地方行政機關的一般法則，不論是普通法律或一般行政命令，都構成地方行政機關的法律根據，而絕不是中央控制的手段。」（第七章）

儘管這是樓邦彥編著的一本著作，但他的嚴謹作風已可見一斑。完稿後他專門請當時均在武大任教的劉迺誠、李浩培、王鐵崖三位先生校閱討論，「地方預算」一章則專門請了清華經濟學系和倫敦經濟學院雙料同窗、時在中央大學任教的寧嘉風（又一位才華與勇氣兼備的悲劇人物）校閱。此書完稿在1941年，初版是1942年的事，當時抗日戰爭正進入艱苦階段，正如劉迺誠在總序中所說「接洽合編事困難滋多，想為國人所洞知。現今交通頗不靈便，長途接洽動輒拖延甚久，接洽成功矣，未必能準期繳稿；文稿繳到矣，未必能按期付；文稿交付印刷矣，亦未必可按期初版」，樓邦彥當初自英國回國任教西南聯大，火車在快到昆明時翻車，行李全都燒光，想必隨身的書籍資料也片紙無存。他回國後又輾轉數校，寫作此書時，想必在搜集參考資料方面頗為不易。在那種困難條件下寫出這本書（而且他交稿竟然比別人早了一年），實在是殊難想像。

寫作《各國地方政治制度：法蘭西篇》時，樓邦彥已離開西南聯大，轉而在武大政治系任教。他先後在西南聯大和武大開設「比較行政法」與「行政學」，法國地方政治制度是用他「講稿內的一部分材料」寫成的，這也可以看出，該書的寫作其實是建立在他多年授課的深思基礎之上。作為落實當時國民政府「抗戰建國」方針的實際舉措，《各國地方政治制度》作為一套叢書，主編劉迺誠先生當時也在武大政治學系任教，請樓邦彥寫《法蘭西篇》肯定自有他的道理，與他對樓學術水準的認可自然也有關係。事實證明，樓邦彥交稿的品質與速度均沒有讓他失望。儘管此書是一本「命題作文」，但正是樓邦彥的研究興趣所在。

作為「進步教授」，樓邦彥對國民政府的腐敗無能曾有公開的激烈批評，大陸易幟前夕，他自然上了國民黨的「黑名單」，據說當時府學胡同的北大教授宿舍中，上了「黑名單」的有他、許德珩和袁翰青三人；1949年後，他的命運也如自由主義在中國的命運一樣多舛，並一度得到共產黨的器重和培養。他先後參加了革大、中央政法幹校等，顯然是黨組織有意栽培的進步人士。土改時，他參加了教授土改團，還是華東團的團長，回來後還在北大紅樓做了講話，很明顯是教授的「先進代表」。1952年院系調整的時候，他正在中央政法幹校學習，結束後他選擇去了錢端升任院長的北京政法學院（今中國政法大學），當時正滿懷抱負，打算將政法學院建成中國的倫敦政治經濟學院。

1954年批判紅學家俞平伯時，可能是因為他口才好，當然更因為他的進步教授身份，樓邦彥被派去做俞的工作，常常騎著自行車出入俞家。為了工作方便，組織上要他加入九三學社，他說不，要入黨，領導說你先入九三，將來再入黨，他就加入了九三學社。1953—1954年間，北京有一批司局級崗位選用了民主人士，比如翁獨健等人，但他們在民主黨派和學界，都比樓邦彥要長一輩，他大約是被趙寶煦以及幾個擔任領導職務的黨員學生推薦，擔任北京市司法局副局長。其實，他當時更鐘意教書育人，而且去司法局也是當副局長，大概也有些不甚滿意。但是司法局給了他副局長的最高待遇——幹部10級，他也就去了。據說司法部長史良當時有意請他去做部長助理。在司法局，他最高興的莫過於他當籌委會主任，主持成立了全國第一個律師協會。

許是同出自拉斯基門下之故，更可能是意氣相投，樓邦彥與儲安平關係甚好，他不但常在儲主持的《觀察》雜誌上發表文章，1949年儲處境危險時，樓邦彥乾脆在府學胡同給他找了間房子住，飯就在樓家吃。1957年反右時，儲被劃為右派，浦熙修為他打抱不平，找費孝通商量怎麼辦，費則說此事須找樓邦彥，於是兩人一起到司法局找樓。結果，隔天司法局就貼滿批判樓邦彥的大字報，不久，他也便不出意外地被劃為右派，工資連降了三級，離開司法局，回到九三學社參加學習鍛煉，這個書生短暫而意氣風發的「進步教授」生涯，就自此徹底結束。九三學社分配工作時，他沒有選擇回到政法學院（當時錢端升在政法學院被劃成右派），而是選擇回到北大（王鐵崖在北大被劃成右派）——也許此前的北大對他而言是愉快的記憶。後來文革風浪驟起，他自然被打翻在地。期間他能做的工作只是翻譯而已。1971年美國總統尼克森訪華後，毛澤東點名要看幾本書，於是組織專家學者限期翻譯，北大受命負責《六次危機》、關於聯合國和戴高樂等的書的翻譯，樓邦彥是總校對，但出版的時候自然不能署名。那個時候，他還在很認真地搜集材料，尤其是關於歐共體的材料，其實他當時能看到的，無非《參考消息》而已，他對兒子樓秉哲說，歐共體將來一定會對歐洲和世界產生巨大影響[12]。

1979年，樓邦彥得以平反。而是年，他已在北大病逝。

孟雲橋：亞聖後裔出任教育局長

他是「亞聖」孟子的後裔，自小熟讀《孟子》。

他畢業於英國牛津大學，獲碩士學位。

他剛出任國民黨青島市教育局長，就被捲進「反甄審運動」中。

他就是曾任國立武漢大學政治系教授的孟雲橋。

孟雲橋（1904—1988），名繁倬，字以行。原籍山東章丘孟家塢（今屬聖井街道辦事處），乃「亞聖」孟子後裔。他自幼聰穎，卓爾不群。讀小學時，每有課暇，總是一人閉門苦讀「聖賢書」，特別是《孟子》一書。他不但能背誦書中的正文，連歷代夫子們作的小注亦能爛熟於心。1920年，孟雲橋考入章丘高等學校，每考必列榜首，人們贊其無愧是聖賢之後。遂入省城濟南師範深造。畢業先後在曲阜二師、青島鐵路中學、濟南第一師範任教。他教壇秉鐸，嚴肅活潑，言傳、身教並重，對學生循循善誘，因材施教。1930年，韓複榘主政山東時，因王鴻一的積極宣導，梁漱溟、梁仲華等大力推行「村治」，也可以說是村本政治，與孟子的民本學說有共同之處，這引起了孟雲橋的極大興趣。他精心研究了王鴻一的「村治」學說和梁漱溟的「東西文化及其哲學」，大受啟發，於是同王、梁書函探討關於中國固有文化和鄉村建設問題[13]。後來在梁漱溟的極力推薦下，孟雲橋進入北京大學哲學系深造，期滿回到山東，任濟南高級中學的教務主任。

1934年前後，孟雲橋考取官費去英國，先在倫敦大學哲學系讀書，後入牛津大學攻讀研究生。他詳細考察了西歐的學術思想，並與中國的學術思想進行了比較，認為前者歸本於教育實業，後者歸本於教養。決心回國後進行一番改

---

[12] 謝喆平：〈舊書新出憶故人——政治學家樓邦彥〉，樓邦彥：《各國地方政治制度：法蘭西篇》（北京：商務印書館，2012年），頁106。

[13] 據山東省章丘市第四中學網站。

革，為祖國的教育事業貢獻自己的一生。這期間，他遇到了因受國民黨迫害而流亡海外的鄒韜奮，孟雲橋對他的遭遇十分同情，兩人遂結為知友。

1938年，孟雲橋於牛津大學研究生畢業，獲碩士學位。他毅然絕然拒絕了當地名流的高薪聘請和朋友的勸說，堅定地回到了心中的祖國。回國後，他歷任重慶國立中央大學、樂山國立武漢大學、重慶中央政治大學教授、系主任。鄭士容的回憶中提到這樣一件事情：「一九四二年我在重慶中央大學政治系快要畢業時，肄業昆明西南聯大歷史系的好友丁名楠，就建議我去跟他二舅陳儀（時任國民政府行政院秘書長）服公務……教政治思想史的孟雲橋師介紹我去一家出版社當編輯，頗使我為之心動，但因該出版社的國民黨味太濃，盛情也只好心領矣。」[14]

根據武大西遷大事記載，孟雲橋到校時間是1942年9月30日。是年11月7日，他在武大首次學術講演，講題為《如何建立世界和平》。11月10日，校方公佈的各學院主任導師名單中，法學院為孟雲橋。12月1日，武大學生社團政談社在民眾教育館舉行座談會，題目為《戰時思想之檢討》，孟雲橋列席指導。

1943年4月，武大政治系主任劉迺誠教授應美國國務部邀請，任中美第一屆交換教授。系務由孟雲橋代理。

1945年8月，日寇投降，抗戰勝利，國民黨接管青島，任命李先良為市長、孟雲橋為教育局長兼山東大學教授（當時山大只有兩位一級教授，孟是其中之一）。在青島教育局局長任上時，孟雲橋被捲進青島教員學生反對國民黨政府甄審的運動（簡稱反甄審運動）中。

1945年9月20日，國民政府召開全國教育善後復員會議，決定對恢復區專科以上的學生，中、小學教職員和中等學校畢業生進行甄審。青島教育局下達了對日偽時期的高、初中畢業生和中小學教師進行甄審的辦法，稱：凡曾在敵偽學校任職的教職員，均應予以甄審，並經短期考核後，方可分發學校任教。凡未經「甄審」合格的學生與教師，一律不承認學籍、教齡，不能繼續求學或報考大學，不能繼續任教。「甄審」內容為：總理遺教、總裁言行、中國國民黨政綱與政策、抗戰事蹟等。

---

[14] 鄭士容：〈細說陳儀〉，福建檔案資訊網。

國民黨政府的甄審措施，不僅使廣大師生面臨失業、失學的威脅，而且嚴重地傷害了他們的民族自尊心。12月6日，市立中學聯絡師範、女中等各校代表30餘人開會，選出7名代表到教育局訪孟雲橋局長未果。12月8日，各校代表再次去教育局，向局長孟雲橋提出：三民主義、總裁言行，在淪陷期間沒學過，要求先補習，然後甄審。孟以無錢、無人、無場地為由，予以拒絕。代表說：沒有錢我們自己募，沒有場地我們自己找，只要當局派人授課就行，仍遭孟拒絕。談判破裂，代表們決定成立組織，協力同當局進行鬥爭。

翌日，代表們召開了全市高、初中畢業生大會，會上成立了「高初中畢業生聯絡會」，選出代表去教育局交涉。孟雲橋聲稱：甄審是教育部的命令，不能更變。市教育局於11日致函市社會局：「淪陷區畢業生和收復後在校生所有請求成立各種社會組織，在辦理中學生甄審期間，未經該局許可勿准立案。」學生們義憤填膺，決定以拒絕登記來表示反抗，迫使當局不得不登報延期甄審。

青島當局在聲明對教師、學生延期甄審之後，先後對季德中學、文德女中等五個學校的校長、教職員進行「甄審」，借此大量裁撤了無賄賂、非嫡系的校長、教職員四五十人，代之以親信，而且新舊教員的待遇極不平等。在校學生為了挽留被裁撤的老師，到教育局請願，遭到了當局的斥責和辱罵。當局還停止了對住校生的糧食供給。國民黨政府的倒行逆施，進一步激起了廣大師生的鬥爭怒火，師生們紛紛宣誓，決心團結起來與當局鬥爭到底。

12月16日，小學教師，高、初中畢業生及一部分在校生代表召開大會，研究抗議市教育局無理拒絕學生要求的行動計畫。大家在會上統一了認識，並正式成立了「青島市教員學生聯誼會」。聯誼會決定：從即日起，向廣大市民進行宣傳活動，爭取各階層的支持，並定於當晚10時統一行動，在全市張貼標語；次日起罷教、罷課。

青島當局早得密報，當晚6時即開始調動軍警特務密佈全市，準備對教員、學生進行武裝鎮壓。當學生在張貼標語時，軍警、特務手執槍棍尾隨而至，毆打學生，撕毀和沒收標語。手無寸鐵的師生們與軍警、特務展開了搏鬥，有的師生被打昏在地，有的遭毆打後被拖走逮捕。文德女中教員費筱芝被士兵開槍擊倒，躺在血泊之中。

費筱芝慘遭殺害的消息很快傳開，廣大教員學生群情激憤。各校師生代表召開了緊急會議，決定罷教、罷課，成立呼籲團，向社會呼籲，抗議當局殺害費筱芝的罪行。並強烈要求緝拿兇手；解決費筱芝之善後；保障善後；保障青年之生命和言論自由；解決青島的失業問題，保障教師的職位和生活；設定畢業生訓練處，以訓練的科目為甄審科目；救濟在校寄宿生的生活；在校生的甄審委託學校辦理等《十項請求細目書》，繼續派代表向教育局交涉。

在師生們的正義鬥爭和社會輿論的強大壓力下，青島當局被迫承認了「教員學生聯誼會」為合法組織，許諾撥糧救濟住校學生、為被撤職的教員復職、嚴辦兇手、費筱芝的殯葬費由市政府擔負等，口頭上答應了《十項請求細目書》的部分要求，釋放了被捕的師生，並將殺人士兵交與地方法院看護起來。

1946年1月12日，青島的廣大師生和各界人士舉行費筱芝追悼大會。追悼大會上，師生們述說了淪陷八年，掙扎在日偽鐵蹄下，熬盡了苦難的青島人民，用自己的血和淚迎來了勝利。渴望自由、民主和幸福的心願，痛斥了國民黨搶佔青島後，獨斷專橫，腐敗成風，不得人心，以及鎮壓學運、槍殺費筱芝的罪行。為了迫使青島當局兌現《十項請求細目書》等諾言，青島教員學生聯誼會召開了各校代表會議，決定組織全市師生遊行示威，並通知市長李先良到第三公園答覆問題。

1月14日上午，數千名師生雲集在第三公園。可是，市長李先良沒有到場。根據聯誼會決定，李先良不來答覆問題，就組織隊伍去市政府示威請願。請願隊伍到達市政府門前時，那裡已擁擠著無數群眾，千萬雙手臂上下揮舞。青島當局如臨大敵，在大門前支起了兩挺機槍。這更加激起學生的憤怒，一起振臂高呼：「打倒李先良！」「當場槍斃兇手！」「孟雲橋要當場認罪！」李先良見狀，轉回從邊門溜走。師生們高喊：「衝進市政府，找李先良算帳去！」大有摧毀市政府之勢。這時，教育局長孟雲橋急忙跑出來，代表市政府承認了《十項請求細目書》的大部分條件，並保證次日上午兌現，至此，師生們整隊返校。

市政府門前大請願後，國民黨青島當局履行了對教員學生的部分許諾，並判處殺害費筱芝的兇手10年徒刑。

反甄審運動是全國性的，在各地師生的頑強鬥爭下，教育部長朱家驊表態：「人民無偽，學生無偽。」教育部被迫修改了《甄審辦法》，並開設補習班接受師生先補習後甄審的要求，補習班期滿考試及格發給甄審合格證件，甄審實際上流於了形式。

1948年秋，濟南易幟，青島成為一座孤城。那時，孟雲橋被選為國民黨中央立法委員兼南京政治學校教授。但他不論在文章中、或在演講中都主張國共合作，停止內戰，得到了張治中、李濟深等人的賞識。

1949年之後，他先後在上海東吳大學法學院、山東省工業技術學校（後改為濟南機器製造學校）、山東機械工業學校任教。曾任民革山東省第五屆常務委員，民革第六屆常務委員會顧問，山東省第二屆政協委員，第四屆、第五屆省政協常委。

1988年，孟雲橋病逝世。主要著作有《三民主義之理論研究》（正中書局，1943年）、《西洋政治思想史》（國立編譯館，1946年）、譯英國柯爾《政治原理與經濟原理之關係》（上海生活書店，1936年）等。

經濟系

伍啟元：參與辦《觀察》的經濟學家

他的《中國新文化運動概觀》一書，是較早對新文化運動進行系統研究的一本著作。

他在英國留學時的博士論文由倫敦大學於1939年出版，這在當時極為罕見。

他在抗戰勝利後和儲安平一起創辦了影響深遠的雜誌《觀察》。

他就是抗戰時期曾任國立武漢大學經濟系教授的伍啟元。

伍啟元（1912—？），廣東臺山人。1932畢業於上海滬江大學，畢業後轉入清華研究院繼續攻讀財經理論。在上海和北京求學時，伍啟元已觀察和研究當時社會思想動向，並撰寫了大量文章與論著。其中，他寫的《中國新文化運動概觀》一書在1934年由現代書局出版。該書以清晰的條理、客觀的態度探討新文化運動中的思想文化態勢，對五四時期的文學革命運動、實驗主義思潮、疑古思潮、國故整理運動、馬克思唯物辯證思想、人生觀論戰、東西文化的論戰、社會史論戰等重要思想運動，都做了審慎的分析。伍啟元注意到：「客觀的條件已使中國不能閉關自守」，「站在整個世界的立場來說，無疑地中國已是國際資本主義經濟制度下的一個構成者」。「國際資本主義者依照自己的模型改造中國」已成為中國「現代社會變革的一大特徵」，「一切適合於中國的或不適合於中國的思潮，都先後的被紹介到中國來，而許多國際思想界的爭辯，都在中國重複一遍了」。兩年後，陳端志曾出版過《五四運動之史的評價》一書，其中有很多觀點與伍啟元的著作不謀而合。

1934年，伍啟元參加第二屆中英庚款考試，考上了公費留學生，赴倫敦大學政治經濟學院，從羅賓斯教授研習經濟。「當時倫政政治經濟學院聘任了不少的經濟學大師，在羅賓斯主持每週舉行一次的經濟研討會，參與的教授有A. von Hayek，J. R. Haeks，Kaldor，和若干世界第一流的經濟學者。所有研習經濟的研究生，都參加這個研討會。」[1]伍啟元完成博士論文（後以《國際價格史綱》為書名，回國前已交付倫敦大學出版於1939年出版，列入倫敦經濟商業叢書）之後，於1937年中結束了英國留學生活。

伍啟元在返國途中經過印度孟買時，適值七七盧溝橋事變爆發。到廣州時，伍啟元「接得留英前輩教育部長王雪艇先生的電報，囑赴武漢大學任教，當即赴武昌珞珈山」[2]開始了教書生涯。到了武昌，因為日軍進攻上海、南京，中英庚款董事會組織「川康科學考察團」，考察川康是否可以成為長期的抗日根據地。考察團由武漢大學工學院院長邵逸周擔任團長，伍啟元則擔任經濟組組長，他後來在回憶中寫道：「我們所見到的四川確是天府之國，糧食充裕，人口眾多，在物力和人力方面都可以支持長期抗日。經濟組考察的地方包括灌縣。四川最初原是一個部份洪水橫流和部份水源乾涸的地區，但我們的祖先利用當地資源和積年的經驗，在灌縣把水用很少的費用，自過多的區域轉到不足區域，同時解決了『缺水』和『乾旱』的問題，使四川全省成為一個很富裕的省區。如果政府能夠協助生產，防止地主或任何人對農民作過分的剝削，並實行若干程度的土地改革，則不難長期維持一個相當安定而堅強的戰時經濟，作對日抗戰的基地。但我們見到的西康，則情形完全相反。西康是一個天然資源貧乏、人口有限、封建色彩濃厚、而政治腐化的省份。在西康我們經過大相嶺、小相嶺等諸葛孔明『深入不毛』以安定蜀國後方的地區，我們也經過流沙河和其他唐朝三藏赴印取經歷程。這些地區比較貧乏，在西南的省份中，對抗戰的人力和物力，都不能有重要的貢獻。」[3]考察團在川康考察尚未完成前，長江下游的軍事情況已急轉直下，日軍相繼佔領上海、南京。國民政府遷都重慶，而武漢大學則沿長江自珞珈山遷往四川，邵逸周和伍啟元都往樂山繼續任教。

---

1 伍啟元：〈抗戰時期在武漢大學的教學生涯〉，臺北國立武大校友會編印：《珞珈》（1996年1月）第126期。

2 伍啟元：〈抗戰時期在武漢大學的教學生涯〉，臺北國立武大校友會編印：《珞珈》（1996年1月）第126期。

3 伍啟元：〈抗戰時期在武漢大學的教學生涯〉，臺北國立武大校友會編印：《珞珈》（1996年1月）第126期。

若干年後伍啟元回憶，「樂山是一個相當安定的良好教讀地方，環境優美，景色宜人。武漢大學的教師和學生到樂山後即繼續珞珈山的傳統，努力教學和研究，使樂山成為抗戰期間大後方一個重要文化中心。（重慶、昆明和樂山是大後方三個主要文化中心。）珞珈山和樂山都在長江流域，因此珞珈山的圖書可以從水道運往樂山。圖書是教學和研究的命根，武大在樂山有了教師和圖書，培養了不少抗戰建國的人材。在抗戰期間和後來在臺灣經濟建設（特別是工業建設）期間，武漢大學的校友確有很重要的貢獻。」又說，「現在離我在樂山教學時已經有六十多年，但樂山的經歷卻常對我有及愉快的追憶，令我印象最深的，是教授們和學生們都深切瞭解在大學的首要任務是努力研究與學習，維持及提高學術水準，成為國家社會的有用人材。在教授方面，鍛煉出如邵逸周先生和吳大任先生那樣的人才；在學生方面培養出如趙耀東那樣的人才，是學校的首要貢獻。當然武大培養出來的在社會上具有卓越貢獻還有很多很多，我僅舉例而已。我和其他在樂山教書和研究的人，都深受武漢大學的學習和研究風氣的影響，在學問方面有重要的進展。」[4]

在樂山教學兩年以後，伍啟元因與清華大學在出國前有約在先，所以於1939年8月底赴昆明任教於國立西南聯大經濟系。後來他說：「在1937年秋至1939年夏在樂山的優良研究與學習環境，大大增加了我對經濟學（特別是經濟建設方面）的知識和對中國戰時經濟的瞭解，因而大大地增加了我在教書方面和對討論經濟政策方面的能力。如果我沒有這兩年的良好準備工作，我在昆明的七年中，必無法在學理方面和經濟政策方面有若干些成就。也可以說，我在珞珈山和樂山武漢大學的兩年是我教學生涯中十分重要的兩年。」[5]

西南聯大的經濟學教師陣容十分強大，有陳岱孫、趙廼摶、周炳琳、伍啟元、蕭蘧和秦瓚等人，陳岱孫為總負責人。當時，所有教師都各盡所能地幫助學校的學科建設，伍啟元也捐出了他在英國採購的大量圖書，成為資料室藏書的重要部分。歷史學家何炳棣當時正在西南聯大讀書，自稱從伍啟元捐出的西

---

[4] 伍啟元：〈抗戰時期在武漢大學的教學生涯〉，臺北國立武大校友會編印：《珞珈》（1996年1月）第126期。

[5] 伍啟元：〈抗戰時期在武漢大學的教學生涯〉，臺北國立武大校友會編印：《珞珈》（1996年1月）第126期。

文資料書中獲益極大。

《聯大八年》一百零二位教授介紹裡這樣寫伍啟元：

> 講授國際貿易與金融和經濟政策，還指導研讀經濟名著。他一直研究著新正統學派的經濟理論。對於現實問題的研究和分析極感興趣，在報紙上你會常看到伍先生有關物價問題的文章，伍先生曾以其帶濃重廣東口音的國語大聲疾呼要有一個配合公平經濟政策的政治方針，他以為要解決目前的經濟財政問題，除了徵收累進的過分利得稅和沒收大富們的財產外，別無二途。伍先生還很年輕，同學們都以為像伍先生這樣對實際問題有研究的學者，大概會由學而仕。[6]

隨著抗戰深入，經濟日益緊張，通貨膨脹也露出苗頭。1942年5月，由伍啟元牽頭，聯絡了李樹青、沈來秋、林良桐、張德昌、費孝通和戴世光等社會科學學者，在《大公報》的「星期論文」專欄上發表了題為〈我們對當前物價問題的意見〉的長文，呼籲政府儘快盡力解決物價的問題。他們警告說，「出於物價的劇烈變動，整個後方的社會經濟都作畸形發展，其影響所及，甚至道德人心也有敗壞的趨勢」。因此，「此項關係重大的問題，若不及時徹底解決，持續影響已成，惡象環生，將來縱有更大的決心於加倍的努力，亦將失之過晚，追悔無及」[7]。這篇文章影響很大，可當時通貨膨脹並沒有被壓下來。1944年5月16日，伍啟元與楊西孟、戴世光、李樹青、鮑覺民等聯名發表了〈我們對於物價問題的再度呼籲〉，以及在1945年5月20日，「星期論文」再度發表伍啟元與戴世光、鮑覺民、費孝通、楊西孟聯名的〈現階段的物價及經濟問題〉。通過這一系列文章，伍啟元在學界和民間都獲得了很高聲望。

1945年11月25日，西南聯大同學請錢端升、伍啟元、費孝通和潘大逵四人講演時事。其中，伍啟元主講當時經濟和政治熱點。他認為，抗戰方息，不能再有內戰了。「一為今日從國力及財政言，或從經濟建設言，均應極力避免內爭；一為內爭之辦法，在經濟方面必須應行民生主義。」

---

[6] 西南聯大《除夕副刊》主編：《聯大八年》（北京：新星出版社，2010年），頁221。

[7] 轉引自梁捷：〈伍啟元：學術視野開闊的經濟學家〉，《上海證券報》2008年5月12日。

抗戰勝利之後，伍啟元繼續在清華執教，同時開始參與創辦一本雜誌，這就是後來影響很大的《觀察》。這本雜誌是由當時重慶一本名為《客觀》雜誌脫胎而來的，主編為儲安平。伍啟元從一開始就是《觀察》雜誌的積極參與者，以至於有媒體誤以為他是主編。在《觀察》雜誌第一卷上，伍啟元發表了〈從經濟觀點論內戰問題〉一文。伍啟元一反當時的「戰後樂觀情緒」，認為中國經濟實已處於崩潰邊緣，「一個只居住在上海、南京繁榮世界的人或者會自欺欺人地說中國的經濟已經改善了。但如一個人能同時見到上海的天堂般的生活和廣大農村與一般中下階層人民的地獄般的生活，則他便不能不承認中國經濟需要根本的革命了。」歷史果真被伍啟元不幸言中。

1946年，伍啟元任倫敦經濟學院教授。1947年起在聯合國工作，先後任亞洲及遠東經濟委員會行政管理處主任、秘書處經濟社會事務部公共管理處主任及發展計畫署高級顧問等。1972年退休後任紐約大學教授。1982年任臺中東海大學榮譽講座兼法學院院長，並擔任臺灣政府機構諮詢委員會的職務。

溫嗣芳：講國際貿易的金融學家

他本來留學法國，因不懂法語，便轉到英國愛丁堡大學。

他和沙千里是朋友，戰時曾給予沙千里經費資助，建國後沙千里推薦他到北京工作。

他長期在四川工作，在國際貿易與金融學方面卓有建樹，培養了大量財經金融人才。

他就是曾任武漢大學經濟系教授的溫嗣芳。

溫嗣芳（1907—1995），號石珊，回族，重慶人。他出生於重慶進步工商業者家庭，自幼深受他父親的影響。其父溫友松係前清秀才，思想開明，曾參加重慶起義。辛亥革命後，溫友松從事工商業被公認為重慶當時有名望的實業家。他的事蹟載入《重慶古今風雲人物注》一書。他的愛國言行和進步活動給少年的溫嗣芳以深刻的印象。童年時期的溫嗣芳是在重慶度過的，他立志向學，讀了幾年私塾後，於1922年就遠赴上海，考入了上海交通大學附屬中學。他讀書努力，成績優異，同時十分關心國事。1925年「五卅」慘案期間，他積極參加反帝運動，是學生自治會的活躍分子，曾邀請孫中山先生到校發表演說。因此，他受到強烈的革命薰陶。溫嗣芳考交通大學的目的，原想學工科以便將來為振興中國的工業而出力，但為了從根本上掌握革命道理，毅然改學經濟學。其時，一些革命志士先後到法國勤工儉學，他也隨即於1927年赴法留學。法國是令人嚮往的，可是溫嗣芳學的是英語，不諳法語，為更有利地求學，遂於同年冬轉赴英國，考入愛丁堡大學經濟系，潛心研究國際貿易與金融理論。他在那裡留學三年，取得優異的成績。1930年底因父病返回祖國。

回到重慶，溫嗣芳既不願做官，也無意承繼父業。重慶商會主席、他的堂兄溫少鶴邀約他到商會創辦對外貿易處，這是一個名利雙收的職位，但他卻謝絕了，寧願應聘到重慶大學教書，當時重大的實際負責人是李公度，辦學認真熱心。不料後來上級另派人到校主持校務，和李發生矛盾，學校陷入混亂，他難以容忍，遂和一些同事拂袖而去。1937年，他和溫少鶴一起創辦通惠中學，親任教務主任，兼教英語。

抗戰爆發後，溫嗣芳的老友沙千里來到重慶，和路易・艾黎主持「中國工作合作協會」，邀他到該協會辦創辦進步刊物《New Defence》。由他和加拿大友人文幼章同任編輯。其後因沙千里去職，另一老友川大教授呂子方介紹他去第三十兵工廠任會計處長。因不願久留，任職三年便辭職。

王星拱校長主持武漢大學，禮賢下士，多方網羅人才，1944年秋，他欣然到樂山應聘，任經濟學教授。在武大期間，他主講國際貿易與金融。當年學生顧煥敏有文章回憶：

> 1945年仲夏，我正畢業於母校經濟系，時值暑假盛夏，與姚舜兄相約結伴去峨眉山遊覽……入（清音）閣向僧人一問，即與已在峨山之溫師相會，我在校時曾選修溫師所授的「國際貿易與金融」，雖平時甚少往來，但溫師為人謙和，一見授業弟子，便隨和如故，我也毫不拘謹。他見到劉（盛亞）師和姚（舜）兄十分高興，熱忱歡迎。當時溫師已上山多日，並非閒情逸致來山避暑歇夏，更非尋高僧名師習經學道，乃是遠離鬧市，避免雜俗纏繞，來到幽靜之處，可以聚精會神，全神貫注，專

心致志的潛心學術鑽研，當時溫師尚未及不惑之年，精力旺盛，正在著手翻譯當時世界著名經濟學家美籍俄人康里羅夫（Condliffe）所著的《世界貿易的改造》這一國際貿易的經典名著。康氏為國際知名的經濟學家，不僅是研究國際貿易的權威，也是國際聯盟不少具有權威性的調查報告和論文的執筆撰稿人，享譽世界。當時溫師向清音閣方丈租借了一間幽靜的房子，為了早日完成這本數十萬字巨著，更好地授業解惑，溫師日夜辛勞，動腦筆耕，白天常因遊人眾多，有所干擾，便利用夜晚運腦趕筆。峨眉山日夜溫差極大，入夜冷風凜冽，寒氣徹骨，只有借用和尚的厚棉袈裟禦寒。特別是當時正值抗戰時期，煤油奇缺，更無電燈，夜晚只有用敬香客敬獻的菜油點上燈草照亮，又惹來繁多的山蛾見光撲火，干擾很大。在這種惡劣的氣候和條件下，溫老師仍不為所苦，堅持勤奮工作。開學後，下山返校執教時，仍利用教餘時間，繼續奮戰，終於在1949年前譯完此一巨著，並被上海商務印書館審校通過，即將出版。不久，館方以為此著為資本主義國家的學者的經濟論著，不便出版，未能付印，致使溫老師多年嘔心瀝血完成的譯稿在文革時被抄沒收，付之一炬，化為灰燼，更是令人萬分遺憾了。由此也充分說明溫師畢生鑽研學術，執著地嚴謹教學的寶貴精神，很值得我們這些弟子學習了。[8]

抗戰勝利後，溫嗣芳隨武大復員到武昌珞珈山繼續任教。1949年5月，他參加軍管會組建的武大接收小組，11月又加入西南服務團回到重慶，分配在西南財經委員會工作。不久，經沙千里推薦，調北京中央財委，但他仍眷念大學講壇，遂於1951年回到四川財經學院（西南財經大學前身）任教，講授政治經濟學、新民主主義經濟、工業經濟、農業經濟、貿易經濟、國際貿易等。歷任財政系主任、馬列主義教研室副主任、圖書館館長。金融系成立後，一直在該系任教。上世紀五十年代初期，師資奇缺，要適應建國後的新情況必須開出許多新課。溫嗣芳正值盛年，又是經驗豐富的老教授，只好全力以赴，日以繼夜的講課，先後擔任了十多門課程的教學，有時一個星期要上二十小時的課，直到年事已高的八十歲時，還在為研究生講課。校領導關心他的健康，於1985年特

[8] 顧煥敏：〈憶溫嗣芳師勤奮學精〉，臺北國立武大校友會編印：《珞珈》（1992年4月）第111期。

為他作了教學錄相，但他仍擔任指導研究生的工作，直到退休。1949年後他曾在地方和中央財委工作一段期間，比較熟悉政府的經濟政策和實際狀況，所以能在教學中貫徹理論與實踐結合的原則，從而培養了大量財經、金融人才，不少學生成為當今經濟學界的骨幹。

難能可貴的是，溫嗣芳研究學問能隨著時代不斷進步革新。「他在教學科研的方向有兩個截然不同的時期。前期，就國際金融來說，他主要以李嘉圖一派學說為其教學的主要內容；後期他認真鑽研馬克思主義，博採眾長，融會貫通。在國際金融問題上，除其中個別問題引用了經典原文外，其他問題則用馬氏的立場、觀點、方法進行分析。例如，他對西方國家的貨幣戰，從貶值政策而轉到增值政策，作了斷代嘗試，認為從1979年起，西方國家貨幣政策即進入增值時代。此說得到一些西方國家學術界的公認。又如，由於國際遊資的充斥，他運用充分的資料說明購買力平價說已經過時，儘管當時教材仍堅持購買力平價說，但事實上已名存實亡了。又如，國內學術界對於黃金價格與美元匯價的規律性曾有錯誤的認識，他則根據大量的論據，指出黃金的漲落與美元匯價的漲跌各有其規律性，將當時流行的錯誤觀點予以徹底澄清；另一方面，由於國際遊資充斥外匯市場出現的混沌現象，許多規律又不存在了。但不論時代如何變遷，溫嗣芳始終治學嚴謹，眼光敏銳，從不固步自封，力求探索真知，因而對西方國際貿易與金融理論頗多創見。」[9]半個世紀以來，他在教學、科研方面都取得豐碩的成果，尤其是在國際貿易與金融學方面卓有建樹。他發表的論文主要有：〈資本主義貨幣戰的重大變化〉、〈再論幾個工業發達屆家的利率戰和貨幣戰〉、〈美國突破滯脹之謎〉、〈新重商主義在美國的重演及其危機〉、〈貿易中的價格政策〉、〈關於後工業品價格問題的研究〉、〈社會主義制度下的商品生產和價值規律〉等。並先後出版了《貿易中的價格政策》、《西方國家貨幣戰的演進》兩本論文集。此外，還翻譯發表了幾十萬字的文章。

溫嗣芳長期在高校任教，夫人馮家祿（武大經濟系1946年畢業）也是大學教師，三個子女全都在大學工作，這是一個學者家庭。這使他感到欣慰和自豪。他倆夫妻薪資收入不算太低，但自奉甚薄，家中沒有換過一套新式傢俱。他倆穿著樸素，外表仿佛一個普通的市民。他從來待人寬厚，樂於助人，不少

---

9 劉兆豐：〈桃李不言，下自成蹊〉，臺北國立武大校友會編印：《珞珈》（1992年1月）第110期。

親友都曾受過他的資助和關照。沙千里在重慶從事活動期間，急需一些經費。他當時也囊中羞澀，就以他自己的名義向老友周騰仙借了一千元，資助沙千里。五十年代初，他節衣縮食，將大部份存款購買公債，並捐款辦小學。1986年教師節前夕，溫嗣芳的少年同窗周騰仙贈詩云：「教學育人半百年，一身正氣不言錢。問君何事甘茹苦？桃李芳菲滿校園。」這正是他生平的最好寫照。

溫嗣芳一生愛好字畫和古籍，若有餘錢，從不吝惜去購買，積年累月，他收藏了不少善本書和珍貴字畫，可算是成都有名的收藏家之一。可惜這些字畫古籍，在十年浩劫中被搶奪一空。他還愛好古典詩詞，業餘吟詠不絕。早在珞珈山武大時，他就和中文系的名教授徐天閔、劉永濟等探討古詩詞，並開始寫作。他和周騰仙、戴鎦齡、冉友僑等老友常有詩詞唱和，傳遞友情，抒寫懷抱。75歲時，他寫了一首詩，其中兩句是：

軒冕只應成棄物，布衣未覺負平生。[10]

[10] 劉兆豐：〈桃李不言，下自成蹊〉，臺北國立武大校友會編印：《珞珈》（1992年1月）第110期。

第三章：理學院的教授

數學系

曾昭安：中國早期現代數學名家

他從1928年國立武漢大學創建之時起，直至1978年去世，在武大工作了整整50年。如果算上武大前身武昌中山大學、武昌大學，則工作時間更長。

他曾經擔任武大教務長、理學院長、圖書館長和招生工作負責人等職，其中擔任數學系主任（1930—1953）長達23年，跨越兩個政府，可謂前無古人後少有來者。

他對中國古代數學史、古代天文學、太陽系的天體力學和中國的曆法等的研究之深，鮮有人可與他比擬。他有超人的記憶力，能背誦出圓周率 π 的數值多達兩百多位小數，在他去世前的病重期間，對於 π 值還有較清晰的記憶。

他就是現代數學家、數學教育家，也是中國數學會的創建人之一的曾昭安。

曾昭安（1892—1978），字瑊益（Hanyin Tsang）。生於江西省吉水縣金灘栗頭村。他的父親曾承豐是一位晚清秀才，私塾先生，文史知識功底深厚，且愛好天文和數學。他教書頗有特點，不先教「三字經」和「四書」，特從「禮記」教起；除此之外還教天文、算學、地理等學科。幼年的曾昭安在嚴父的親自教誨下，知曉中國傳統文化，並對天文和數學產生濃厚的興趣。父親死後，為劣親所逼，隨經商的祖父遷居湖北宜昌縣城（今宜昌市）。

1898年至1903年，曾昭安先後就讀於宜昌私塾和公立高等小學堂，1908年考入武昌文普通中學堂。1911年，辛亥革命，武昌起義，一夜激戰，革命軍佔領了武昌內城。當時，革命力量尚未壯大，急需要漢口和漢陽兩地的革命黨人支援。曾昭安熱情投入革命，就欣然領命接受聯絡任務。隻身潛入清軍據守的城牆上，夜縱而出，橫渡長江，向漢口、漢陽兩地的革命黨人傳遞求援書信。

兩地的革命黨人積極策應，武漢三鎮，遂告光復。

曾昭安中學畢業後曾考入北京大學中文系。當時，他看到中國的積弱，也懷著「科學救國」的理想，認為數學是打開科學技術寶庫的一把鑰匙，於是在1913年又轉入武昌高等師範學校（武漢大學前身）預科，後入數學物理部，攻數學專業，為我國早期著名數學家黃際遇的入室弟子，為以後的成就打下了堅實的基礎。

高師期間，曾昭安非常熱心於數學群體的組織和建設，與同窗好友陳慶兆、王義周、徐昌期等人在1914年組成數學研究會。這是中國最早的由學生發起的數學研究團體。曾昭安任研究會幹事，組織會務工作。研究會每星期六下午定時舉辦數學演講，演講的題目都是非常有趣、富有啟發性並體現青年勇於進取的問題，如「數學革命」（倪椿）、「幾何學上之共線性及共點性」（朱鎮漢）、「圓錐曲線之三種」（曾昭安）……其後將演講的內容出了專集《數學研究會講演集》，這在當時也是十分少有的事。

1917年，曾昭安成為武昌高師首屆畢業生。由於成績優秀，學校要留他在附中執教，但他想出國深造以廣見識，未待聘書發下即於是年秋天東渡日本。先後肄業於東京高等物理學堂和東京高等師範學校。次年，中日邦交惡化，遂輟學回國。

1918年秋，在岳父廖如川的資助下，曾昭安考入美國哥倫比亞大學，攻讀博士學位。他與美國著名哲學家約翰・杜威，美國著名數學家保羅・史密斯（美國科學院院士）為同窗好友，互相切磋，學業大進，曾兩次獲哥倫比亞大學優秀成績獎和數學論文獎。1919年被接受為美國數學學會會員。後獲理科哲學博士學位，論文〈孿生質數無窮性之探討〉手稿現藏於哥倫比亞大學圖書館中。為了支持母校的學術研究，他將論文*Singular Solution of Differential Equations of theFirst Order*寄到《國立武昌高等師範學校數理學會雜誌》上發表。1922年，曾昭安在美國加入了「中國科學社」[1]，並成為終身社員。

[1] 中國科學社：原名科學社，是由留學美國康乃爾大學的中國學生趙元任、任鴻雋、楊銓等在1915年發起成立的民間學術團體，以「聯絡同志、研究學術，以共圖中國科學之發達」為宗旨。1918年遷回國內，1959年停止活動，存在近半個世紀。在中國現代科學文化的發展中，中國科學社貢獻頗大。

1926年，曾昭安應母校（已更名為國立武昌大學）的聘請，繞道歐洲經南洋返回武漢，任武昌大學數學系教授。除在本校教授熱力學外，曾昭安還兼任武昌商科大學數學系主任。1927年初，武昌大學、武昌商科大學、湖北省立醫科大學、湖北省立法科大學、湖北省立文科大學以及私立武昌文華大學等高校合併，建立國立武昌中山大學，曾昭安被舉任為教務委員會主席，並負責數學系的工作。

1928年7月，南京國民政府以原國立武昌中山大學為基礎，組建國立武漢大學，曾昭安任建設籌備委員會委員。委員會選定城外珞珈山為新校址，並開始建樓造舍。正當施工之際，湖北省教育廳廳長黃昌穀卻唆使當地土豪劣紳以挖了祖墳、強迫農民搬家等為由，在工地鬧事，致使工程無法進行。曾昭安組織教授會向國民政府申辯。經過激烈鬥爭，克服重重障礙之後終於取得勝利。曾昭安在國立武漢大學新校的選址、籌款、修路、建築方案的確定、建築工程招標乃至山中竹木佈局，始終如一，為武大初期建設貢獻出了自己的才智和心血。1933年第一期工程完工後，他組織編印了《國立武漢大學建築攝影集》。這本有41幅精美照片的攝影集是研究武漢大學校史的寶貴資料。

自1930年起，曾昭安擔任武大數學系主任長達二十幾年。他擔任系主任後，第一件事是加強數學系的師資力量，聘請學有成就的數學人才到數學系工作。如聘請了曾留學於德國的葉志和湯璪真，函數論專家李國平，幾何學家吳大任等等。為了發揮各位專家的特長，他除安排他們教有本人特長的課程外，還經常主動將自己已教熟的課程讓出來給他們教。例如，曾昭安原教的幾何讓給了湯璪真，自己改教代數；後又將代數讓給蕭君絳，自己改教函數論；因李國平精於函數論，又將函數論課讓給李。

為了方便教學，使學生對數學有較好的直觀認識，1933年曾昭安在數學系建立了當時國內獨一無二的數學模型室。置有石膏、木質、鋼質、絲質的數學模型約二百種（價值五千銀元）。這類模型可作為研究曲線、曲面、微分幾何、拓撲學等學科的良好工具。這套精美的模型，以點線面和諧結構的造型，自然觸發人們思維遐想進入數學之美的意境，給人以美的享受。自1933至1949年，在武漢大學的幾度遷徙中，這套模型始終跟隨曾昭安，保存完好。

曾昭安除積極組織和參與學術層次較高的刊物的工作外，還熱誠組織和支援普及性的中學數學刊物的編輯出版。1933年1月，數學系學生余潛修、王雍昭、王元吉三位學生找到系裡劉正經教授，擬辦一個中等程度的算學雜誌，並成立了「中等算學月刊社」。作為數學系主任的曾昭安，對此舉給予了熱情的支援。此刊1934年初辦時，辦刊經費拮据，訂數不多，曾昭安不僅慷慨解囊捐助，而且在創刊號上撰文以期擴大影響。劉正經在該刊〈創刊一周年回顧及展望〉一文中寫道：「除少數學者熱心贊翊匡扶而外，大都以緘默出手……負指導中學算學教育之教師，肯垂顧本刊者，百無一二焉。」[2]在曾昭安的支持和鼓勵下，《中等算學月刊》成為當時有影響的科學普及刊物之一，也是中國最早的中等數學期刊。

曾昭安同時也支持和推動全國數學工作者的組織工作，其中最有意義的是宣導成立中國數學會。1935年由何奎垣提議，顧澄負責聯繫的一批數學家共同發起成立中國數學會，曾昭安極力贊成。是年7月25日在上海交通大學圖書館舉行了中國數學會成立大會，大會推舉了11人的理事會，曾昭安入選。大會並決定出版刊物《中國數學會學報》（全英文版），曾昭安被推舉為編委。他參加的學術團體除中國數學會外，還是中國科學社和中華學藝社的終身會員。這兩個學術團體發行月刊，曾昭安在這些刊物上發表了不少文章。

1937年七八月間，曾昭安負責武漢大學招生工作。該年武漢大學、中央大學及浙江大學聯合招生，各地試卷集中於南京中央大學評閱。時逢日本侵略者發動的「八一三」淞滬會戰爆發，時有日本飛機到南京轟炸，閱卷工作受到極大的騷擾，特別是參加閱卷工作的教授人身安全受到威脅。負責組織這次評閱試卷的中央大學校長羅家倫、浙江大學校長竺可楨及武漢大學的曾昭安安排閱卷完的教授們儘快離開南京，而他們三位和少數辦事員留下進行收尾工作。8月19日早晨，他們三位及其他辦事員正開會討論擬定錄取名額、評定次第等問題時，日本飛機已飛臨南京上空，他們不得不分散暫避。不料這次日機轟炸的時間特別長，敵機離去時天都黑了。曾昭安回到中央大學時，校區多處被炸，存放試卷的樓房已遭破壞，也找不到人。到了第二天仍找不到人，曾昭安只得在斷垣殘瓦中尋找武大考生的卷宗資料。一時找不到東西裝這些材料，就脫下長袍將它們包裹捆好，往背上一背，準備返漢。當時交通極為混亂，好不容易找到一個艙位才回到武漢，完成了這次招生任務。

---

2 轉引自曾繁耘：〈曾昭安：現代數學家、數學教育家〉，武漢大學網。

1938年2月，武漢大學準備西遷四川樂山，曾昭安等六人任命為遷校委員會委員。他和史學系教授方壯猷兩人負責學校的儀器和圖書搬遷。這是一個非常困難和複雜的工作。當時正值戰爭時期，道路和交通不暢，在運送途中又不時遭到日機轟炸。歷經千辛萬苦，終於將這批物資運到了樂山。抗戰結束後，曾昭安又被任命為復校委員，是返回珞珈山的「先頭部隊」。他負責組織整修被日軍破壞的校舍，找回戰爭期間沒能搬走的儀器、教具等。為了給復校後的武漢大學創造一個良好的教學條件，他數次往返於宜昌和武漢之間。

三十年代至四十年代，作為數學家的曾昭安主要研究代數理論和函數論，先後寫了《代數方程式之葛洛華氏理論》、《黎曼積分法理論》、《線性積分方程式》、《超越函數各論》、《行列式理論》、《付利葉級數與調和級數》等專著，成為當時多產的數學家之一。四十年代後，曾昭安的主要研究方向轉到了中外數學史。這時他已年逾半百，希望通過研究中西方的數學發展，進行比較，融會貫通這兩大文化體系。這種思想在他1946年出版的《學術曆》上表現得十分充分。正如他自己所言：「以事繫日，每日敘述學術上一二事，或源流以討源，或觸類以旁通。」[3]這種撰寫科學史的體例是前無古人的。此書的出版標誌著曾昭安研究數學史的獨到之處。

特別應該提到的是：早在四十年代，曾昭安就預見到當時作為數學一個分支的電腦科學的光明發展前景。他十分關注出現在美國費城的世界上第一台電子電腦，並囑其子曾憲昌（當時在美國留學）對該機實地考察。在導師保羅・史密斯的帶領下，曾憲昌參加了用電腦演算求圓周率π的精確值，並帶了一些資料回國。在曾昭安的指導下，五十年代初期武漢大學就開始了電腦的初步研究工作，這在中國是走在前列的。當時武漢大學對電腦研究資料較全，其中包括了美、蘇在其國內剛發表的一些研究成果。這些辛勤勞動為武漢大學後來發展電腦科學起了重大的作用[4]。

數學系蕭君絳教授贈曾昭安的楹聯曰：「曾經滄海難為水，五嶽歸來不看山。」[5]這是對其學術成就的高度評價。

---

[3] 轉引自曾繁耘：〈曾昭安：現代數學家、數學教育家〉，武漢大學網。

[4] 洪伯陽、魏木林：〈中國早期現代數學家曾昭安〉，《武漢大學學報（自然科學版）》1992年2期。

[5] 曾采堂：〈中國現代數學家——曾昭安〉，臺灣《江西文獻》（1997年10月）第170期。

曾昭安為人耿直，剛直不阿，疾惡如仇。下面的兩件小事便可窺見一斑。三十年代王世傑任武漢大學校長時，曾昭安主管新生考務工作。一次放榜前，王提出要看名單。按規定除主管考試的有關人員外，其他人員不能在公開放榜前看榜，曾昭安即予拒絕。後來王世傑以此事說：曾昭安先生執法如山。在王星拱任校長時，教育部指示武漢大學招收一名偽造文憑的學生。校長默許，曾昭安認為不合規定資格的不能入學，堅決反對此學生進入武漢大學學習。在沒能阻止的情況下，曾昭安憤然辭去教務長的職務[6]。

武漢易幟前夕，有熊某人到曾昭安家，勸他離開武漢，遭到拒絕。其遺稿記述了他當時的心情：「1949年5月初……由前方潰退下來的國民黨軍隊齊集於武漢。就武大附近郊區來說，如街道口、卓刀泉……都駐滿了軍隊。我同俞忽、何春喬（定傑）等教授於晚間曾往那些地區巡視幾次，觀察他們的動靜。這是校內同仁鑒於這種形勢，深恐有不肖分子從中搗亂，所以由教職員組成『保校保產委員會』，藉以提高警惕加強互助，規定每天晚上由教授們輪流守夜直到天明，並在室外派人巡邏以防不測……那時武大的全體師生唯一心願就是急盼解放軍的早臨。」[7]

1949年之後，步入晚年的曾昭安另一項成果突出的工作是對天文學的研究。其研究專著《中國天文學的成就》被高教部列為1956年完成的重要研究課題。該著作以數學為中心，收集我國歷代有關天文、物理、氣象、力學諸顯著成果來和西方作比較，指出我國古代的科學理論和實踐在許多方面走在世界的前列，並且有些碩果遠遠超過了西方。他為武漢大學數學系學生編寫的講義《天文學通論》也受到學術界好評，此書被高教部指定為全國通用教材，並由高等教育出版社1956年正式出版。五十年代他出版的《中外數學史》一書，達到了同時代的國際先進水準，是國內數學史專家推崇的數學史著作之一。

文革期間，曾昭安被作為「反動學術權威」同家人隔離住入學生宿舍，並責令「交待」問題，工資僅給生活費。在他寫的「交待」中有這樣一段：「抗戰初，日寇飛機狂炸樂山後，物價飛漲，各處房東強迫搬家……我的房東日以

---

6 曾繁耘：〈曾昭安：現代數學家、數學教育家〉，武漢大學網。

7 曾繁耘：〈曾昭安：現代數學家、數學教育家〉，武漢大學網。

繼夜地逼我遷走，弄得我無法安身，學校教員年齡凡在30歲以上的只領得大米一石，年齡在30至28歲的只得八斗，27歲的只得六斗……外文系教授謝文炳的父親則在住家門口擺設一測字攤。外文系（按：應為哲學系）教授黃方剛的愛人是個外國人，會做糖果蛋糕，就在夜間做好以便日間叫小孩上街叫賣……這就表現了反動國民政府統治下公務員的窮途末路。」[8]這也許是他觸景生情而寫的「交待」材料吧。

1978年5月，曾昭安病逝於武漢。數學家李國平挽聯寫道：

三八年忘齡相友半世交情沐化雨；
八七歲博學多聞等身著作壯名山。[9]

挽聯的第二句是對曾昭安半個多世紀從事數學教學和研究的一個恰當總結。

曾昭安子女四人，子憲昌、憲朋，女憲雲、憲錦；長子憲昌攻數學，三女攻化學，次子及小女攻物理，都任教於大專院校。一家人，數理化俱全，可稱教師世家。

蕭君絳：把脈問診的數學系教授

他留學時專攻數學，卻擅長把脈問診，乃至醫術名聲掩蓋了他在數學界的名望。

他的書法造詣很高，珞珈山武大校門牌坊上「國立武漢大學」六個莊重典雅的大字，據說就是他所書寫。

他為武大師生義務看病，挽救過無數性命，自己卻貧病交加，客死樂山。

他就是國立武漢大學數學系教授蕭君絳。

2010年8月28日新華網消息：記者27日從江西省文物部門了解到，江西南昌鄧小平故居、共青城胡耀邦陵園、青雲譜陳雲舊居、絳園張學良舊居等多處文

8 曾繁耘：〈曾昭安：現代數學家、數學教育家〉，武漢大學網。
9 曾采堂：〈中國現代數學家——曾昭安〉，臺灣《江西文獻》（1997年10月）第170期。

物目前正在申報第七批國家級重點文物保護單位，以對其進行更好的保護。

其中的「綷園張學良舊居」，即原國立武漢大學數學系教授蕭君綷故居。

這到底是怎麼回事呢？

話說1937年11月21日，「西安事變」之後被蔣介石軟禁的張學良和結髮妻子于鳳至隨監管他的特務隊一行，輾轉來到江西萍鄉。特務隊在萍鄉城內四處尋找，都沒有找到合適安頓張學良夫婦的房子，最後才無可奈何地包下了一個條件很差的贛西飯店。幾天後，幾名便衣特務在城內專員公署附近一個巷子內找到一棟磚石結構的兩層小洋樓——綷園。《張學良日記》載：「（11月29日）自贛西飯店遷往綷園，此園為蕭姓住宅，我分租的。」[10]

綷園位於萍鄉城內（今安源區鳳凰街李子園），1937年上半年竣工，係一幢民族風格的二層樓房，外設圍牆並有庭院，為當時萍鄉城內十分高檔的住宅。房主蕭君綷，時任武漢大學數學系教授。華屋落成之時，萍鄉文人贈賀聯：「一畝之宮，環堵之室；鳥鼠攸去，君子攸芋。」「時聞鳥語，脫巾獨步；月明華屋，好風相從。」[11]不過蕭君綷一家在武漢，綷園由他的胞弟蕭絜居住。

張學良夫婦在贛西飯店住了八天後，以160塊大洋月租金租下了綷園。張學良夫婦住二樓正中，左右兩邊各三間住便衣特務。他們一直到住到12月16日傍晚離開萍鄉去宜春，在綷園一共住了18天。據蕭絜的次子蕭而純先生回憶說：「當年我九歲，讀小學四年級。一日傍晚放學回家，家裡來了不少人，二樓靠東邊的兩間房子住進了一位先生和太太，那位先生姓張，人稱張先生，和藹可親，不幾天，我們就成了好朋友，他太太還經常拿金雞餅乾給我吃。張先生還撫摸著我的頭說：小孩子，要努力讀書，讀完中學讀大學，大學畢業後就來找我張伯，張伯讓你做官。」[12]

張學良離開不久的1938年1月上旬，著名畫家豐子愷為避戰亂來到萍鄉，受到蕭而化夫婦款待，住在蕭氏宗祠內。2月底，豐子愷離開時為綷園主人贈送一幅《綷園圖》（現存萍鄉市博物館），畫中綷園門前一棵高大的松樹，樹下有一吹竹簫、肩背簫袋的賣簫人，一男孩一女孩很有興趣地望著這個吹簫的大

[10] 轉引自李世韜：〈1937年張學良在萍鄉〉，《萍鄉日報》2008年10月24日。

[11] 據〈蕭君綷與綷園及張學良〉，萍鄉線上。

[12] 轉引自曾建開：〈讀《張學良將軍日記》隨感〉，爽網大江論壇。

人。豐子愷在畫的右端題詞：「巨宅鎮國土，謳歌致太平。君絳先生惠存。二十七年二月子愷時客萍鄉。」[13]

離開萍鄉四十多年後，張學良對此處印象仍很深刻。他曾向絳園主人的侄子、臺灣軍界原駐金門馬祖防衛司令部司令官、臺灣戰爭學院院長蕭而光將軍瞭解絳園的情況。上世紀八十年代初，蕭而光在給家中親人寫的信中說：「絳園是否存在，張伯亦常念此。」[14]

2005年，江西萍鄉市政府將蕭君絳故居以「張學良舊居絳園」之名列為「萍鄉市市級文物保護單位」。

回到正題。蕭君絳（1893—1944），早年畢業於武昌高師，後留學日本獲東京帝國大學理學士。歷任國立武昌大學、武昌中山大學教授，更是武漢大學數學系的元老。劉懷俊〈緬懷湯璪真〉一文說，「國立武漢大學於1928年籌建……數學系從1928年招收第一屆本科生，系主任是曾昭安，教授有：葉志、蕭君絳、劉乙閣、湯璪真，以及後來到校的吳大任、李國平、李華宗等八位。」蕭君絳先後開設了「行列式」、「數論」、「群論」、「群環體論」、「近世代數學」、「級數論」、「抽象代數學」等必修課以及選修課「類體學」。當時有個叫劉定志的學生回憶說：「數學系教授蕭君絳先生……理預科時，曾教我們微積分。蕭先生留日，對於數學教學頗有經驗，但仍虛心，記得有一次某練習題內有兩題很難，他很坦白地承認解答不出來，公開的對同學說：『你們解解看，誰解得出來？』結果，還好，有兩位同學解答出來了，是謝世微和徐錫光，他很高興，對謝、徐二君大為激賞！」[15]

針對當時教材缺乏的問題，蕭君絳撰寫了《行列式理論》（上、下卷，1929）、《級數論》（1937）、《多元數論》（1939）及《行列式論與矩陣論》（上、下）等教材，並翻譯了多部專業書籍，包括：《連分數論》（上、下卷，1930年，德國佩綸原著）、《數論》（1933年，德國赫克原著）、《群論》（商務印書館，1934年，園正造原著）、《抽象代數學》（1935年，園正造原著）及

---

13 據〈蕭君絳與絳園及張學良〉，萍鄉線上。
14 轉引自李世韜：〈1937年張學良在萍鄉〉，《萍鄉日報》2008年10月24日。
15 劉定志：〈珞珈憶舊〉，龍泉明、徐正榜編：《老武大的故事》（南京：江蘇文藝出版社，1998年）頁165。

《行列論》（1936年，商務印書館，藤原松三郎原著）。同時，在《國立武漢大學理科季刊》（第三期，1931）發表學術論文〈直觀主義與形式主義〉。

抗日戰爭爆發後，1938年蕭君絳隨武漢大學西遷四川樂山復課。1941年12月，由學校遴選推薦為部聘教授候選人。1942年，當選為當時武漢大學的最高權力機構——校務會議的理學院教授代表，負責審議學校預算、課程設置、內部規章等重要事項，參與討論、制定了武漢大學《理科研究所組織章程》（1942年8月15日第391次校務會議上通過）。樂山時期，雖受戰亂影響，但蕭君絳仍潛心鑽研，筆耕不輟，1943年，他將數學界的經典著作、德國數學家範德瓦爾登（B. L. Van der Waerden）撰寫的《近世代數學》（上、下卷）一書以中文文言體翻譯，成為該書的第一個中文譯本，它在當時的武漢大學被稱為「奇書」，極大地激發了數學系教師與學生的學習熱情，為推動近世代數學在中國的傳播與發展作出了貢獻。1944年，他將日本岩波講座中有關講述數學整數理論的內容加以翻譯，並增加了當時國際數學專業刊物中刊登的最新研究成果，編撰成《代數整數論》一書，被同行學者評論為「代數整數論集大成者」。

蕭君絳幼年多病，長年服藥，久病成醫。他聰穎異常，熟讀醫術，醫學知識豐富，滿可以懸壺濟世，但他是武大數學系的名教授。他的醫術名聲掩蓋了他在數學界的名望，為他人治病也占了他的治學時間，他感到很惱火，但發火歸發火，病還是要給人治的。其醫術早在珞珈山時期就已知名。武大經濟系教授楊端六夫人、外文系教授袁昌英生下長女楊靜遠後，許多年因患婦科病而不孕，不知看了多少中西醫都不管用。1932年專程到北平找某婦科名醫就診，但也沒有見效。最後，還是吃了蕭君絳的湯藥，調理過來，才懷上兒子楊弘遠的。所以楊靜遠後來回憶說，「數學系教授蕭君絳先生，精通中醫，人品極高，免費為同仁看病，我們全家有病常求他診治。」學生劉定志回憶：「民國二十三年暑假，家鄉光復，先父由故鄉來武昌探看，余因此至為興奮，連日陪同往各處參觀遊覽，可能受熱及太疲乏，我竟病倒了。我們的校醫並不高明，只知感冒開阿斯匹靈，害瘧疾開奎寧丸，實在不敢領教。我當時的病也很怪，好像很嚴重，汗流不止，不知是何病。同學們告訴我說：『蕭君絳先生精歧黃，可請他診視。』於是前往就醫，他說是受了濕氣又中了暑熱，開單服藥，僅兩帖而愈。可謂神醫。原來那幾天，住在武昌朱焜兄家，因為是夏天，沒有床就席地而臥，受濕中暑，果其然也。從此，蕭先生之醫道更加出名，誠良師而復良醫。」[16]鮮為人知的是，早在三十年代，蕭君絳就被聘為中央國醫館編審委員會編審委員，參與編輯《國醫公報》，並起草了《統一病名草案》。

武大西遷樂山後，蕭君絳的醫術更是大派用場，屢屢為武大員工及家屬，還有貧困學生義務治病，往往手到病除，被譽為「教授神醫」。葉至善《父親長長的一生》書中，有1939年9月蕭君絳為葉聖陶長兒媳夏滿子治病的記載。1940年的一天，法律系伍一民染上了痢疾，連日的拉瀉，弄得他精神萎頓，身體非常虛弱。他到學校醫務室給注射了幾天針藥，並未見效。有同學建議他，去找數學系的蕭君絳教授。這個同學向他介紹了情況並面授機宜，再三叮囑見了蕭教授無論出現什麼情況都要忍著。伍一民買了兩斤白糖，就去叩蕭君絳家的門，他看見伍的那副神情，可能心裡就明白幾分。便問：「你找誰？」「我要見蕭老師。」「你見他有甚麼事？」「我想請蕭老師給我看看病。」蕭君絳火氣冲冲地嚷道：「你真是莫名其妙！我又不是醫生，你有病到醫務室去找校醫，找我看病，莫名其妙！」他邊嚷邊把伍一民朝門外推，不斷地嚷道：「出去，你給我出去！」由於伍一民先受了機宜，就是賴著不走，一直在院子裡站著。不一會兒，蕭君絳又從屋裡走出來，面色轉霽，招呼伍一民進屋去，問及病情，便開了幾味中藥，要他連服兩帖，不要再來了。伍一民連聲稱謝，向蕭君絳行了一個鞠躬，扭身快步走出院子。半個多世紀後伍一民感歎道，「蕭老師不愧是杏林高手，妙手回春，我吃了他開的藥，只花了幾毛錢，肚子就停止了拉瀉，在以後的幾十年裡我再沒有犯過這種病了。」[17]1942年上學期，經濟系學生袁征益患瘧疾，久治不愈，暑假中懇請蕭主方，服中藥34劑，得以痊癒。

1941年秋天，機械系學生周學厚病了，最初是腹瀉，以後發展成痢疾，病情日益嚴重，形銷骨立，茶飯不思。校醫也是束手無策了。此時，有一位數學系同學建議找蕭君絳老師看看。於是，同學們就用竹椅綁了一個擔架，把周學厚抬到蕭家。蕭君絳問了他的發病經過、治療情況，又經過把脈問診，最後說：「你們送他來晚了一點，現在他已拖得十分虛弱，藥重了他受不了，輕了又一時難以見效。現在我給他開三張藥方，第一張撿十付，吃十天左右再看情況，如果大小便能夠分開，次數減少，飯量增加，精神有所恢復，就可以換服

[16] 劉定志：〈珞珈憶舊〉，龍泉明等編：《老武大的故事》（南京：江蘇文藝出版社，1998年）頁165。

[17] 伍一民：〈回憶在樂山的日子〉，臺北國立武大校友會編印：《珞珈》（1998年1月）第134期。

第二張藥方，再服十付左右，估計病情就可基本消除。第三張藥方要堅持服一個月以上，防止復發。如果服我的藥，其他藥物就不必再服，服藥無效，你們也不必再來找我了。」

周學厚按方服藥十來天後，病情也正如蕭君絳預計的那樣有所好轉，已能起床走動。正考慮是否換服第二張藥方時，數學系那位同學來說蕭老師記掛著周學厚的病情，叫他去看看；如果他已能起床行走，就帶他到蕭老師家去一次，並帶上原來的三張藥方。第二天他們就去了。雖然有同學攙扶，但畢竟是周學厚自己走去的，蕭見了也很高興，說：「你的身體素質不錯，也沒有其他外感，所以恢復得快，第一張藥方可以再吃兩三付，第二張藥方要稍微改一改，然後繼續服。不要急，身體完全恢復了再去上課，你這病正是人們常說的『秋痢』，是很頑固的，治不徹底容易復發，復發就更難治。」

又過了幾天，恰好是中秋節來臨之際，周學厚的母親從成都來看望兒子，聽說情況後，趕緊上街買了一大堆月餅糕點，要去送給蕭老師。蕭君絳見他們進門帶了一些月餅，面有不豫之色。周學厚給他們介紹後他母親就搶先開口了，她說：「我就兩個兒子，幼年失怙，大兒子三年前從軍上了抗日前線，對他的生死我已無能為力，只好置之度外了，現在相依為命的就這一個小兒子，是蕭先生在他九死一生中把他搶救回來，恩同再生，我們此來只是想面見先生一申謝忱。」蕭君絳聽了面色和霽下來，寒暄之後為他們講了一個感人至深的故事。他說：「在我也是十七歲左右的時候，有一年初秋之際突然染上痢疾，病得十分沉重，是我母親守候床前衣不解帶地照顧，過了十多天我的病慢慢有了好轉，但母親卻已日益憔悴。後來家人把我送到親戚家調養，一住就一個多月，中秋節之前回到家裡，方知母親也染上痢疾，在我離家後不久去世。我回家時母親的喪事都已辦理完畢，由於怕影響我養病，家裡人沒有告訴我。聽後我只有呼天搶地，但已無法再使母親回生，成了終生大恨。這也是我幾十年來從不吃月餅，並且業餘潛心研習治療痢疾的病理、醫理的原因。」蕭君絳又向周母說：「我從不為看病受人的禮，但你的一片慈母之心令人感動，我就為你破一次例了，希望你好好保重，不要太為兒子操心。」

交談過程中，蕭君絳見周母懂中藥也明白一點醫理，便愈談愈高興，他說：「用學術的術語來說，西醫用的是演繹法，以解剖學為基礎認識人體，依靠儀器測量及分析化驗結果來判斷病情對症下藥，說來似是很科學的。但可惜人的生理和病理很複雜，目前的科學技術水準能瞭解的還很有限，單一的對症下藥不見得是最有效的臨床治療方法。中醫用的則是歸納法，通過幾千年長期實踐的經驗，對病理、藥理歸結出一定的規律性，並以陰、陽五行相生相剋等作為表述這些規律的符號和語言。對一般人來說這種表述近乎神秘，一些庸醫也容易故弄玄虛來騙人。但精研中醫、中藥的人則明白這中間有符合科學精神的內在聯繫。中醫的診斷只靠望、聞、問、切，雖然簡單一點，但也是很有學問的，在臨床處方上它不是一藥對一症，而是根據病人體質、病情發展及有無其他外感等進行多種藥物的綜合搭配，並在每種藥的劑量上斟酌損益，這是中醫最大的優點。」五十多年後，已從四川石油管理局副總工程師位置上退下的周學厚回憶此事，歷歷在目，「蕭老師對中醫藥方面的宏論，在我聽來似懂不懂，卻令母親佩服得五體投地。事後她對我說，蕭老師對中醫五行生克的解釋使她茅塞頓開，疑團盡解。」「母親走後我的身體逐漸復原，至今再也沒有犯過『秋痢』……現在半個多世紀過去了，想起這段往事，對蕭老師感念無已。」[18]

1943年4月6日晚上，在樂山陳源淩叔華夫婦寓所，朱光潛為他們的女兒陳小瀅題字：

> 小瀅，今晚你看見蕭先生開藥方，豐先生畫畫，豐先生似乎比蕭先生更健旺快樂。假如你一定要學醫，也不要丟開你所擅長的文藝，文藝也是醫人醫自己的。你爸爸媽媽的朋友光潛卅二年清明

朱光潛教授的這段話，在武大歷史系教授吳其昌之女吳令華所作〈豐子愷先生的一幅畫〉文中有注解：「蕭先生是數學系的教授蕭君絳，中醫醫術甚高，慈悲心腸，憂天憫人，常義務為同事看病，當時武大的員工家屬有了病都找他，他也曾多次為我父母和我看過病，忙得不亦樂乎。可惜在我父親逝去不久（1944年），他也謝世了。小瀅說那時她姑姑病重，所以請蕭先生來看病、開藥方，與豐先生相遇。」[19]

---

[18] 周學厚：〈一段往事的回顧——憶蕭君絳〉，武大北京老校友會編印：《北京珞嘉》2000年第1期。

[19] 吳令華：〈豐子愷先生的一幅畫〉，《文匯報》2006年12月31日。

事情就是這麼巧。1938年豐子愷為避戰亂客居蕭君絳老家萍鄉，五年後的1943年豐子愷來到四川，在樂山與蕭君絳不期而遇。

武大遷到樂山後，教職員工迫切希望有一所好的中學，讓他們的子女受到良好的中等教育，為以後的深造打下紮實的基礎。據土木系涂允成教授之子涂光瑜回憶，「當時在武大教授中，主張辦學最力的是數學系的蕭君絳教授，他對我父親講：『我們為國家造就人才，而我們自己的子女卻只有在家裡待著的份，心實不甘。希望你能出來辦一所中學，以解決子女入學的問題。』」後來幾經周折，武大附中終於辦起來了，蕭君絳欣然題寫校訓[20]。

機械系學生周學厚回憶，「蕭老師為了出版他耗盡心血寫成的《高等數學》一書，花掉了畢生積蓄，以後得了肺結核病，無力補充營養，以致一病不起。」經濟系學生袁征益回憶，「蕭教授自己體弱多病，身患胃出血又加教學、著述兩忙，不遑休息……因而過勞，終至一病不起，離開人世。」[21]蕭君絳逝世後，外文系學生楊靜遠在日記裡有相關記載，十分詳實：

> 1944年5月14日：早上和宜姐、安姐、叔哥到鼓樓街千秋照相館照了一張三寸合照。回到家，只見戴銘巽先生在和弟弟下棋，他告訴我媽媽在蕭家，因為「蕭[君絳]先生過世了」！蕭伯伯死了！這樣熟識，他的才能、氣節，他那硬脾氣，可是又那麼好心腸。我們一家被他救過多少次命！我怎麼也想不到他會死！據說是腸痨。累死的，餓死的。他這些年來把命換了一部大著作，現在著作印出，他的命也付出了。我立刻到鐵門檻蕭家。媽媽在房裡，安慰蕭伯母。她倒在床上哭訴，她訴著：「丈夫呀，丟得我苦，何得了呀！」江西土音，我不全懂，可是我不見她流淚。直到她摸到靈前，伏在死人身上，把臉挨著他的臉——沒有感覺的死人的臉，高突的顴骨，深陷的眼眶，嘴張著，閉不攏，這就是談笑風生的蕭伯伯——然後她坐在竹椅上，身子前俯後仰地搖動，眼睛閉著，我才看見一兩滴眼淚迸出來。我站在旁邊，毫無辦法。媽媽太

---

20 涂光瑜：〈我的父親涂允成〉，武大北京老校友會編印：《北京珞嘉》1997年1期。

21 周學厚：〈一段往事的回顧——憶蕭君絳〉，武大北京老校友會編印：《北京珞嘉》2000年第1期。

傷心，我勸她回去了。我意識到我正面對著「死」。想到也許可以說點什麼，使她忘記哭，因為這樣哭實在太傷身體。我於是溫柔地扶著她的頭，說：「蕭伯母，不要難過，蕭伯伯上天去了。他到了好地方去了。這個地方不好，他在那邊還快樂些，你不要難過。」這一來她哭得更厲害：「蕭伯伯是好人喲！他是上天去了。好人命不長，一生救別個的命，自己的命救不了……留得蕭伯伯在，有用人喲，留得丈夫在，好做事喲……救得別個命就不得自己喲，好人天不保佑喲……」我不做聲了。隨後蔣、涂太太來，她們各滴了兩滴淚，都利落精明地吩咐事務去了。男先生們到底不同，好像不感一點悲哀，泰然處理一些事。

1944年5月20日：下午回家同爹爹、媽媽、弟弟去蕭家給蕭伯伯靈前行禮。

1944年5月21日：早上8點到蕭家為蕭伯伯送殯。門口站著許多人，教授們最多，男同學少，女同學只幾個。到出發時涂允誠【成】帶著全體附中學生來，於是成了極長的一個行列。我和幾個女同學走在後面，牽著棺材前的白布帶。爹、媽、弟在最前的教職員家眷行列裡。一路由德勝門走出去，大部分在德勝門口散了。我們一直跟上公墓山。蕭伯母坐在轎子裡，一路哭去，聲氣都沒有了。到山頂，不一會就下棺，點了香燭，由閻幼甫司儀，孝子行跪拜禮。我看見蕭而將小小的身子裹在渾身白布裡，在棺材前跪了又起，起了又跪。他鎮定地依從別人教他的去做。[22]

徐正榜《武漢大學西遷樂山大事記》云：「1944年5月14日：在武大執教30餘年的數學系蕭君絳教授病逝於樂山……享年52歲，遺子女各一。」[23]

---

[22] 楊靜遠：《讓廬日記》（武漢大學出版社，2003年），頁227-228。

[23] 據駱鬱廷主編：《樂山的迴響》（武漢大學出版社，2008年），頁497。

物理系

查謙：宣導科學中國化的教授

他在金陵大學讀文學院，且成績優秀，但赴美留學卻選擇物理學作為主攻方向。

他畢生從事物理教學工作，創建了武漢大學和華中工學院兩所高校的物理系。

他意識到自然科學與全民族興衰存亡至關重要的關係，提出「科學中國化」的口號。

他就是長期擔任武漢大學物理系主任、曾任武大理學院院長的查謙教授。

查謙（1896—1975），原名查貴師，字嘯仙。安徽當涂人。生長在一個書香門第和官宦之家。養父查秉鈞為前清翰林，曾任道台和知縣，為人清廉。辛亥革命後返鄉時甚至無以為生。查謙深受家庭環境的影響，形成了正直和不願做官的性格。

1915年，查謙進入南京金陵大學（1952年併入南京大學）學習。在校三年多，共學習文、理課程15門，平均成績在90分以上。因查謙屬文學院學生，在所學課程中以文科學時為最多，畢業後理應繼續進行文科研究或步入仕途，但由於家庭的影響，他自己又認為，「官做不得，學物理可不依賴政治」。故而在赴美留學時，選擇了物理學作為主攻方向。查謙在金陵大學畢業時，正值「五四」運動爆發，儘管當時他已產生了不涉足政治的思想，但在革命浪潮的影響下，他仍然在《時事新報》的副刊「學燈」上發表了兩篇文章，揭露當時教會學校的黑暗。畢業後任南京高等師範學校助教。

1920年，查謙赴美，在明尼蘇達大學研究院學習。當時在密立根實驗室從事光電效應研究，與勞倫斯（E. O. Lawrence）同學。1923年獲哲學博士學位

（物理學博士學位）。

查謙於1923年回國，經趙元任介紹到國立東南大學物理系任教授。當年12月12日東南大學發生火災，物理系毀之一炬。1925年學校又鬧風潮，胡剛複等許多教授離校，查謙繼續留在東南大學，對重建物理系做出了重要貢獻。1927年查謙回金陵大學任教授。1929年，國立東南大學改名為中央大學（1949年更名為南京大學），查謙繼續留任，並曾於1932年兼任教務長，雖在任僅半年時間，但已顯示出他勇於改革的精神。在查謙領導下，曾成立了由11人組成的改革學校行政的小組，對學校應行改革之處提出具體方案，受到校長劉光華的賞識。同年，中央大學又發生風潮，當時教育界某些人企圖利用查謙平息這場風潮。查謙態度鮮明，堅決不與他們同流合污，因而遭到教育界某些人的報復，迫使他離開中央大學。

1932年，受排擠的查謙來到國立武漢大學。翌年擔任理學院院長，並著手建設武漢大學物理系。該系雖創建於1930年，但辦系方向是查謙到校後才明確確定的。1934年後，查謙長期擔任物理系主任。他為武漢大學物理系的建設幾乎付出了畢生精力。1938年春，查謙隨武漢大學西遷樂山。後因不服四川水土，於1941年春夏之交舉家遷往上海暫住。查謙在1939至1941年期間兼任中華教育文化基金董事會幹部處執行秘書。

抗戰時期，在日寇不斷蠶食中國的過程中，查謙從沒有忘記自己是中國人，並處處表現出強烈的愛國心。1935年，他第二次去美國進行科學研究。有一天在餐廳，一位美國人誤將他認作日本人，向他握手祝賀說：「恭喜你們的國家又得到一片土地。」查謙非常氣憤，未完成預定的研究計畫就返回了祖國。1941年底，日軍佔領了上海的租界。因中華教育文化基金董事會停止工作，查謙失業。曾有人勸他去日本人在上海辦的交通大學謀職，查謙寧願去當家庭教師，也不去為日本人服務。在民族危難之時，他從沒有忘記自己的責任。日軍侵華初期，他作過「國恥與我們的責任」的專題演說，號召全國人民團結起來，一致抵抗外國侵略者。他建議，一個大學生無論何科系，都應修一年的「中國近百年史」，使人人明瞭中國國恥史、人人產生發憤雪恥的志願。

1946年，武漢大學復員武昌，查謙重回武大物理系，繼續擔任系主任。從此他一心一意致力於科學教育事業，為培養人才不遺餘力。這年10月底或11

月初，沙蹤考入武漢大學物理系，辦完各種手續後去找系主任查謙在選課表上簽字：

查先生正在系裡面開會，在靠大馬路的那棟樓的東頭二樓。我敲敲門，說明是來請查先生簽字的，很快查先生就出來了，在走廊和我談話。我一個剛從湖南農村出來的毛頭小夥子，外表顯得很土氣，平生沒有見到過像查先生這樣的人物，心情顯得有些緊張。查先生衣著整齊，一副紳士派頭，但是態度非常謙和。當查先生以他那親切而和藹的語調和我講話以後，我緊張的心情一下子就平靜了下來。他比較詳細地詢問了我的情況，同時還問我為什麼要選「立體解析幾何」而不選「數學概論」。我告訴他我之所以要選這門課的考慮，他就沒有再多問，同意了我的選擇，在選課表上簽了字。事情雖然過去60多年，但當時的情景卻還深深地留在我的腦海裡。[1]

當時的武大物理系是一個不算太大的集體，有十多名教師和三十多名學生。查謙就是這個大家庭的家長。當時在物理系內部，流行一句頗具驕傲色彩的話，說是物理系「Home-Like」，就和一家人一樣。這種親如一家的氣氛，是由查謙宣導起來的。沙蹤回憶說：

整個物理系沒有專職的幹部，也沒有專門管理行政事務的工作人員。查先生要教課，還要管理系裡的事務，工作是非常繁忙的。像他這樣一位國內外知名的物理學家，每天要處理這麼多的事務，真是非常不容易。查先生本來只講授「理論物理」一門課，這是四年級才上的一門課。但從1948年，他開始教我們「光學」……我們這個年級只有7名學生，4名女生，3名男生。本來查先生就只給我們這7個人講課的，教室就在物理系大樓裡，不是很大的教室。由於查先生的課講得好，好多本系的其他年級的同學也來聽課，有的外系如電機系的學生也來聽，甚至於有些助教也來聽課，把教室塞得滿滿的。能夠這樣地吸引聽眾的講課，

1 沙蹤：〈終生難忘的幾位恩師〉，《武大校友通訊》2010年第1輯。

特別是吸引高年級的、外系的講師與助教來聽課，在武漢大學也是不多見的。

查先生講課，概念清楚，條理性強，語言簡潔，引人入勝。同時，在講授的內容中，除了課本上的以外，還增加了很多新的內容，所以非常吸引人。聽查先生講課，簡直就是一種享受。給我印象最深的是講到「量子理論」，「波粒現象」的那幾課。這是和牛頓力學完全不同的新概念，在這之前，我們只學過牛頓的機械物理概念，現在要建立一個全新的量子物理概念，假如不是查先生那樣淵博的學識、巧妙的講演藝術、深入淺出的誘導，要建立起這樣一個概念，還真是不容易。[2]

1948年，查謙的次子、上海交通大學電機工程系學生查其恒暑假期間在東湖游泳時不幸淹死。他化悲痛為動力，更加專心致力於教育事業，並在武大工學院電機系設立了「其恒獎學金」，以鼓勵學生奮發上進，努力學習。他還有一位長子查全性為著名電化學家、中國科學院院士。

1949年之後，查謙任武漢大學校委會副主任。1953年，華中工學院（後華中理工大學，現華中科技大學）成立，他被調到該校任教授。1955年成為該院首任院長，開始主持全院工作20年，直到1975年病逝。

查謙在教育戰線上耕耘一生，是一位德高望重的教育家。他注重基礎課教學，曾開設普通物理學、熱力學等課程。在教學中，認真備課，一絲不苟。講稿年年重寫，不斷增補新的內容。他重視學生在學習階段能站在科學研究的前沿。除開設基礎課外，他還開設統計物理、量子現象、近代物理、理論物理等課程，使學生畢業後便可投入前沿研究。

他大力提倡動手實驗，竭力主張改變中國知識份子不願動手的積習。他曾在全校作報告，分析「勞心者治人，勞力者治於人」這一中國傳統所帶來的極壞影響，並反覆宣傳科學實驗在科學研究中的重要地位。他還身體力行，開設出多門實驗課，購買了許多實驗儀器，組建了無線電實驗室、近代物理實驗室

[2] 沙蹤：〈終生難忘的幾位恩師〉，《武大校友通訊》2010年第1輯。

等。物理系注重實驗的舉措也影響了武漢大學其他系，如生物系注重聘請有動手能力的人才來武大任教等。

查謙具有廣泛而淵博的知識。他注重科技發展史研究，並有相當造詣。他曾著重探討過有關科學技術史的兩個問題：其一是1600年以來世界科學加速發展的原因，其二是中國近代何以對科學無重要貢獻。這兩個問題至今仍是科學史研究的重要內容。對於後者，查謙認為主要原因是：盲目崇古；國人尚清談，不重實行，不易通過經歷與實踐，道人之所未道，發人之所未發；歷代科舉取士的結果；學者徒知用腦而不知用手。他認為，將科學技術發展史的內容穿插於理科教學或科學知識普及的講演中，是學校進行文理知識滲透的好形式，並在教學中貫徹執行。這不僅使他的講課內容豐富、生動，引人入勝，而且也為文理滲透宣導了一種教育模式。

他積極推動舉辦專題講座。據不完全統計，在武漢大學任教期間，除其他教授的報告外，查謙本人曾作過題為「近代科學的一個貢獻」、「國防與科學」、「物質科學之今昔」、「無線電傳播」等專題報告。這些報告不僅使學生拓寬了知識結構、增加了對科學的興趣、瞭解了科學的價值，而且使教師們也互受啟發，加強了他們更新教學內容和形式的意識，推動了全校的教學改革，促進了科學研究。

查謙意識到自然科學與全民族興衰存亡至關重要的關係，提出「科學中國化」的口號。其主張是：

第一，把自然科學研究和洗雪國恥結合起來。查謙認為，應把從事自然科學研究看成與到前線殺敵同等重要。研究室中的工作發達了，全國各項事業才能發達。到了那個時候，無論帝國主義用何種方式來挑戰，我們都能集合全民族的體力、智力，與之周旋，而後可以立於不敗之地，而後可以有雪國恥之一日。

第二，把科學的興衰與國防實力聯繫起來。查謙確信，近代的戰爭已變成科學的戰爭，要國防的鞏固，不能不注重科學。因此提出要國防的完備，不能不先求軍隊的科學化；要軍隊科學化，不能不先充實工廠，發展工業。尤需養成全國人對於科學的興趣，培植大量的科學人才。

第三，要科學中國化。查謙認為，過去數十年提倡科學的呼聲雖高，而實效卻未大見，蓋因科學沒有中國化，沒有和我們的社會發生聯繫。

江仁壽：開闢液態金屬研究新途

他在留英期間，採用新方法測定的液態鉀、鈉的粘滯性資料，被國際公認和採用。

他用與眾不同的理論推導方法，研究金屬液體表面張力，開闢了新的研究途徑。

他於1955年響應號召，欣然報名從復旦大學調到西北大學任教，受到上海市市長陳毅的熱情讚揚。

他就是任國立武漢大學物理系教授整整十年，並一度兼系主任的江仁壽。

江仁壽（1906—1988），生於安徽歙縣皋經村一個農民家庭，自幼在田間勞作，吃苦耐勞。9歲入蒙童館（當鋪）當學徒，12歲方入小學學習。中學未畢業，他就插班上了上海大同大學。1928年大學畢業後，相繼在母校和浙江大學工學院任教各一年。

1930年，江仁壽考取了安徽省出國留學官費生，並經嚴濟慈教授推薦，入倫敦大學理學院。1936年，他以測定液態鹼金屬的粘滯性的實驗研究獲倫敦大學博士學位。早先，對於液體粘滯性的測定，多採用流逸管的方法。但是，這種方法顯然不適用於與常溫流體有較大不同的液態金屬。後來，雖有許多人作了種種改進，企求探索一種適用於高溫或低溫的液態金屬的新方法，又因實驗方法太複雜或誤差太大而不被人重視。H. Von亥姆霍茲和C. G.皮奧特羅夫斯基在1860年設計了一種雙線懸掛旋轉球法，使測定液體粘滯性的方法有了歷史性改變。在此基礎上，在倫敦大學E. N. daC.安德魯德教授的指導下，江仁壽又改進了雙線懸掛旋球法，使該實驗設備從此走向了實用可行的階段，並且首先用它精確地測定了液態鹼金屬的粘滯性。江仁壽設計了一種帶有慣性棒的雙線懸掛球形容器，在容器內裝上待測液體，以共振幅衰減來計算液體的粘滯度。慣性棒的作用是避免容器發生任何擺動，使容器只有純轉動。同時，他還發現了精確的機械起動法，並用照相方法記錄該容器扭振幅度。這樣，較大地提高了測量粘滯性的精確度。與傳統的毛細管法相比，不僅操作簡單，而且具有適用於高溫、高壓實驗的優點，又無需考慮像毛細管法所必需作的各種修正，其測量誤差約在理論值的0.5%以內。江仁壽首先試測了不同溫度的水的粘滯性，證明經他改進的旋球法具有很高精度和優點。接著，他以此方法測定了液態鈉和鉀從熔點附近到約360℃的不同溫度下的粘滯度。在後者的實驗測定中，江仁壽還發現了別的實驗者未發現的現象：在溫度接近熔點時，鈉與鉀的粘滯性出現反常現象。他指出，這是因為在溫度高於熔點幾度時，這些金屬的晶體結構仍保持不變的緣故。

粘滯度是重要的物理參數之一，對它的精密測定不僅有理論價值，而且在材料科學上也有實用價值。江仁壽測定粘滯度的方法在後來曾被廣泛用於測定其他液態金屬的粘滯性，而他測定的液態鈉、鉀的粘滯度值在國際上一直被公認和採用。

1936年4月，留學歸來的江仁壽接受國立武漢大學的聘請，任物理系教授，講授「力學」、「物性學」、「物性學實驗」等課程，編寫了《物性學》、《物性學習題》、《物性學實驗》等教材。抗戰爆發後，江仁壽隨武漢大學西遷四川，在樂山度過了他在武漢大學任教的大部分時間。樂山的生活條件十分艱苦，校舍分散在樂山城內外，他冒嚴寒戰酷暑，奔波於城郊。因戰時物價飛漲，通貨膨脹，入不敷出，加之流行瘧疾和地方病，江仁壽當時也染上了地方病，險些被貧病奪去生命。在這樣艱難的環境下，他仍一絲不苟，認真講好每一堂課。他相繼開設了「理論力學」、「理論物理」、「物性學」、「熱學」、「熱學實驗」、「熱力學」、「聲學」、「分子運動論」與「熱力學」等多門課程。他講課內容精練，簡明扼要，條理分明，話語不多，但富有幽默感。在教學中注重學風，嚴格要求，品質為先，堅持在知識方面探求高深理論，在技能方面加強實際本領的培養，以適應戰時物理人才的急需。為此，江仁壽和桂質廷等物理系教授一起，克服戰亂和搬遷所造成的種種困難，想方設法購置一部分廉價儀器部件，自己動手加工裝配實驗設備，創建了四間物理實驗室，保證了學生力學、熱學、電學、磁學和光學等實驗課程的需要。並且與部系師生積極參加學校舉辦的多次科學展覽會，展示部系的科研成果，贏得了良好的社會聲譽。

1941年9月，武漢大學設立理科研究所，下設數學部、物理部、化學部、生物部四部。1942年9月江仁壽受聘為理科研究所物理部主任，同年物理部開始招收研究生，江仁壽成為該系最早的研究生導師之一。1943年1月，武漢大學成立文、法、理、工四個研究所碩士學位考試委員會，江仁壽是理化研究所校內委員之一。1943年11月擔任理化學部主任。1945年11月受聘為物理系主任。12月學校成立儀器委員會，被選為委員。

在畢生教學中，江仁壽還參加了許多社會活動。在四十年代樂山時期，他參加了竺可楨在重慶組織的中國科學工作者協會。1942年，李約瑟接受英國政府的派遣作為皇家科學院的代表，前往中國援助受日軍封鎖中國科學家。1943年5月底，李約瑟來一行到樂山武漢大學參觀訪問。據〈川西的科學〉一文記載，李約瑟此次訪問除到樂山城內文廟崇聖祠校長辦公地拜會了王星拱校長，參觀了設在文廟大成殿內的圖書館外，還到訪過位於樂山城外李公祠內的理學院。在理學院，他瞭解到物理系胡乾善教授已完成了一部論述宇宙射線研究的專著，理論物理學家江仁壽教授正在指導研究生劉立本等兩名學生開展有關氧化銅整流器以及金屬彈性變形溫度效應的研究。

抗戰勝利後，武大於1946年復員回到珞珈山，江仁壽應聘到當時的國立中山大學物理系任教授，之後歷任暨南大學、上海復旦大學教授。1955年北京政府號召支援大西北的經濟和文化建設，高等教育部徵求他的意見，他絲毫不計較西安和上海在工作和生活條件上的差異，積極回應召喚，欣然報名到西北大學物理系任教，受到上海市陳毅市長的熱情讚揚。從此，他一直在西北大學物理系任教（一度兼任系主任），直到1988年病逝。他在師資培養、課程設置、實驗室建設、開拓新的研究領域及教學改革等方面做出了重要貢獻。

上世紀五十年代末到六十年代初，一些政治運動干擾了高校正常的教學秩序。此時，江仁壽仍埋頭書案，編寫了《理論力學》及《氣體分子運動論》的講義，又與他人合譯了史包爾斯基著的《原子物理學》。由於他多年的辛勤努力和身體力行，使物理系從基礎課、專業基礎課到專業課形成了一批比較精幹的老、中、青相結合的教師梯隊，也逐步編寫出了一批適合本系各專業使用的教材。

1949年之後，江仁壽曾研究液態金屬的表面張力。他從能量觀點推導出簡單金屬液體在熔點時的表面張力公式，據此又對十幾種金屬進行了計算，其結果與實驗值相當吻合。他還對汞的接觸角進行了多次實驗，發現在真空下毛細管中水銀的彎月面消失而為平面。六十年代他曾指導研究生從事粘滯性的研究。七十年代，他又帶領中青年教師，開拓非平衡態理論研究的新領域。1979年，他主持召開了「第一屆全國非平衡態統計物理學術會議」，並在會上作題為《耗散結構研究大有前途》的報告。晚年的江仁壽仍然思維敏捷，視野寬闊，關注國外新興學科的發展，也為推動國內非平衡態統計物理的研究做出了積極的貢獻。

李國鼎：經濟學家原是物理學者

他是知名經濟學家，曾任臺灣經濟部部長、財政部部長等要職，對臺灣經濟發展起了關鍵性作用，被人譽為臺灣「經濟起飛的締造者」。

他其實是一名物理學者，撰寫過大量科學前沿著作，涉及天文學、原子能、低溫物理、聲學、科學史等諸多方面，還是中國最早研究超導的人。

他就是抗戰時期曾任國立武漢大學物理系教授的李國鼎。

李國鼎（1910—2001），祖籍江西婺源，出生於南京漢西門一個書香人家。祖父李介之係左宗棠幕僚，父親李白樓原在江甯府稅務局任事，因不滿當朝腐敗而改與人合夥老式煙鋪「永同昌」。伯父李蘭蓀是晚清廩生，科舉未中，改習洋務，教洋人官話，並在家中開辦私塾，李國鼎就是在這裡啟蒙的。李國鼎昆仲三人，長兄國棟，後改名為小緣，比他長11歲，畢業於金陵大學，後留美學圖書館學和社會教育學，是中國著名圖書館學家。二兄國樑，繼承父業經商。他上面還有兩個姐姐，加上大房兩個姐姐，大家庭七個兄弟姊妹中他最小。其父持家有方，經營有術，家境雖並不十分寬裕，但隨遇而安，一家和睦。

李國鼎自幼習古文，九歲即讀《左傳》。後插班入南京高等師範附小，爾後入鍾英中學，1926年考入國立東南大學（1928年更名為中央大學）數學系，後轉入物理系，並於1930年底畢業。他少時聰穎好學又好動，至中學便愛看各種書籍，不斷擴大視野，尤其在中學遇到很好的數學老師和化學老師，引起他對自然科學特別是數學的興趣。他在大學裡先學數學，後改學物理。在學生辦的物理學會中十分活躍，1929年發起編輯出版《中央大學物理學會手冊》，親任主編，還發起優秀學生參加「中華自然科學社」，並支援學社所創辦的《科學世界》雜誌。在老師張鈺哲教授帶引下，他參加天文學活動，其第一篇論文〈太陽運動之絕頂〉即發表於《天文學會年報》（1930年2月）上。1930年底便加入中國天文學會，成為正式會員。受長兄之影響，曾在國內著名的《圖書館學季刊》發表編譯文章〈西洋雜誌之沿革〉。

大學畢業後，李國鼎先在鍾南中學教書，後在當時享譽全國之金陵女子文理學院數理系擔任數學和物理講師三年餘。他在這裡教學相長，進行大量的數學運算，以鞏固所學，還寫出學習心得。1931年躍身於教授編寫行列，撰寫〈高斯（Gauss）〉被收入商務印書館出版之《科學名人傳》一書中。接著撰寫〈失之毫釐，差以千里〉和〈論極限〉等科普文章。1933年10月他在金陵女子文理學院演講《從時間說到超人的宇宙》，詳細介紹愛因斯坦的時間觀。他也是在這裡結識了女友宋競雄。

1934年9月，李國鼎以高分考取中英庚款公費留學。早年曾對盧瑟福、查德威克與艾尼斯三人合著的《放射性物質的放射線》一書極感興趣，使他嚮往英國劍橋學習。在劍橋的頭兩年，在卡文迪許實驗室著名物理學家、兩度諾貝爾獎獲得者盧瑟福教授領導下做β及γ粒子放射性研究，發表論文兩篇於皇家學會會刊等雜誌上。1936年至1937年在皇家學會蒙特實驗室考克饒夫博士領導下從事一個新領域——真空中錫薄膜在液氦極低溫下超導現象的研究，是中國最早研究超導的人。

在國外，他不時想念祖國，為了祖國的科學繁榮他給《科學世界》寄來稿件多篇，如〈絕對溫度〉、〈聲音測距法〉、〈劍橋大學物理實驗室概況〉等就是這期間的作品。

很快李國鼎在劍橋三年的庚款公費行將結束，但其導師盧瑟福教授為他安排了倫敦皇家學會的獎學金，繼續在劍橋研究。不料「七七」事變，抗日戰爭爆發，李國鼎無心課業。他每天到市政大廳看報，或在家裡收聽無線電，經常義憤填膺。但是，如何將他的知識化為參加抗戰的力量，卻是個仍待解決的問題。

正當滿心困惑之際，李國鼎去請教了他的老師盧瑟福，請他指點。盧瑟福說，科學家在戰時應當替國家做事。第一次歐戰時，他也曾以科學家身分及知識參加戰爭，因此他同意李國鼎應該回國，等打完仗後再回劍橋作研究。李國鼎問道：「我回去能為國家做什麼事？」盧瑟福說：「這場戰爭的決定因素可能在空戰，而不完全在地面戰。你是學物理的，懂得物理基本知識，包括聲光學與電學，正好可以應用到防空設施，如照空燈及測音機。」[3]聽了這番話後，李國鼎決定回國。

返國之前，李國鼎特地和德國的中國代表聯繫，希望他們代為安排參親當地的防空設備工廠。李國鼎隨即訪問了柏林，結識兵工署代表周自新。周安排他去參觀德國AEG及西門子兩大工廠的照空燈和測音機，也介紹他去一家奧地利的工廠。周自新還告訴李國鼎，中國空軍有所防空學校，正在長沙招請技術人員，如果有興趣可以與防空學校司令黃鎮球少將聯繫。當時的國民政府雖然不主張留學生回國，但對某些有特殊技能、知識的工程師及科學家卻十分歡迎。根據一位元國民黨教育部高級官員的統計，抗戰期間國民政府曾資助462名留學生返國參加抗戰。

1937年秋天，李國鼎一方面全心全意地準備回國為防空戰效力，一方面先謹慎地接受了國立武漢大學物理系教授的聘書，在原有的崗位上工作，以防兩頭落空。11月，李國鼎乘輪船抵香港，再經武昌回到南京，向中英庚款董事會的總幹事杭立武報到。回到漢西門老家後，他大哥一家卻已隨著金陵大學西遷，而二哥一家則經長江向北西遷，他的女友宋競雄也隨金陵女大西遷到武昌。正巧杭立武那時需要人員協助運送一批故宮博物院的古物到武昌，因人手不足，他便邀請李國鼎幫忙運送。匆忙之中，李國鼎冒著日軍飛機隨時可能空襲的危險，把文物裝好，帶著老母親與二姐夫婦隨船去武昌。

12月12日，李國鼎與女友宋競雄在兵荒馬亂的武昌見面。由於他先前已接受了武漢大學的聘書，而宋競雄任教的金陵大學卻即將西遷至四川，因此在取得母親的同意之後，李國鼎和宋競雄決定立刻結婚。他們在華中大學的一位牧師家中舉行了簡單的宗教儀式，並邀請金陵女大校長吳貽芳及物理系主任熊子璥當證婚人。

婚禮的第二天，金陵大學剛好有船到宜昌，宋競雄即送李國鼎的母親與二姐夫婦去宜昌，在一位金陵女大同學辦的中學裡暫住。兩個星期之後，宋競雄再返武昌。這時，李國鼎的大哥李小緣也到了武昌，於是李國鼎便立刻趕來宜

---

[3] 康綠島：《李國鼎口述歷史》（臺北：卓越文化事業股份有限公司，1993年），頁38。

昌，陪同母親等人到成都和大哥會合。將家眷都安排好了之後，這對新婚夫妻才開始計畫何去何從，以滿足李國鼎返國參加戰時工作的心願。後來李國鼎決定去拜訪長沙防空學校的黃鎮球將軍，表明志願加入空軍的防空部隊。

黃將軍見到李國鼎後，對他報國的心願非常嘉許，認為以李學物理的背景，來搞防空部隊的照空燈與測音機，偵察敵機，提高砲彈命中率，肯定是會有貢獻的；而且此時黃將軍收到一批新的器材，正需要專家來驗收裝配。但他也告訴李國鼎，軍中由於員額及待遇的限制，李國鼎只能和一般大學畢業生一樣作機械員，待遇則比大學教授差很多，可能不到一半，起薪也只有140元到160元左右。李國鼎和宋競雄商量之後認為，如此待遇，依當時的物價已足以維持一個新家庭小康的生活，而防空學校確實也給了李國鼎一個以自身專長來報效國家的機會，於是他們就在1938年春天到長沙防空學校工作。

李國鼎在防空學校的生活，可說是備極艱辛。1938年一年之中，學校就搬了四次家，先在長沙，後來到衡陽、桂林與貴陽。在衡陽時，他們住在附近一家農舍，隔壁是豬圈；住了幾天，才換了一間較好的房子。在長沙時，李國鼎興致勃勃地買了一套新的傢俱，安居了幾個月，就奉命遷往衡陽和桂林，各住了幾星期，又沿公路遷至貴陽。幾次搬家，最後所有的家俱都丟在桂林。1939年，防空學校決定設址貴陽後，李國鼎隨即奉派為照測總隊修理所所長，管理西南主要城市如重慶、成都、蘭州、貴陽防空部隊的技術工作，也協助培訓軍官操作這些器材。可以說，李國鼎的才幹與努力成為這座修理所成功最重要的原因。

然而，李國鼎此時亦逐漸失去對軍隊的興趣。草創修理所時，事事新鮮，也很具挑戰性，但是日益進入情況後，大部分維護與保養的工作普通的機械員都可以做，許多培訓成功的技術人員又不願長期過這種生活而相繼離開。同時，長期貧瘠的物質生活已嚴重地損害了李國鼎的健康。還因營養不良，而染上瘧疾、發高燒。於是，他心中不由得開始盤算要離開軍隊。

但是，當時中國還沒有合法的退役制度，有些機械員做了一陣子不習慣就開小差。對這些開小差的軍官和技士，軍隊通常會在報上發佈一道通緝令追查逃兵卻很少真正逮捕他們；有的聯絡上了，就勸他們回來，再換一個名字重新入伍。對許多想離開軍職的人來說，「開小差」不失為一個簡單可行的方法，但李國鼎卻不肯走這條不光榮的捷徑。

在沒有找到退役的好辦法之前，李國鼎先將設在花溪的修理所佈置就緒，然後請假到成都探望母親和其他親屬，並到四川樂山的武漢大學物理系教書一學期，以實踐他當初接受武大聘書的允諾。據武漢大學相關文獻記載：李國鼎「1939年3月應聘為武漢大學物理系教授，首次開設了『近代物理』、『近代物理實驗』、『質之放』等課程，還擔任了『普通物理』課程的授課任務，為學校專業課程的設置和建設起了積極的推動作用」[4]。

1940年，在中英庚款董事會總幹事杭立武的邀請下，李國鼎到重慶中英庚款公費留學考試的主試官。1941年7月，通過中英庚款董事會董事長朱家驊及中央研究院天文研究所所長張鈺哲的幫忙，函調李國鼎參加中央研究院天文研究所赴中國西北觀察日全食的探測隊，使防空學校的黃鎮球校長終於同意了他的借調[5]。按，中央研究院天文研究所張鈺哲所長，是李國鼎讀中央大學時的天文物理教授，對李國鼎十分欣賞。通過張的斡旋，朱家驊也願意幫助這位中英庚款公費支持過的留學生。由於朱家驊的出面，黃鎮球終於同意讓李離開，使他避免留下一個逃兵的紀錄。

李國鼎參加防空部隊時曾加入國民黨，離開防空學校後，則有一段時間未與組織聯繫。直到赴臺進入臺灣造船公司時，他才納入產業黨部，正式成為一名國民黨員。

抗戰勝利後，李國鼎即調赴上海中央造船廠任協理，業餘時間擔任《科學世界》主編約三年。1948年7月，調赴基隆造船廠。1951年升任臺灣造船公司總經理。

1953年，李國鼎參加臺灣經濟安定委員會任工業委員會委員，從此時起，即開始參與臺灣工業及經濟決策。1958—1963年任美援運用委員會秘書長；1963—1969年，任經濟合作發展委員會秘書長、副主任委員；1965—1969年任經濟部部長；1969—1976年任財政部部長；1976—1988年任行政院政務委員，負責應用科技研究發展小組召集人工作，1988年退休後任總統府資政。這一段時間是臺灣經濟迅速發展，取得可觀進展和經驗的時期，李國鼎為此貢獻了全

4 謝紅星主編：《武漢大學歷史人物選錄》（武漢：崇文書局，2012年），頁325。

5 康綠島：《李國鼎口述歷史》（臺北：卓越文化事業股份有限公司，1993年），頁43-44。

部心力。經濟學家顧應昌教授在《作為經濟學家的李國鼎》演講中，強調李國鼎對於經濟學和方法論的貢獻，在於其運用的政策的優先進行排序，也就是「適當的時機，推出適當的政策」，因而取得成功[6]。臺灣大眾稱頌他為「臺灣經濟發展的建築師」、「臺灣經濟發展奇跡的締造者」、「臺灣現代化之父」、「財經之父」和「科技之父」。臺灣中央大學為表彰他對臺灣的重大貢獻，於2011年將該校發現的編號為「239611號」的小行星，命名為「李國鼎小行星」。

梁百先：空間物理研究的開拓者

前武漢大學校長劉道玉在《一個大學校長的自白》中披露過這樣一次經歷：

1986年8月9日，劉道玉帶領空間物理系一位75歲的老教授一行，到北京向國家教委、國家科委和國家計委彙報工作，爭取在武漢大學建立空間物理重點（國家級）實驗室。劉道玉和老教授買的是軟臥票，票號是13號和15號，均為下鋪。他們上車放好行李後就已安歇了。不一會，一位女列車員對他們說：「請你們二位先把東西搬出來，這個房另有安排。」劉道玉說：「這兩個鋪位是我們訂購的，而且老教授75歲，高度近視，搬動很不方便，我們不願搬。」可是，那列車員苦苦哀求說：「求求你們了，你們先搬出來，等車開動以後，我負責給你調出兩個位子。希望你們一定成全我，否則我會倒楣的，輕者我會被調離這趟特快車，重者我會失去工作的。」列車員說的確實令人同情，劉道玉正欲問清緣由時，突然出現了兩個公安幹警，他們態度很凶蠻地說：「少跟他囉嗦，搬也得搬，不搬也得搬，反正他們不能用這兩個鋪位！」他們一邊說，一邊把劉道玉和老教授的行李搬到過道上去了。直到列車駛離漢口以後，列車員才把劉道玉和老教授安排到洗漱室隔壁的一號房。此時，劉道玉才明白換房的原因，他們要離廁所和洗漱室遠一些。到了1號房後，列車員給了一個下鋪一個上鋪，自然劉道玉選了上鋪，把下鋪讓給老教授了。[7]

---

6 轉引自《李國鼎傳略》，馮端主編：《科學精神與科學方法——李國鼎早期科學著作》（南京：東南大學出版社，2006年），頁5。

7 據劉道玉：《一個大學校長的自白》（武漢：長江文藝出版社，2005年），頁238。

故事中的那位75歲老教授是誰呢？他就是中國電離層電波傳播與空間物理研究領域開拓者與奠基人之一，武漢大學空間物理系教授梁百先。

梁百先（1911—1996），祖籍山西靈石縣，生於湖南長沙。其曾祖父清朝中後期戰死新疆邊關，祖父自幼被叔曾祖父收養，並隨同叔曾祖父遷至長沙經商。父梁振華早年官費留學日本早稻田大學，回國後作為鐵路工程師，曾追隨我國鐵路建設先驅詹天佑，在粵漢鐵路工程總局從事勘測工作，因此舉家於上世紀二十年代從長沙遷至武昌，直至抗戰爆發。1927年國共第一次合作破裂，武漢陷於白色恐怖，梁百先獨自返回長沙。

經過兩個月補習，1928年9月梁百先插入剛剛復課的雅禮中學第二班。該校是由耶魯大學畢業生組成的耶魯協會創辦，學風嚴謹，崇尚科學、文明、自由，德智體全面發展。在西學東漸、中西文化交融的環境裡，他獲益匪淺，兩年中進一步夯實了國文、英文及自然科學堅實的基礎，也堅定了科學、愛國的信念。受到物理學教師桂質廷的影響，他立志獻身於中國的物理科學，因成績優良，1930年被保送到同為耶魯學會在武昌辦的私立華中大學物理系。1934年他畢業後便受聘於母校雅禮中學任物理教師，同時兼任雅禮協會所辦的湘潭醫學院講師。

1935年秋，梁百先考入上海中央研究院物理所攻讀研究生，之後參加了1936年上海日偏食對電離層影響的觀測和研究，當年發表的《關於1936年6月19日上海日偏食對電離層效應的觀測結果》是中國科學家首次用脈衝垂測儀研究電離層的成果。1936年7月任練習助理員。同年南京國民政府招考英國庚子賠款中國赴英留學生，他以湘籍考生身份參加考試，並以總成績第二名入榜，當年即赴英國帝國理工學院物理系研究生部學習，1938年獲倫敦大學理學碩士學位。1938—1939年留在帝國理工學院做研究工作，又獲帝國理工學院D. I. C（Diploma of Imperial College）文憑。

1938年武漢淪陷後，日本侵略者的鐵蹄踐踏了中國的半壁江山，梁百先在萬里外的異國他鄉，耳聞國土淪喪。國難當頭之際，懷著科學救國、科技強國的願望，毅然決定放棄了在英國較好的研究條件和不菲的薪俸，於1939年9月遠渡重洋，輾轉數國從越南回到了昆明。在中央研究院等候安排近兩個月，當時很想去兵工署光學工廠，直接為抗戰軍備服務，後因兵工署留德派任人唯親而不能如願。直至當年12月，由恩師桂質廷推薦，受聘於國立武漢大學物理系任教授，先後從事普通物理學和電磁學的教學工作。他授課清晰、推理嚴謹，深受學生愛戴。據沙蹤博客云，「梁先生和辛亥革命同齡，早年留學英國。學成歸國後，執教於武漢大學物理系。他教過我兩門課程。二年級的《電磁學》，和三年級的《無線電》。當時梁先生正35歲左右，一表人材，精力充沛，是武大如此青年就任教授的少數佼佼者之一。他口齒清楚，概念清晰，語言簡煉。我的電磁理論基礎，就是梁先生在這兩年中一點一滴的樹立起來的。我參加工作後，從事軍事通信方面的工作，就是憑這點基礎概念，以及武大培養我的自學本領，邊幹邊學，慢慢地成長起來的。至今我還要感謝梁先生和其他老師給我的培養，給了我以後發展的基礎。」[8]

當時的國立武漢大學從武昌遷至四川樂山，教學和生活條件十分艱苦，日本侵略軍的飛機經常飛臨樂山上空，一次轟炸造成了師生多人死傷，但他和眾多同事一起堅守教學崗位，終於迎來了抗戰的勝利。

1945年，桂質廷教授征得美國華盛頓卡內基學院的支持和美國海軍的幫助，設立遊離層觀測站，由於是戰時狀況，決定由美海軍將一整套半自動電離層觀測設備運至樂山，正式啟動了中美間在電離層探測研究領域的國際合作專案，這也是中國首個地球空間探測的大型科研項目。當時從天、地線的架設到各元件的安裝調試，頭緒萬千，十分艱難，這一既容易出現失誤又不允許出現一點紕漏的重擔，落在了梁百先的肩上。為了避免可能出現的失誤，他邀請工學院陳芳允、許宗嶽等教授和理學院龍咸靈、王燊、李子高等教師和技術專家，協同隨設備一起來華的以Edwards上校為首的幾位美海軍技術人員，群策群力，精心組織，縝密安排，只用了兩個多月將設備安裝調試完畢。從1946年1月1日零時起正式開始對樂山上空電離層的垂直探測（每天24次，每小時一次，正點前10分鐘開始，每次約10分鐘），這便是中國的第一個電離層實驗室（國立武漢大學遊離層實驗室）。從這時起，觀測資料按協定寄往美國國家標準局所屬中央無線電波傳播實驗研究所，由它集中全球百餘處觀測資料，進行彙編交流。國立武漢大學的這項觀測研究，在桂質廷和梁百先的主持下，成為中國科學家早期參與國際科研合作的一個成功典範。

---

[8] 沙蹤：〈回憶珞珈山〉，京城一叟新浪博客。

抗戰勝利後，武漢大學遷回珞珈山，1946年該實驗室在武昌恢復了觀測研究，開展了持續多年的電離層常規觀測，並與世界多個國家交換電離層資料。

1947年11月，梁百先在英國《自然》（Nature）雜誌上發表了一項國際水準的成果——「赤道異常」（Equatorial Anomaly）現象。其實梁百先在武大樂山時期，就發現了磁赤道兩側電子濃度異常的現象。而英國物理學家、諾貝爾獎獲得者Appleton也發現了這一現象，其論文比梁百先早一年發表在同一刊物上。不過兩位學者文章中的曲線，卻都是1944年各自的觀測資料，Appleton的是3月份，而梁百先的曲線則是9月。由於種種原因，梁百先的論文晚發表了一年，但觀測和分析都是各自獨立分別進行的。所以這一自然現象也稱作Appleton-Liang異常。這是在電離層研究領域中國科學家作出的第一個受到國際學術界認可的重大發現。

從1939年受聘武漢大學物理系教授以來，直到1996年病逝，梁百先一輩子都在珞珈山。期間，1978年經國家教委批准在武大成立空間物理學系，梁百先任空間物理系教授；1981年武大空間物理學被批准為中國首批博士學位授權點之一，梁百先任博士生導師。

1986年，75歲高齡的梁百先和校長劉道玉親自上北京，向有關部門彙報爭取在武大建立空間物理重點（國家級）實驗室。1989年經國家批准並獲世界銀行貸款資助的電離層國家專業實驗室成立。

化學系

葉嶠：最早研究毒物的化學家

他在理論有機化學、天然有機化學、中草藥化學等領域有很深的造詣，在學術界享有盛譽。

他在留學期間對研究各類毒物非常感興趣，編著出版了《毒物》一書，彌補了當時國內關於毒物著作的空缺。

中國化學會於1932年在南京成立時，他是發起人之一。

他就是歷任武漢大學理學院院長、化學系主任、有機化學教研室主任等職的化學家葉嶠。

葉嶠（1900—1990），別號之真。浙江永嘉人。他自少年起就勤奮讀書，1914年以優異的成績考入當時浙江省歷史悠久、文化底蘊豐厚的溫州第十中學。1918年他又以優異的成績考入北京大學化學系。1924年以總分869分全系第一的成績畢業，獲理學士學位。葉嶠在這裡不僅得到了全國最好的化學教育，而且接觸到了當時國內最先進的化學思想，為今後的成就奠定了基礎。他畢業時正值北京大學廣納人才之際，加上葉嶠在校學習期間品學兼優，又是以全系第一的成績畢業，深受化學系各教授的欣賞，所以畢業後留校擔任化學系助教一職，直到1926年。

葉嶠在北大擔任助教的過程中認識到他的專業儲備已經不能滿足國內的化學需求，因此於1926年到德國柏林大學繼續深造。當時以柏林大學為代表的德國大學正引領著世界大學發展的潮流。在柏林大學深造的葉嶠對研究各類毒物非常感興趣，並發現此時的中國還沒有一本完整的介紹毒物的著作，他決定自己編撰整理出一本關於毒物的書來供國內讀者學習參考，於是他參考了國內外的許多資料編著了《毒物》一書，並由上海商務印書館在1930年出版發行。該書從總論、無機類毒物、有機類毒物、毒物檢查法四部分介紹了毒物。在第一部分總論中，他系統地介紹了毒物的歷史、毒物在法律上和科學上的定義、急慢性中毒、化學及生理解毒法和毒物的性質和分類等。在第二、三部分著重介紹了無機類毒物和有機類毒物，他將無機類毒物分為氣體類無機物毒物、液體類無機物毒物、固體類無機物毒物，有機類毒物分為化學製品、植物毒、動物毒、腐敗毒等，並先後例舉了毒物的實例，並最後講述了毒物的檢查法。該書比較全面的介紹了毒物，填補了當時國內關於系統介紹毒物性質內容的空白，對當時學習瞭解毒物知識有很大幫助。

1931年，葉嶠獲柏林大學理學博士學位。20世紀30年代初是中國近代化學教育發展的一個重要時期，留學生回國後紛紛選擇到各高校任教，把從各國學習到的先進的化學知識講授給學生，以培養出社會所需的人才。1931年葉嶠回國後，選擇了去中央大學化學系擔任教授。在中央大學任教期間，葉嶠不僅做到教書育人，更加關注當時中國的國情以及國防問題。他在研究化學的同時也在研究當時備受關注的國防化學，在查閱了很多有關各國化學武器的資料後，於1932年撰寫成〈各國化學武器之進展〉一文在《時代公論》發表。他在文中提到「歐戰時，協約國反對施用化學武器，藉以詆毀同盟國作戰之野蠻與不人道，而自身方面則亦力求其應用，戰後各不受凡爾賽和約拘束之國家，對於化學戰備，節節猛進，命以謂對將來敵方之化學攻擊，實有防禦之必要」[1]。該文對各國化學作戰的材料問題、向對方輸送作戰材料的方法問題、攻擊方法、各國的防禦材料、防毒面具等作了具體分析和介紹，除此之外還介紹了當時德國、比利時、丹麥、芬蘭、法國、英國、義大利、日本、美國等世界各國的防毒面具樣式，對系統的認識當時各國化學武器及其形式很有幫助。

隨後，為應對戰爭中所使用的毒氣戰，葉嶠在1933年又發表〈毒氣作戰及防禦〉一文，籲望引起國民對毒氣高度的重視，「熱河淪陷，強寇益深，幸日來宋哲元軍挫敵於喜峰口，華北想不至於即遭糜爛，然而日軍獸行昭著，或正以前線之不得手，另出搗亂計畫，騷擾吾後方，故當此緊急關頭，實有加速向

---

[1] 轉引自白欣、翟立鵬、馮曉穎：〈中國化學會的創始人之一——葉嶠〉，《化學通報》2012年第75卷第11期。

一般民眾灌輸軍事常識之必要」[2]。文章對毒氣作戰定義、毒氣作戰歷史、毒氣的分類、毒氣的放射法、毒氣的防禦五部分作了系統的介紹。對當時戰爭所使用並有可能使用的毒氣作了系統的分析，是當時國防化學中的一項重要成果。為中國民眾對應對他國的毒氣作戰、防禦等提供了重要的參考資料和科學的分析，也使我國民眾對他國的毒氣作戰更深入的瞭解。

1934年，葉嶠前往國立北平大學女子文理學院任教，先後擔任教授、化學系主任等職。期間在《國立北平大學學報》（1935年）第一卷第四期發表〈有機化合物構造式與其藥性之關係〉一文，文章由淺入深，首先指出「有機化合物構造式，千變萬化，然其對於吾人心理上或生理上所起之感覺與反應，各有一定原因在」，接著文章中將有機化合物構造式與藥理的關係以及各綜合有機物的藥性依照有機分類法分為17類，並分別介紹了各類有機物的藥理關係。

1935年9月，葉嶠南下，在國立武漢大學化學系任教，此後歷任武大理學院院長、化學系主任、有機化學教研室主任等職，為武大化學系的教學與科研以及有機化學學科的發展作出了極大的貢獻。

武漢大學化學系是我國建立最早的化學科系之一，葉嶠作為有機化學教員在化學系任教期間，同時教授數學系、物理系、生物系第一學年的化學實驗和化學系第三學年的植物城、第四學年的毒物化學。植物城「主要討論植物城之提取，及其性質對於生理上所起之反應，而於各該植物城構造式之探討，更加注意，目的在使習者，除對於普通已知之植物城得有相當知識外，而於研究方面，作將來研究中藥之準備」。毒物化學「主要討論無機毒物及有機毒物之生理反應，化學反應，解毒辦法，以及其如何檢驗法。目的在使習者於藥用毒物，化學兵器等有相當知識，而於中毒後之檢驗法特別注意，希為裁判化學家之一助」。他到武大不久，還做了《毒氣作戰與團體防禦》的演講，通過介紹毒氣作戰和防禦手段兩個部分的知識，宣傳毒氣知識，喚醒民眾對毒氣的高度重視。

1938年，葉嶠到武大任教後的第三年，國內形勢巨變，日寇進攻華中地區，葉嶠隨武漢大學西遷到四川樂山繼續辦學。這時的武漢大學是辦學史上最

---

2 轉引自白欣、翟立鵬、馮曉穎：〈中國化學會的創始人之一——葉嶠〉，《化學通報》2012年第75卷第11期。

為艱難的時期，只能利用祠堂、廟宇作為臨時校舍，因陋就簡辦學，教學、科研條件都十分艱苦。學校校部設在文廟內，而教室、實驗室、宿舍等則分散在樂山城內外。理學院則位於城外李公祠內，葉嶠就是在這裡任教並進行科學研究。1942年5月和1944年下半年，英國生化學博士李約瑟先後兩次到訪武大，之後他在〈川西的科學〉特意寫道：「地處嘉定的武漢大學，由化學家王星拱博士任校長，一座美麗的孔廟是它的部分校舍，圖書館佔據了祭祀著孔子的正殿。理化兩系都位於高西門李公祠內……在化學方面，葉嶠博士研究的是當地藥物的作用機理。」[3]

時局維艱，物資匱乏，葉嶠在蜀中生活都極為清苦。然而就是在這樣艱苦卓絕的環境之中，葉嶠依然堅守教書育人的職業操守，把培養後學、激勵新人作為義不容辭的責任，致力於為國家中興造就棟樑之材。葉嶠在此時期就同時教授普通化學（甲）、普通化學實驗、有機化學（甲）、有機化學（乙）、化學實驗和國際化學等課程。他秉承「敦品勵學，勉成國器」的原則，在樂山辦學的八年中，為武大培育出了許多蜚聲海外的著名化學家，如錢保功、陳榮悌等，努力實現著他的學術救國理想。

正是在葉嶠與王星拱、鄔保良、徐賢恭教授等老一輩科學家的領導與努力下，武漢大學化學系桃李滿天下，為國家培養了大批有用的教學、科研及應用開發人才，也使有機化學學科承擔了多項國家科研任務，例如曾在起爆劑、火藥、炸藥、疊氮化鈉、硝化纖維、TNT、防化科學（有毒氣種類、防護器材、對毒氣的化學分析等）諸方向進行過許多開創性的工作，還曾集中力量在航空滅火劑、火箭推進劑等方面開展了系統研究。

葉嶠不僅在學術界享有盛譽，而且是中國化學會的發起人之一和積極組織者。從十九世紀五十年代開始，法國（1857年）、美國（1876年）、德國（1868年）、日本（1878年）等國家先後建立了化學會，通過化學會這樣一個化學組織，可以廣泛傳播化學知識，也可以為化學學科和化工工業的繁榮和發展起到積極的促進作用。在這一形勢下，葉嶠等中國早期化學家們積極倡議在

---

3 李約瑟：〈川西的科學（一）〉，李約瑟、李大斐編著：《李約瑟遊記》（貴陽：貴州人民出版社，1999年），頁111。

中國應該及早創建化學團體。1932年8月4日，國民政府教育部在南京召開化學研討會，討論化學譯名、國防化學及大、中學課程標準。來自全國各地包括葉嶠在內的曾經留學歐洲美國日本的45名學者強調了成立化學工作者永久性組織的必要性，著重討論了如何籌建學會的問題。最後，大家一致決定成立全國統一的學會組織，定名為「中國化學會」。8月5日下午一時，繼續召開會議，葉嶠等42名發起人出席並通過了編輯發行《中國化學會會誌》的決議，除此之外還通過了在學會下設立一些專業委員會，推選了委員人選，葉嶠成為中國化學會理事。

葉嶠到武漢大學後，在湖北也積極參與中國化學會漢口分會（後名為湖北省化學化工學會）的工作，1952年12月21日中國化學會武漢分會改為理事會。1956年3月11日召開理事會，葉嶠被推舉為理事長。1959年11月中國化學會漢口分會更名為湖北省暨武漢市化學化工學會，葉嶠任副理事長。「文革」開始後，學會中止活動達十二年之久。到1976年湖北省暨武漢市化學化工學會正式恢復開始活動。葉嶠在此期間積極致力於建設湖北省化學化工學會，曾任湖北省化學化工學會理事長、名譽理事長，湖北省科協委員，對推動學術、科技交流及經濟建設，作出了卓越的貢獻。

1990年10月11日，葉嶠因病逝世，享年91歲。

徐賢恭：化學家身兼武大總務長

他家境貧窮，考上北京大學卻無力就讀，後在化學系主任王星拱資助下得以完成學業。

他曾獲得倫敦大學化學博士學位，是中國有機結構理論化學的開拓者。

他的研究成果使人工合成1—薄荷醇有可能進行工業生產，這在世界上處於領先地位，填補了我國的空白。

他就是武漢大學樂山時期的化學系教授，兼總務長的徐賢恭。

徐賢恭（1902—1994），生在安徽懷寧縣一個沒落官宦人家。其父是晚清知縣，對他管教極嚴，並親自教他讀書識字，7歲那年即被送入私塾。14歲時，父親因病去世，徐賢恭也不得不輟學。後來在他的哀求下，母親將他送到安慶城外婆家，由外婆供他入小學。由於天資聰穎，勤奮善思，他學習成績始終名列前茅，因而受到學校免交學費的獎勵並取得獎學金。

1919年，「五四」運動爆發。當時以優異成績考入安徽省立第一中學的徐賢恭，接受了新文化的教育及民主與科學的思想薰陶。1923年，22歲的徐賢恭以優異的成績被北京大學化學系錄取。但是，由於一直資助他上學的外婆去世，徐賢恭無法交納昂貴的學費。這事被當時北大化學系主任王星拱得知，王對徐賢恭的刻苦用功很是賞識，便決定資助他入北大學習。1929年7月在北大畢業，獲得學士學位。

徐賢恭北大畢業後，於1930年9月任國立武漢大學化學系助教，1931年又在安徽大學化學系任講師。1933年通過考試，以優異成績獲得安徽省設立的獎學金到英國倫敦大學深造，師從著名理論有機化學家C.K.英果爾教授，專攻有機結構理論化學。為了早日學有所成，報效祖國，徐賢恭十分刻苦地學習、工作。由於住處離學校很遠，他每天一清早便趕第一班地鐵，開始一天緊張的工作和學習，有時為了掌握到準確的實驗資料，他常常連續幾個晝夜工作。他採用同位素研究互變結構的方法，提出了互變異構的反應機理，於1936年完成了題為〈有機物化學平衡反應的機理和反應速度〉的博士論文，取得了博士學位。

在四年的留英生涯中，徐賢恭先後在《英國化學會志》等世界公認的權威刊物上發表了水準較高的〈在質子移變作用中離子中間體的動力學〉、〈親電取代反應的機理與同位素交換〉等四篇論文，對有機結構理論研究的發展作出了貢獻，其研究成果與學術觀點被C.K.英果爾教授收入其經典著作《有機化學結構和理論》一書。迄今為止，這些論文的觀點仍一直為國外出版水準較高的高等有機化學專著和有關教科書所引述，在國際學術界具有一定的影響，成為我國最早從事有機結構理論研究的專家。

「七七」盧溝橋事變後，徐賢恭謝絕了導師和同行的一再挽留，義無反顧地離開英國，於1937年8月輾轉回到中國。回國後任國立武漢大學化學系教授。隨即被派任為中印交換教授，赴印度講學一年。後又於1943年派往緬甸仰光大學，當了半年的中緬交流教授。

徐賢恭任武大化學系教授時，主講高等有機化學、有機分析及有機實驗、普通化學、理論有機化學等多門課程。他治學嚴謹，嚴於律已，平易近人，對學生在學習上嚴格要求，生活關懷備至，深受學生愛戴。在抗日戰爭的非常時期為我國培養了一批化學專門人才。1939年至1945年7月，兼任武漢大學總務長，在極端艱難困苦的條件下，協助王星拱校長在樂山堅持辦學，為師生添置圖書儀器設備，籌糧籌款，修建校舍，防止疾病等，備嘗艱辛。為武漢大學的鞏固和發展作出了貢獻。

樂山時期，生計彌艱的武大師生以摻雜砂石稗穀之「八寶飯」充饑，營養不良、體弱多病者比比皆是。1942年，礦冶系教授王若怡（號進展，綽號王鬍子）不幸染上重病，不久與世長辭，留下無依無靠的夫人、女兒等三人在樂山。孤兒寡母很難在距離樂山城五里的鄉村生活下去，幸虧徐賢恭騰出一間房子讓她們搬進城裡去住。數十年後，王進展的外孫女回憶往事，對徐賢恭感念不已。

1942年10月5日武大總理紀念周上，徐賢恭為學生們作《抗戰期中大學生修養之重要》演講。這個問題，他從四個方面來講：第一，大學生的責任如何？第二，如何才能負起這種責任？第三，大學生個人修養之重要及其意義；第四，抗戰期中大學生之修養更為重要。他在演講中說：

> 先說大學生之責任如何？一個國家有各種工作，用同等的眼光來看，雖無高低之分，但確有難易之別。大致可以說，教育受得愈高，愈能擔任高深繁雜的工作……大學畢業生按現行學制，是由小學而中學而大學，曾受過極完備的教育，所以可以擔任極高深、極繁雜的工作；他在一個國家所占的地位極其重要，他是一個國家的中堅分子；倘若能在學術上、事業上，不斷的努力，便可成為一個國家的領袖分子……國家前途、民族生機，都惟諸位是視，諸位責任何等重大呵！
>
> 既明瞭大學生責任之重大，進一步就要知道如何才能負起這個責任。我認為若要負起這個責任，必須具備三個條件：（一）有豐富的學識；（二）有健全的人格；（三）有強健的身體。這三個條件，為萬事成功之母，缺一不可。……但是如何才能樹立這三種基礎呢？我認為這個問題，要靠兩方面來求解決：一是靠教師，二是靠自己。教師負著教

訓之責，自己負著修養之責。何謂修養呢？修字含有整治的意思，引申之可作為切磋琢磨解釋；養字含有育長的意思，引申之可作為涵育薰陶解釋。修養二字聯合起來，是說切磋琢磨以求學問之精美，涵育薰陶以期德性與身心之發揚與充實。修養的功夫愈深，一個人成功愈大。若毫無修養，全靠教師力量，決不會有多大前途的。教師之力，在指示途徑、解答疑難，所謂「傳道」、「解惑」而已。諸位要遵循所指示的途徑，力行其是，要不斷探尋疑難而求解答，這就是個人修養的功夫。我以為大學生的成功，教師之力只占四分，個人修養要占六分，其重要可知了。

但在抗戰期中，大學生之修養更為重要。何以故咧？無論何事，不能不受環境支配。戰爭是具有極大毀滅性的，我們抗戰已經五年多了，現在我們人力、物力、財力，都深感缺乏，在這個環境中，實在各事都感覺困難，都發生反常現象。諸位所受的影響，真是太大了……談到這裡，也許諸位發出疑問：在這種不良環境中，尤其物質條件極不完備情形之下，個人如何能切磋琢磨以期學問之精美，涵育薰陶以求身心之充實咧？我的答案是：諸位只要立志為善，力求上進，環境並不能支配諸位一切的。……此時諸位在知識方面，要力求上進，以期學問有所成就；身體方面，要好自鍛煉，以期養成健強體魄；立身方面，要存心高尚，以期養成健全人格。環境愈不佳，愈要努力；物質條件愈差，愈要奮鬥。（《國立武漢大學週刊》第337期）[4]

1946年，徐賢恭赴廣州中山大學任化學教授兼理學院院長。他主持規劃建設化學實驗室的工作，為整頓當時中山大學的學風，做了許多工作。1949年廣州易幟前夕，國民黨特務逮捕了大批進步學生和中共地下黨員，並企圖將學校的圖書資料和儀器設備運往臺灣，徐賢恭不顧個人安危，親自保釋進步學生和中共地下黨員，並和其他進步教授一起，為新中國保存了一批珍貴的圖書資料、植物標本和貴重儀器設備。當時臺灣大學校長傅斯年曾致電徐賢恭並匯來路費，請他到臺灣任教，被他堅決拒絕了。

---

4 徐正榜、陳協強主編：《名人名師武漢大學演講錄》（武漢大學出版社，2003年），頁504-506。

1949年之後，徐賢恭一度調上海復旦大學任教。1955年，又調回中山大學。

徐賢恭是中國有機結構理論化學的開拓者，著名的化學教育家。他對有機結構、理論化學有很深造詣，重要論文有〈有機物化學平衡反應的機理和反應速度〉、〈吡啶環中N——原子的吸電反應〉、〈消旋d1——薄荷醇拆分〉等。他歷來十分重視基礎理論的教育和研究，認為理論是實踐的基礎，任何實驗和科研離開了理論的指導，必將成為無源之水，無本之木。

徐賢恭生活簡樸，作風嚴謹，他的夫人是他30年代的結髮妻子，一個勤勞善良的家庭婦女。徐賢恭雖是個有名望的教授，但始終很尊重不識字的妻子，兩老相敬如賓，恩愛如初。

鍾興厚：中國氟化學的權威專家

還是文革中期的一天。羅馬尼亞共產黨中央及政府代表團來華進行國事訪問，總統齊奧賽司庫夫婦帶著他們的文化科技部部長等一行人。這位部長先生來華後，四處打聽一位叫「鍾興厚」的人。他說三十年代有位叫鍾興厚的留學生曾和他一起在德國柏林大學學習化學，是他的救命恩人。

三十年代的一個清晨，鍾興厚匆匆趕去實驗室完成博士論文的相關實驗，看門的老頭拉他到一旁，低聲問道：「你見沒見到那個羅馬尼亞的小夥子？他是共產黨員，納粹在裡面等他。」鍾興厚意識到事態嚴重，立即奔回寢室，叫醒了睡夢中的室友，催他逃命。然後又不慌不忙地回到實驗室，告訴納粹，羅馬尼亞留學生有點事，馬上就來。這樣一條緩兵之計為羅馬尼亞留學生贏得了寶貴的逃跑時間。

三十年多後，他來到中國，難以尋見昔日的救命恩人，不禁納悶：「當年在柏林大學讀書時，鍾興厚是一位非常優秀的學生，西門子公司一度要用豐厚的待遇聘請他，研究生院的院長更對他賞識有加，還要把自己的女兒嫁給他，這樣的人到了中國後怎麼可能默默無聞？」據說周恩來總理知道後，立刻下指示要在全國高校中尋找鍾興厚。

鍾興厚（1903—1984），江蘇南京人。1924年畢業於東南大學，後在南京中央大學執教。1930年為籌措出國費用，曾在南京私立安徽中學、江蘇省立第一中學、江蘇省立第一女子師範兼任化學教員。1933年自費赴德國柏林大學留學，由柏林大學物理化學研究所所長波登斯坦教授指導攻讀博士學位，研究氟及氟化物性質，發表的論文被英國皇家學報轉載，並被J. H.席孟斯主編的《氟化學》一書引用。1937年獲得柏林大學哲學（理學）博士學位。博士畢業後，德國西門子公司一度要用豐厚的待遇聘請他，研究生院的院長更對他賞識有加，還要把自己的女兒嫁給他，但鍾興厚不為所動，「七七」事變後毅然回國，本來要去繼任同濟大學校長的他接受武大查謙教授（時任武大理學院院長）的邀請，出任武大化學系教授。1938年，率先在國內研製出單質氟的他，名字被編入《大英百科全書‧世界名人錄》。

隨武大西遷樂山之後，鍾興厚和另外兩位教授李國平、戴銘巽同一天舉行了婚禮，被傳為美談。有趣的是，當時三對新人中的新郎都是武漢大學的教授，而新娘是在校的學生。其中李國平、戴銘巽是女學生們自己選中的，而鍾興厚的夫人汪聲文本來是喜歡她的一位男同學的，可惜因為戰亂，她寫給男同學的讓他在×年×月×日趕回來和她結婚的信那男同學沒有收到，於是，她就在另外兩位室友的撮和下和鍾興厚結婚。婚後夫妻非常恩愛，生了五個兒子一個女兒。

鍾興厚一生淡泊名利，堅決不當國民黨的官員。1949年後，歷任武漢大學教授、化學系主任，無機化學叢書《鹵素化學》主編。中國民主同盟盟員。五十年代在國內率先開創了氟化學研究，最先提倡螢光材料、氟化物玻璃、光纖的研究，對光纖材料、摻雜材料、脫水劑及含氟摻雜劑進行系統研究。著有《氟的光譜（吸收）研究及氟化矽與氟化氫的平衡》（德文）、《高溫鹵化物化學》、《氟的製備》、《能源化學（熱化制氫法）》。

文革開始後，鍾興厚成為武漢大學第一位被打倒的教授。因此那位羅馬尼亞的部長無緣與恩人相見。但值得慶幸的是，鍾興厚以當年的義舉在1970年洗脫了「反動學術權威」之名。鍾興厚的兒子鍾家樫回憶起當年的情形，說道：「父親每天辛苦勞動，回到家裡又把自己關在屋裡看書。」當時鍾家樫被劃成「黑五類」分子，下放到湖北潛江。1969年，潛江下大雨漲水，眼看下陷的大堤就要守不住了，鍾家樫和其他從小在東湖水中泡大的珞珈子弟打著赤腳跳進水裡，手腳相連築成一道牢固的人牆。大堤保住了，老百姓的農田房屋安然無恙。他們被授予「全縣知青紅旗小隊」榮譽稱號。

1976年，鍾興厚帶領中青年教師承擔了郵電部的光通信研究專案，為中國光通信事業發展作出了貢獻。1980年，率領的課題組在國內率先開展了紅外光纖材料的研究，為中國特種光纖材料的研究打下了基礎。主持了《無機化學叢書》（非金屬元素及稀有氣體部分）的編著。

1977年恢復高考後，鍾家樫繼承父業，考入武漢大學化學系，畢業後留校任教。他深受父親「愛國」，「敬業」思想的影響。他說：「父親在我小的時候就培養我的好奇心，他經常從圖書館借來《知識就是力量》之類的書，引發我對自然科學的興趣。他教育我不要迷信權威，只要有新發現就應該堅持到底，即使是錯的，也是一種積累，可能比成功還重要的積累。」

1984年，鍾興厚去世，夫人汪聲文和兒女們一起生活。忽然有一天，鄰居們聽得鍾家大院鞭炮齊鳴，不知是怎麼一回事，跑去問鍾興厚的兒子鍾家樫，他說：「我們把媽媽嫁出去了。」原來鍾家兒女在無意中得知母親年輕時曾經喜歡過她的一位男同學，孝順的兒女門就千方百計地找到了那位先生，那時是四川大學的教授，正好剛剛喪偶。兒女們一牽線，兩位老人就同意了。當時，兒女們把鍾老夫人送往四川時還有些擔心她的公費醫療問題，怕萬一有個病不好處理。但是後來證明他們的擔心是完全多餘的，老夫人身體好的很。大約七、八年後，四川的老先生也去世了，鍾老夫人又雄赳赳、氣昂昂地回到了武大。

生物系

何定傑：中國優秀的遺傳學專家

他不僅是中國近代醫學科學家，也是人類遺傳學、脊椎動物和無脊椎動物學以及遺傳學進化論諸學科的研究大師。

他在法國巴黎大學留學畢業後被該校聘為實驗生物學講座助理，被導師稱為「中國優秀的遺傳學家」。

他就是曾任武漢大學生物系教授、武大教務長的何定傑。

何定傑（1895—1973），字春喬。出生於湖北漢川縣南河渡一個農村醫生的家庭。1917年畢業於武昌高等師範學校，留校任附小、附中教員。在此期間結識在高師附小五年級當班主任的陳潭秋，並協助陳潭秋、惲代英等在武漢中學建立社會主義青年團。1920年秋，何定傑隨惲代英赴安徽宣城第四師範學校任教，次年夏回漢，繼續任教於高師附小。

1923年，在陳潭秋的支持和幫助下，何定傑由中華文化基金會派往法國巴黎大學留學，畢業時因學習成績優秀，被該校理論院聘為實驗生物學講座助理，並被導師譽為「中國優秀的遺傳學家」。

1926年10月，北伐軍攻克武漢後，中國共產黨籌建湖北省第一中學，陳潭秋以中共湖北省委組織部長兼武昌地委書記的身份，函請其出任校長，何定傑欣然應聘，匆匆返國，積極籌建了省立一中，並根據共黨的指示，培養了一批致力於革命事業的文化新人。1927年大革命失敗後，何定傑因病不能隨黨轉移，便回家修養。

1928年秋，應聘到武漢大學任生物系教授，1931年兼任教務長。主要從事脊椎動物學、無脊椎動物學、遺傳學、進化論的教學和研究，講授遺傳學、進化論、達爾文主義、脊椎動物學及比較解剖學、普通動物學、生物學理論等課程，其中生物進化論、比較解剖學的教學時間長達二十年之久。當時有學生這樣描繪三十年代的何定傑：

> 在實驗室，我會著了何定傑先生。
>
> 他很隨便，穿一件藍布大衫。博士頭沒有梳洗，亂蓬蓬地，一臉密密的黑鬍子，從嘴邊延展開去，一直到耳根。
>
> 他開口說話了。十足的湖北漢川腔，可是很容易聽懂。聽得懂就好了。何先生有法子教人聽得十分有味。他愛說教人發笑的話，可是他自己不笑。
>
> 有一次，何先生在教室裡為「beauty is only skin deep」下注腳說：「我去年害病，人瘦了。今年病好些人也胖些；比去年漂亮得多。」真的，何先生要比去年漂亮得多。鬍子剃得光光的，現出了青色。
>
> 還有一點，何先生授課時照例是坐著的。[1]

1936年，何定傑先後赴蘇、法、英、德、日等國考察，對當時國際上生物學研究的新成果進行了廣泛探索，發表了〈法國生物學界〉等長篇論文，受到了國內外專家、學者的高度重視和關注。在考察中，他深受前蘇聯哲學思想的影響，回國後，苦心自學俄文，鑽研馬恩著作《資本論》，特別是《辯證唯物主義與歷史唯物主義》、《自然辯證法》、《反杜林論》等經典著作，並大膽嘗試用辯證唯物主義和辯證法講授生物學。1943年，他用馬克思主義哲學觀點，撰寫的《生物進化論》一書，就是探索生物進化原理的專著。

樂山武大生物系畢業的動物學家吳熙載曾經撰文回憶何定傑說，「他在教學中堅持理論聯繫，經常和師生們一起參加科學和社會實踐活動，堅持書本知識和實踐相結合……何定傑講課內容詳實，語言生動，繪聲繪色，多有創新，深為學生們稱道。」[2]

---

1 德溥：〈生物學系教授素描〉，龍泉明、徐正榜編：《老武大的故事》（南京：江蘇文藝出版社，1998年），頁126-127。

2 吳熙載：〈遺傳學家何定傑〉，吳詩四主編：《漢川文化名人錄》（湖北省漢川市政協文史委編印，2003年），頁241。

1949年之後，何定傑在教學之餘，致力著書，「他在研究人類進化、古脊椎動物、解剖學、遺傳學等方面造詣很深，其代表作有《達爾文主義》、《巴甫洛夫的信號學和遺傳學上當前存在的問題》等。《關於達爾文主義》是一部學術性很強的專著，達爾文是英國博物家，進化論的奠基人，他提出人類的演變是從猿猴中分離出來的，並著人類起源的有關記述，不是唯心論者所講的上帝賜予人。恩格斯認為達爾文的進化論是19世紀自然科學的三大發現，何致力於研究達爾文主義，對進一步批判唯心論的神造論（即上帝造人），給封建宗教予以沉重打擊。何所著的《巴》文，對人類的生理學也有較大的貢獻。他敢於向生物學著名權威開展挑戰，提出了對兩個信號系統學論（即醫學和心理學）的疑義。」[3]

1956年以後，何定傑多方籌集資金，打算建立實驗雞場，進行有關軸極學說和信號學說的實驗，並欲應用米丘林原理於養雞事業上。1959年，63歲的何定傑實現多年的夙願，加入了中國共產黨，同年《人民日報》發表長篇通訊〈老教授何定傑〉。1960年出席全國文教群英會，受到國家領導人的接見，並單獨與國家主席劉少奇合影留念。

戴克中先生有篇寫晚年何定傑的文章，十分生動活潑，不妨恭錄如下：

> 何定傑是武大的二級教授，在解放後的武大生物系，他大概是唯一可與高尚蔭先生並提的教授。余先覺先生雖然是摩爾根的嫡傳弟子，但那年月摩氏是美帝國主義的唯心反動學派，給了余先生一個三級教授就算對得起他了。孫祥鍾是武大的老人，但他在倫敦時是在植物園工作，而且解放後進步向上忙於管理，也只有四級。
>
> 何老先生是老共產黨員，他早年在法國投身少共，和許多共產黨的早期要人有交往。他脫離政治也很早，在武大當教授時他就不過問黨派的事了。解放後有人傳說他與徐懋庸書記的關係不錯，也有人說徐懋庸誰的話也不聽。但他能緊跟形勢，學蘇聯，大講米丘林，研究李森科……吃香不用說，起碼不至於像談家楨教授那樣被批判。至於現在武

[3] 吳熙載：〈遺傳學家何定傑〉，吳詩四主編：《漢川文化名人錄》（湖北省漢川市政協文史委編印，2003年），頁241。

大生命科學院還有沒有他的門牆，誰納入了他的門牆，誰算他的嫡傳就不得而知了。文化革命大字報曰：何老先生的女兒何海平教授說，我爸爸可搞大的，吳熙載先生可搞小的。不知道吳先生算不算何教授的傳人，但吳教授當了好幾年的系主任是事實。當時何教授住在二區，一口半尺長的黑鬍子，即使是夏天也愛腳蹬一雙蒙古氈靴，既有學者的派頭又有大俠的神態，完全一襲飄然若仙的模樣。連珞珈山照相館都把他老人家的相片專門放大長期放在櫥窗裡。武大的老先生常私下談論「黑鬍子（何先生）」比「白鬍子（吳南薰教授）」靈光。「白鬍子」解放後就沒教書了，他的兒子不爭氣，當過國民黨的下級軍官，開始還可以在楊家灣修單車謀生，後來全家老小三代都靠「白鬍子」的退休工資生活。

橫掃一切牛鬼蛇神的急風暴雨一來，管你米丘林還是孟德爾、摩爾根統統完蛋。再說小將們也沒讀幾天書，幕後的主角甯左勿右，這一次，連歷次整人的運動都能平安度過的何老先生也被觸及，一口黝黑的鬍子也花白了。

運動中何老先生仍出來走動，那時武大只有兩個小餐館，好一點的是老汽車站的國營餐館，每天的菜都一樣：爆京片每盤六角；紅燒肉五角；燒魚塊五角；炒雞蛋五角；回鍋肉三角；偶爾有里脊絲九角；排骨湯四角一碗。二區合作社、新華書店對面另有一家小餐館是集體所有制，它除了賣早點外中午也炒菜，但只有炒肉絲、回鍋肉和雞蛋湯，而且油水少，味道也差。

記得是在文革中一個非常炎熱的夏天，所有的「牛鬼蛇神」都被揪出來了，都上了武大的「群魔圖」。我去二區小餐館買水餃端回家給爸爸媽媽吃，交完錢買了票正在等餃子出鍋時，忽然背後坐在黑乎乎髒兮兮的桌前一個吃餃子的人大吼道，你們這些資產階級教授真不要臉，連別人的扇子都要順手牽羊。我回頭一看何老先生側身站在油膩膩的桌前微低著頭耷拉著眼一聲不吭，花白的鬍子上掛著剛吃過餃子的水花，桌上放了一把像濟公用過的舊芭蕉扇。許多人都圍了過來，你一言我一語問怎麼回事。原來大概是何老先生在這兒吃完餃子後，天氣太熱，下意識隨手將同桌人的破扇子搖在手上，剛起了身就被此人吆喝住了，結果是一陣臭罵。我看著何老先生，完全看不到他那在珞珈山照相館櫥窗裡閃爍了四、五載炯炯有神的眸子，除了呼吸他沒有一個動作，彷彿在靜聽諦聆和教誨。大約過了幾分鐘，他等此人罵夠了才抬腳蹀躞離去。

端著餃子回家，我向爸爸講敘了此事，爸爸百感交集、唏噓不已。他一再說大革命、抗戰、復員、護校、歷次運動中「黑鬍子」都是叱吒風雨的人物啊！珞珈山從黃土、亂石、墳崗到綠樹成蔭、高樓林立、人才輩出，何老先生歷歷在目，只是今日江湖從學者，人人諱道是門生。

當時我想也許史無前例、觸及靈魂、脫胎換骨的文化大革命真正改變了人；現在我想起了韓信和寒心，可惜何老先生太老了，人最可貴的就是生命和年青。[4]

等不到文革結束，何定傑於1973年去世。

鍾心煊：武大植物標本館創建者

他是中國科學社發起人之一，1914年在美國即成為該社的永久會員。

他是最先向中國人系統介紹細菌知識的科學家之一，是中國學者開展菌根實驗研究的先驅。

他親手創建了武漢大學植物標本館。

他就是任武漢大學生物學系教授長達三十年的鍾心煊。

鍾心煊（H. H. Chung，1892—1961），字仲襄。江西南昌人。早年入南昌私立心遠中學、南昌公立江西高等學堂讀書，宣統二年（1910）夏考取清華學校首屆留美預備班。1913赴美國伊利諾大學學習，1914—1917年入哈佛大學，1917年入哈佛大學研究生院，在該校阿諾德樹木園從事研究，他以該植物園的來自中國的樹種為主要對象，結合從中國採集的標本，寫出了碩士論文〈中國木本植物名錄〉，成為中國早期植物學重要文獻之一，常被引用。他1914年在美國即成為中國科學社的永久會員，是中國科學社發起人之一。

---

4 戴克中：〈何定傑教授和芭蕉扇〉，新浪網項爍的博客。

1916年開始，鍾心煊即在中國早期科學啟蒙刊物《科學》雜誌上積極介紹科學知識，是該刊物的特約撰稿人。在這些文章中，有多篇與現代微生物學有關的文章。在〈食物保存與微生物之關係〉譯文中，他首次向中國人系統地介紹了食品防腐的原理和方法；〈裂殖菌通論〉一文，證明他是最先向中國人系統介紹細菌知識的科學家之一。在該篇近萬字的文章中，他將bacteria一詞譯為「裂殖菌」，並認為日本通行使用的「細菌」一詞中國人不必沿用，但應熟識其含義。（今天看來，此觀點不無道理。一個「細」字怎能表達bacteria特徵，還不如「裂殖菌」可以從增殖方式上概括其主要特徵，可惜約定成俗，再也難變了！）。在該文中，鍾心煊介紹了細菌的發現史、細菌的分佈、形態、繁殖方式、分類、營養與生理，以及細菌與人類的關係。在談及裂殖菌與人類關係時，他指出：「蓋裂殖菌之能致病者，最占少數……多數之裂殖菌，均直接或間接有益於人類，向使世界無裂殖菌，則人類與他種生物之能生存與否，是一大可疑之問題也。」在該文中，他使用了「微生物」一詞作為裂殖菌的同義詞，且認為「裂殖菌又常誤作黴菌。按黴菌屬於藻菌類（Phycomycete）之黴菌科（Mucoraceae，此詞現譯為毛黴科），與裂殖菌無涉。」這是20世紀初將細菌與微生物等同視之的西方科學界普遍看法。從現有資料看，他可能是最先使用「微生物」一詞的科學家。

1920年鍾心煊學成回國後，當年即任南開大學教授；1922—1931年任廈門大學教授，曾於1929年開辦中國最早的藻類學課。1931年10月到國立武漢大學生物系任教授，直至1961年去世。其中，1936—1937年曾到英國進行學術訪問一年。

鍾心煊到武大的第二年即著手調查採集武昌植物，並於1933年建立武大植物標本室（即後來的植物標本館），迄今已收藏標本20餘萬號，是聞名海內外的中國植物標本館之一。以後又組織人員到咸甯、武陵源、武夷山、峨眉山等地採集標本，並與哈佛大學、愛丁堡植物園等外國科研機構交換植物種子和標本。1933年8月20日，中國植物學會在重慶北碚中國西部科學院召開成立大會，他是19位發起創辦者之一，被會議推選為學會評議員和新創辦的中文《中國植物學雜誌》編輯員，其後擔任該會武漢分會主席。

德溥有篇文章描繪了武大生物系各教授，其中也有鍾心煊：

鍾心煊老師也戴眼鏡，可是他的眼鏡片是圓的。大而厚，似乎很有分量地架在鼻尖上。

他整日坐在研究室裡，談起研究室，他的研究室才好看哪，大大小小的試管，玻璃盆，裡面裝的都是從各地採來的草根、樹皮、牛糞、馬糞以及羊、雞、豕的糞，用各種方法處理，保持相當的溫度和濕度，上邊自然會生出種菌類（Fungi）來，研究這些菌類（自然還有其他的），鍾先生花去了他的精力，和整日整年的時光。

相反地，鍾先生很少穿西服，簡直可以說沒有。但是，有一次，那便是他在出國前，新制了一套青嗶嘰西裝。

和何定傑先生一樣，他授課時是坐著的。[5]

青甯生在一篇文章中說，「認識鍾心煊的人都記得，鍾老瘦高個兒，戴一副黑框眼鏡，喜著一襲長衫。他表情嚴肅，目光堅毅，除酷愛讀書外，別無愛好。他嚴謹治學，儘管他親自完成的，或在他指導下由他的學生完成的研究成果並不少，但他自認為水準不高，所以他公開發表的論文不多，晚年在學術界的知名度並不高，然而公開發表的著作卻絕少疏漏，經得起時間的檢驗。他專心從事教學和科研，淡泊名利，曾毫不猶豫地謝絕了吳佩孚以及他在哈佛大學同學時的宋子文等政要的封官許願。」[6]

鍾心煊在武大執教三十年，治學嚴謹，注重啟發式教育，先後講授孢子植物學、普通植物學、植物學、生物學、生物學技術、植物生態學、高等植物分類學等課程。在20世紀中葉以前，細菌、真菌等都被生物學家歸屬在植物界中，因而微生物成為他關注的主要研究物件。在教學過程中，他也曾指導學生進行科學研究，內容主要是有關植物學的。他的眾多學生中不少人後來成為頗有成就的大學者，其中包括曾呈奎、楊弘遠等中國科學院院士。他所從事的與微生物有關的科學研究，已知包括「武漢水生真菌研究」、「松樹和櫟樹的菌根研究」、「麴黴屬菌研究」、「幾種熟悉的四川植物菌根研究」、「中國產青黴菌產生抗細菌物質的研究」、「非豆科植物之共生固氮細菌之研究」等。

---

5 德溥：〈生物學系教授素描〉，龍泉明、徐正榜編：《老武大的故事》（南京：江蘇文藝出版社，1998年），頁128-129。

6 青寧生：〈以啟蒙與開拓為己任——鍾心煊〉，《微生物學報》2005年第4期。

他利用武漢大學附近東湖的條件開展的武漢水生真菌研究，是中國在該領域的開創性工作，可惜沒有正式發表。抗戰期間，武漢大學內遷樂山，為解決戰時的物資匱乏，他指導學生施有光研究當地的食品發酵用黴菌，利用他們釀造出優質醇香的醬油，深得當地消費者之好評。1935年他與戴芳瀾一起，被當時在荷蘭菌種保藏中心作訪問研究的方心芳推薦，成為該中心的國際贊助委員會委員。1942年他指導學生胡玉連對非豆科植物之共生固氮細菌的研究，同樣是中國較早的記錄。他結合自己對木本植物的專長，分別指導學生李良凰在1944年、歐惠春在1955年研究菌根，也是中國學者開展菌根實驗研究的先驅。

抗日戰爭勝利後，武大從樂山復員珞珈山。為綠化校園，在鍾心煊、孫祥鍾、葉雅各等教授的指導下，學校從峨眉山、黃山、廬山、神農架等地及英、美、日等國引進大量種苗，其中馳名中外的水杉就是他們最早從湖北利川引進武大並繁育種苗擴散到國內外的。1951年，鍾心煊參與主持制訂《武漢大學調查湖北省植物計畫書》，倡議在武漢建立植物園，並組織人員分赴湖北各地調查三個月，採集蠟葉標本及種子、苗木3300份。1956年武漢植物園建成，經過半個多世紀的發展，該園已成為中國亞熱帶植物種質資源保存地和科研基地。

第四章：工學院的教授

機械系

薩本炘：中國造船業的傳奇人物

他出生於海軍世家，他的叔祖薩鎮冰是晚清著名海軍將領，曾任海軍提督和海軍大臣。辛亥革命後，被委以海軍總長兼代總理。

他的長兄薩師俊系「中山艦」最後一任船長，抗戰初期與日軍在武漢金口激戰，壯烈犧牲。

他本人集造船專家及教育家於一身，係武昌造船廠主要創建人之一，堪稱中國造船工業的傳奇人物。

他就是抗戰時期曾任國立武漢大學機械系教授的薩本炘。

薩本炘（1898—1966），號揖讓。出生於福建省閩侯縣（今福州市）一個中落的鹽商家庭，其始祖為輔佐元世祖經略吐番有功的色目人。其叔祖薩鎮冰（1859—1952），係晚清著名的海軍宿將。由於甲申中法馬江之戰，甲午中日黃海之戰的慘敗，給薩氏家族鑄成極深的影響，兄弟們莫不同仇敵愾，投筆從戎，志事海防。其長兄薩師俊（1896—1938）以中華民國海軍中校軍銜擔任中山艦艦長，1938年10月24日在指揮中山艦參加武漢會戰時陣亡於長江江面上，是抗戰中陣亡軍銜最高的中國海軍軍官。後被追授海軍上校軍銜，進靈中華民國忠烈祠，中國國民黨和共產黨兩方都對其讚譽有加。

薩本炘，排行第三。1907年就讀於福州市明倫小學，1913年考入船政學堂（管輪班第十二屆），開始受到孫中山先生領導的反帝反封建鬥爭的影響，立志投身祖國的海防事業。後來船政學堂直屬海軍部管轄並改名為福州海軍學校，管輪班改名為輪機班（即第一屆）。薩本炘在校八年，刻苦、勤奮、好學，學業成績優異。1920年6月畢業，首先派到江真號炮艦實習，經過風濤的磨練，提高了工作技能。一年期滿，先後分派到第二艦隊江元號炮艦及第一艦隊海容號巡洋艦充當輪機副職。在服役期間，他鑽研業務十分認真，博得馬尾要塞司令李世甲和海軍馬尾造船所馬德驥的器重，以致後來結為知交，也因此使他得有出國深造的良機，從而開創了志於造船事業的發展前途。

1923年5月，海軍總司令部派薩本炘出國，考入英國格拉斯哥大學造船系，留學四年，極其用功，獲造船碩士學位。1927年5月畢業後，在英國VICKERS（維克斯）造船廠工作，探求英國修造船的發達途徑，以期將其先進科學技術帶回中國，發揮作用。1929年5月，薩本炘回國。當時中國海軍由陳紹寬統領，頗意振興中國海軍的裝備建設，亟需人才，當即委派薩到海軍江南造船所，在造船科主任葉在馥先生領導下，擔任設計師。尤其在為海軍部建造「逸仙」艦的實踐中，充分施展了他的才幹。1930年12月，調回海軍馬尾造船所，升任工務主任。1931年，中國海軍向日本訂造海寧號輕巡洋艦，同時設立駐日「新艦監造所」。9月，薩本炘受海軍部委派為中校監造官，前往日本石川島播磨造船廠，參與海寧號監造工作，歷時二年，1933年9月竣工驗收後隨艦回國。

1934年初，經在英國留學的同學介紹，薩本炘到國立武漢大學擔任教授，講授「應用力學」和「熱力學」兩門課。薩本炘學識淵博，講授認真，深入淺出，十分得體。是年末被海軍總部召到南京，委為海軍馬尾造船所上校工務長，全面主持生產技術工作。1935年，時值福州海軍藝術學校因經費短絀停辦，當時海軍界人士惋惜該校歷史悠久，自願贊助籌措，成立「私立勤工工業職業學校」，聘請薩本炘兼任校長。同年，他主持翻修改造了廢置數十年的「二號船塢」，改善了艦船舾裝設施，1936年4月9日舉行了開塢典禮，中央特派員和省主席以及海軍部李世甲出席並致詞。改造後的二號船塢承修3000噸級艦船，增大了塢修能力。當年承修了「江寧」、「正寧」等艦船27艘，刷新了海軍馬尾造船所的記錄。

盧溝橋事變後，海軍馬尾造船所屢遭敵機轟炸，被迫遷至南平待命。面對倭寇的侵犯，薩本炘異常痛恨，決然投身抗日行列，奔赴四川，幾經周折輾轉，於1939年7月到達樂山，會見了郭霖和譚聲乙等武大教授。那時，武漢大學業已遷來樂山辦學，便留他在樂山暫時任教，仍講授授「應用力學」和「熱力學」等專業課程。據當時機械系學生湯思恭回憶，「薩老師教我班材料力學，講課時由淺入深，簡單明瞭，普通話說得很好，偶而夾帶點英語，同學們聽得很清楚，所以我班同學對這門課都學得好，為後來學習機械設計打下了良好的基礎。有一次考試時，薩老師親自監考，他走到我的座位旁看到我用自製竹質計算尺算題時，他也拿這竹質計算尺拉算一下，看到數字誤差極小，他點頭稱讚我們這些從戰區來的窮學生的刻苦精神。」[1]湯思恭又說：

> 1941年我畢業時寫信請薩老師介紹工作，他當即回信告訴我他將去廣西柳州接任交通部西江造船處處長職務。他先由重慶去柳州就職，要我立即去廣西柳州該處工作。我當即離開樂山由五通橋乘木船到宜賓換輪船去重慶，在重慶候車一星期乘汽車到貴陽轉車到柳州，薩老師分配我在該處工務課任助理工務員。西江造船處在廣西、湖南、江西三省開設了5個造船工廠，所造船只交給交通部招商局作內河運輸用。工務課是負責輪船設計及指導各廠生產技術。薩老師到任後即大力抓各廠的建設與生產，他發現在江西泰和該處下屬第五工廠在籌建中領去幾十萬籌建資金久未上報財務報表，懷疑該廠有問題，當即調我去該廠主管材料工作，並囑我調查該廠資金運用情況，直接向他彙報。我到第五工廠後一面積極做好材料工作，一面多方面調查有關商號，但未查出明顯漏洞。由於工作職責關係，我不能越權詳細查閱財務帳本，只有催他們報出財務報表，我估計他們可能挪用了公款，所以久未上報財務報表。經我再三催促，他們設法歸還了公款，上報了財務報表。我寫信向薩老師彙報具體情況，薩老師看到了該廠上報的材料報表，認為我已完成了他交給的任務。後來因為衡陽該處下屬第四工廠生產任務完成不好，又調我到第四工廠任工務員，主管該廠生產技術工作。該廠的廠長余澤之過去在江南造船廠工作過，曾在武漢大學機械系當過助教。我發現生產不好，主要是該廠工人工資太低無生產積極性，消極怠工，有的夜晚逃走。我將固定月工資制改為按工作量分組承包工資制，工人生產積極性提高了，生產上去了，當年完成兩艘200噸蒸汽機淺水拖輪，交付交通部招商局驗收使用。薩老師到衡陽視察時囑我幫助余澤之廠長搞好工作。薩老師本想把該處辦得更好，多造輪船增加抗戰後方運輸力量，但他看不慣交通部

---

[1] 湯思恭：〈懷念薩本炘老師〉，《珞嘉歲月》（武大北京老校友會編印，2003年），頁321。

官僚腐敗現象，1942年初堅決辭去西江造船處處長職務，離開柳州回重慶去了。[2]

1942年10月，薩本炘應四川省建設廳廳長、原興業公司協理胡子昂相邀到成都，組建四川機械公司，並擔任總工程師。由此，結識了民生實業公司董事長盧作孚和副經理方崇森等人。抗日戰爭勝利後，內河交通運輸航輪亟待修整補充，薩本炘受盧作孚聘請在民生公司機器廠代理總工程師，主持修復了一些內河船隻。

1945年12月，臺灣收復，結束了日本軍國主義統治，國民黨政府著手在臺恢復修造船業。1946年9月，經資源委員會主任委員錢昌照舉薦，任命薩本炘為臺灣機械製造公司總經理協理兼總工程師及基隆造船廠廠長。其時，恢復相當緩慢，直到1948年實行改組，分別成立臺灣機械公司和臺灣造船公司。造船公司係以基隆造船廠為基礎進行擴展，改派周茂柏出任公司總經理，仍屬海軍造船基地。薩本炘則到廣州，任中山大學工學院教授。

1949年，剛成立的中共海軍第一支部隊——華東軍區海軍準備解放舟山群島，急需戰艦配合戰鬥。時任江漢船舶機械廠總工程師的薩本炘，接到搶修三艘軍艦的任務。這三艘軍艦是二戰後從日本接收的，由於沒有技術資料，給搶修工作帶來很大困難。薩本炘帶領工人日夜奮戰，克服了一個個難題，終於提前完成搶修計畫，有效支援了前線戰鬥。

1951年3月，為抵禦洪水，國家決定在湖北荊州興建分洪區，需製造安裝40個閘門和50部起閉絞車，該任務交給了薩本炘和他所在的江漢船舶機械廠。接受任務後，薩本炘一邊主持設計，一邊組織生產，僅用兩個多月時間就完成了任務。

武昌造船廠的前身是湖北機械廠，在1949年之前是個破爛不堪、奄奄一息的小型船廠，以修船為主，比沿海的船廠幾乎落後半個世紀。武漢易幟後，薩本炘被任命為副廠長兼總工程師，既領導船舶產品的生產技術業務，亦主持擬定船廠的發展規劃的建設方案。1954年3月，他帶領工人建成中國第一項用機械

[2] 湯思恭：〈懷念薩本炘老師〉，《珞嘉歲月》（武大北京老校友會編印，2003年），頁321-322。

化方式解決艦船下水（或起坡）的重大設施。為爾後武昌造船廠建成5000噸級艦船奠定了基礎。

在第一個五年計劃時期（1953—1957），中蘇「六四協定」和「二四協定」簽訂後，為了承擔「6605」基地掃雷艦和「6603」常規動力潛艇的轉讓製造任務，立即著手按其發展需要進行大規模基本建設。由於當時國內極度缺乏技術、人員及設備，薩本炘面臨著前所未有的困難。為早日造出新中國第一代艦艇，他上下奔走、日夜加班，用較短時間完成了任務，開創了內地生產潛艇的歷史。由此，武昌造船廠成為中國重要的潛艇生產基地。而今，只要提到薩本炘，人們都稱他是創建武昌造船廠的大功臣。

胡乾善：從宇宙射線到力學研究

他在清華大學讀書時，由物理系轉入土木工程系後又轉回物理系。

他早期從事宇宙射線研究工作，後致力於機械振動和力學研究。

他曾在李約瑟主持的中英科學合作館工作兩年。

他就是在國立武漢大學物理系、機械系先後任教的胡乾善教授。

胡乾善（1911—2004），生於河南通許縣城耳崗的一個知識份子家庭。父親胡石青學識淵博，曾在京師大學堂、復旦大學等大學講學，思想進步開明，1911年孫中山領導辛亥革命的時候正是胡乾善出生之年，胡石青給長子取名「乾善」，意思是換了乾坤，推翻了帝治，建立了共和，中國將走向民主。胡石青曾作為無黨派人士參加廬山會議，在抗日戰爭期間，擔任過國民參政會的參政員。他是當時中國三大著名的煤礦之一——焦作煤礦的創始人、董事長。家庭生活非常富裕，但對子女教育很嚴，胡石青對家庭教育第一條是「富而不奢」，要求子女一銖一飯，當思來之不易。舉個例子，胡乾善小的時候父親不允許家裡買榨菜，胡石青給子女解釋：「榨菜產於四川，『蜀道之難，難於上青天』，長途運輸，背上抬下，十分辛苦。」[3]這些教育都潛移默化地培養了胡

[3] 尹曉冬、周金蕊：〈力學家胡乾善的治學精神與高尚人格〉，《自然雜誌》（2011年）第33卷第5期。

乾善關注社會，體恤民苦的思想。

胡乾善9歲時隨父遷居北京，就讀於北京師大附中。在這裡得到了很好的教育，尤其在數理方面。胡乾善曾經回憶他的平面幾何老師傅種孫老師，「是一個令人難忘的老師，他講課時，強調幾何的邏輯性，嚴密性，並一再強調，這些理論之正確，不但使人相信，連鬼也得相信，鬼的兒子也得相信。這種生動有趣的講話，令人有深刻的印象。」[4]加之家庭教育嚴格，從那個時候起，胡乾善就養成了勤奮刻苦的學習習慣，幾十年不變。他在中學讀書時興趣就很廣泛，除了上正規課程外，還曾學習鋼琴和繪畫。

1929年，胡乾善高中畢業後考入清華大學物理系。不久看到黃河為患，很想將來能為治黃出力，所以二年級就轉入了土木工程系。讀了一年，他覺得物理系教授多而且聲望很高，如吳有訓、周培源等。想到名師能出高徒，又轉回了物理系。他的大學畢業論文是關於大氣電學方面的問題，其中涉及到宇宙射線。當時，人們對宇宙線的性質、本質、來源都還未搞清楚，因此，他很感興趣，打算以後對它進行研究。大學畢業後，胡乾善留在物理系當研究生。不久，因患嚴重神經衰弱而休學。在健康恢復後，他參加了河南省公費留學考試，並被錄取。

1934年夏，胡乾善遠赴英國，在倫敦大學伯克學院讀博士學位，導師是布萊克特（P. M. S. Blackett）教授。第一學年，他隨愛倫伯格博士學習實驗技術，以後由布萊克特指導進行宇宙射線方面的研究。布萊克特為英國皇家學會的會員，遇到物理組開學術討論會時，時常介紹學生們去參加。在這種會上，胡乾善聽到過不少著名物理學家的報告或發言，包括原子物理泰斗盧瑟福（E. Rutherford）、理論物理權威狄拉克（P. A. M. Dirac）等。布萊克特與蘇聯物理學界交往也頗深，曾商定與第比利斯大學物理系合作，到高加索山上4000米高處對宇宙射線進行觀測，並派胡乾善攜帶儀器前往執行合作研究的使命。1936年夏，他在完成研究工作後返回英國的途中，經過哈爾科夫和列寧格勒時，曾在兩個物理研究所就合作研究的結果作了學術報告，引起了蘇聯專家們的廣泛興趣。1937年，胡乾善撰寫了兩篇學術論文，由布萊克特推薦在英國皇家學會會刊上發表。當年夏天，他通過答辯獲得了倫敦大學哲學博士學位。

---

[4] 尹曉冬、周金蕊：〈力學家胡乾善的治學精神與高尚人格〉，《自然雜誌》（2011年）第33卷第5期。

胡乾善回國後他所在的倫敦大學伯克學院的研究位置，由後來成為曼徹斯特大學射電天文學教授的洛維爾爵士接替，洛維爾爵士回憶說他之所以能有機會跟隨布萊克特開始研究宇宙射電天文學，是因為一個名叫胡乾善的中國人回國去抗日，他才可能從事這方面的研究工作。從外國科學家的眼中我們能看出胡乾善的拳拳愛國之情。

1937年秋，胡乾善回國之時，抗日戰爭已經開始。他聽說國內槍炮壽命極短，主要問題出在炮筒的熱處理上面。於是就收集了一些關於武器與熱處理方面的書刊，準備為抗戰出力，可惜未能如願。1938年2月，任西安東北大學物理學教授。由於東北大學曾一遷再遷，圖書設備已損失殆盡，條件太差，1939年夏，他轉到了峨眉山下的四川大學任教。四川大學設備雖比東北大學好，但仍難以開展研究工作，於是一年後又轉到樂山武漢大學任教。

胡乾善在武漢大學進行了宇宙射線方面的研究，曾寫出關於宇宙射線能譜方面的論文，1941年發表在美國《物理評論》期刊上。後來，鑒於抗戰期間國家迫切需要發展工業與培養技術人才，而且研究宇宙射線的條件太差，因之轉到機械系，改行從事機械工程的研究與教學工作，從此脫離了物理學界。

1944年冬，胡乾善應重慶中英科學合作館館長——英國學者李約瑟（J. Needham）博士的邀請，擔任該館學術顧問。李約瑟是一位對中國有深厚感情的英國學者，著有《中國科學史》。胡乾善在該館工作的2年期間，主要負責處理有關數理、工程方面的工作。曾接觸到很多當時的知名學者，如嚴濟慈、童第周、湯佩松等，並與他們進行了廣泛的學術交流。

1945年初，胡乾善擔任了重慶中央大學機械系教授。抗戰勝利後，中央大學遷回南京，他還擔任了機械系主任，並在1948年兼任資源委員會的薦任技正。1948年秋，中央大學奉命遷臺。他在教授會上直言陳述不應遷校的理由，受到同事們的支持。

1952年全國高校院系調整，胡乾善擔任南京工學院機械系教授、系主任，開始講授理論力學課程。1956年，任南京工學院教學法委員會的主任委員，領導開展基礎課和技術基礎課的教學法研究工作。

胡乾善的研究領域轉到機械工程後，他總是站在國家發展及根本利益的高度，從當時中國經濟條件和社會緊迫需要考慮研究問題的。在其機械工程著作《新式汽車之構造駕駛與維護》（上海中華書局，1944年）序言中寫到：「單為國防著想，我們就不能不趕快設法發展我們的汽車工業。」「在近代之戰術中，物資消耗常常極其巨大。例如坦克與飛機，須有大量之補充，其他如槍炮彈藥之類，為數之多，更不待言。此種消耗，決不能全靠外國接濟，亦不能專靠少數幾個兵工廠來生產。假如國內已有廣大之汽車工業，則一旦戰事發生，即可用以生產此種武器。因此平時之汽車工業，戰時即可變成軍械工業。所以為鞏固國防，亦應及早從事建設，發展汽車工業。」[5]這種從戰略角度著眼於發展的思想，在今天仍是寶貴的。

對於教學工作，胡乾善始終保持一絲不苟、認真負責的態度，他所上的課教學效果全校出名，深受學生們的歡迎。胡乾善的講課給學生的印象有三點：造詣深厚；語言精練；課堂上激情四射。有人回憶說：「聽胡先生的課，就像吃糖果一樣非常舒服。」2004年胡乾善在彌留之際，神情已經有點恍惚，但是他口裡還念叨著教學工作，昏迷中嘴裡還念叨著：「同學們，這一堂課就講到這裡，大家有沒有聽懂啊？沒有聽懂要來問啊！」[6]他所擔任的每一門課程，都要儘量採用自編的教材，他認為只有這樣，才能相容中外百家之長並符合國內高校的實際情況。因此，從內燃機開始，到理論力學、機械振動、非線性振動，直至隨機振動導論等，無一不是教一門課，編寫一本教材的。由於他原來學的是理科專業，早期從事物理學的研究工作，理論基礎比較深厚，後來又轉向機械工程的研究與教學工作，聯繫工程實際的觀點非常明確，因此，他所編寫的教材不僅注意了學科的系統性和邏輯性，反映了自然科學中的辯證唯物主義觀點，而且也體現了他重視理論與實際的聯繫及其在工程中的應用的教學思想。他編寫的教材文字生動，用意準確，說理透徹，富於啟發性，而且旁徵博引，自成體系。在編寫教材的過程中，他不辭勞苦，反復修訂，不僅對內容精益求精，而且不斷更新，以保持教材的先進性。胡乾善曾不止一次地提出：「一本好的力學教材不僅要滿足邏輯性、科學性、系統性、可接受性等方面的

---

[5] 尹曉冬、周金蕊：〈力學家胡乾善的治學精神與高尚人格〉，《自然雜誌》（2011年）第33卷第5期。

[6] 尹曉冬、周金蕊：〈力學家胡乾善的治學精神與高尚人格〉，《自然雜誌》（2011年）第33卷第5期。

要求，還必須把力學概念以及抽象簡化問題辯證唯物地講清楚，這是理論結合實際，正確建立力學模型所必需的基礎知識。」

在業餘生活方面，胡乾善興趣廣泛，晚年每日堅持體育鍛煉。他不但對聲樂頗有興致，對繪畫書法也很有造詣，擅長中國花卉畫，善畫蒼勁挺拔的古松、傲霜鬥雪的梅花、出污泥而不染的荷花及瀟脫秀麗的菊花等。他不僅把繪畫作為業餘愛好，從中得到樂趣，而且把繪畫寓於教育之中。例如，在他培養的研究生中，有一位基礎理論紮實、學業成績優異，但在待人接物中給人以驕傲自大印象的研究生，胡乾善提筆揮毫，畫了一幅畫，畫上有兩隻雄鷹站在山峰上翹首眺望，畫面書寫了「應能高瞻遠矚，但忌目空一切」十二個字，寓意深邃。該生看到這幅畫後，倍受教益。

趙學田：武大實習工廠的籌建人

他是中國工程圖學專家、中國工程圖學會主要創始人。

他編寫的《機械工人速成看圖》幾十年間連續再版十九次，共發行一千多萬冊。《工人日報》為該書發表過社論，甚至毛澤東還在懷仁堂還接見他。

他是抗戰時期武漢大學訓導長、電機系主任趙師梅的堂弟。

他就是國立武漢大學實習工廠的籌建者、機械系教師趙學田。

趙學田（1900—2000），字稼生，生於湖北巴東的一個大戶人家。他從小勤奮好學，立志為國效力，1919年畢業於湖北省立第一中學（武漢市第十四中學前身）。1920年，他懷著「工業救國」的理想考入北京工業專門學校（後改為北京工業大學），1924年畢業後曾任漢陽及上海兵工廠技士，交通部無線電臺及湖北省道機械工程師。

1931年，經堂兄趙師梅介紹，趙學田到國立武漢大學工學院任助教，教機械製圖課，並管實習工廠。1934年，李范一任湖北建設廳廳長，派趙學田為湖北省公路局機務工程師，在漢口創辦汽車修理廠。次年廳長易人，他也隨之失業。

1935年，經武大機械系主任郭霖的邀請，趙學田到機械系任講師，兼管實習工廠。在校期間，他除指導學生作工廠實習外，還為學校各部門製造和修配教學設備和儀器。淞滬抗戰開始，武大教師為了支援抗戰，研製各種武器。趙學田負責設計、製造各種銃模，住在工廠，日夜趕工，得了胃病。實習工廠還接受漢陽兵工廠的委託，加工製造手榴彈，還設計製造防毒面具。武大西遷四川樂山時，趙學田負責將實習工廠全部機器裝箱搬遷。在重慶轉船時，部分工具和材料被日寇空襲炸毀。他到樂山後，既要計畫、重建工廠，安裝機器；又要招收當地木工、鐵匠教以制模、鍛造等技術，以便輔導實習。在他的主持下，設備安裝等工作在高西門外的觀斗山下建成，不久工廠就正式運轉了。有學子說，樂山的臨時實習工廠，比在珞珈山的正式工廠，除廠房所用的建材較差以為，可以說毫無遜色。

趙學田言傳身教，師德高尚，誨人不倦，令人敬仰。1934年考入機械系的朱開誠回憶說，「趙老師精明幹練，遇事都考慮周到。上課講解，不厭其詳；教材收集得很完善。記得我入校的第一堂課，就是工廠實習。他詳細講了課程內容和應注意事項後，發了一份《中英文對照工廠術語彙編》。這是他用多年收集的資料編寫成的。當時一般教材，幾乎全部是採用英美的原文教本，一些常用術語，也很少用中文。工人則學習用一些口語式的名詞，如法蘭、旁根、哈夫等等。當時根本沒有科技詞典一類書籍可用，很不方便。他這本《中英對照工廠術語彙編》，對我們很有用處，不僅後來看專業書，很有幫助；在翻譯應用上，都很方便。記得抗戰勝利那年，江西善後救濟分署署長張國燾，分了幾套美國贈送的修理用小機械工具給他的萍鄉同鄉，可裝箱單和使用說明書全是英文，不知是何內容，找我翻譯。我駕輕就熟，一揮而成，見者稱讚不已。」[7]周少溪回憶說，1938年末他入學武大機專不久，「首先認識的就是趙學田老師，他教我們機械製圖和工廠實習課。當時，老師在課堂上的認真勁頭和在工廠裡的實幹精神，都給我留下極為深刻的印象。他不僅善於教書，而且善於育人。不但講理論，而且重實際。他既關心我們的學業，也關心我們的生活，更關心我們的思想品德，而且做到身教勝於言教，這為我一生從事科技工作樹立了榜樣。」[8]

朱開誠在樂山武大畢業後，來到五通橋永利公司工廠實習和工作，在著名制城專家侯德榜總工程師領導下工作了半年，即回到武大當助教。除幫笪遠綸教授的《熱力工程》和《動力廠設計》外，還在實習工廠幫趙學田老師指導金

---

7 朱開誠：〈記趙學田教授〉，《武大校友通訊》1991年第1輯。

8 周少溪：〈痛悼趙學田老師〉，臺北國立武大校友會編印：《珞珈》（1999年10月）第141期。

工實習，包括銑、鑽、刨、磨等工種。武大觀斗山實習工廠是全國各大學抗戰內遷較早得到恢復的一個工廠，也是川西一帶少有的機械廠；除完成教學任務外，還為地方服務。如樂西公路需要的拉杆螺釘，趙學田設法小材大用，解決了原料問題。朱開誠回憶，「他帶領我們共同渡過教學難關，齊心努力，親密無間，使工廠規模日益壯大。在他的指導下，我們還制訂了一些規章制度。林漢藩同學去世後，趙老師把林漢藩親手寫的《工廠實習應行注意事項》寄給我留念，在今天看來，還是很完善合用的。我曾參考永利公司的美國資料，寫了《機械製圖規範》，規定標題標準格式，全用中文，第一次使用『孔』、『鑽孔』代替英文，及『眼子』『鑽眼』等叫法。得到趙老師的讚賞，我至今還保留原稿。可見他是放手發揮後進之長的領導。武漢大學的實習工廠，幾經搬遷，都是趙老師在艱難環境中，克服種種困難，一手策劃經營起來的。那時他對在工廠同學們的生活，也很關心，常常請到家裡吃飯，有很長一段時間，趙師母還為我們提供早點。回憶往事，歷歷在目。」[9]

1941年春，學生周少溪畢業後走向社會，方知「畢業即失業」的痛苦。他在成都未找到工作，去五通橋謀職業又遭冷遇。那時候，他家鄉早已淪陷，學校的貸金也已停發。正當經濟無來源、生活無著落時，趙學田伸出了溫暖的手，把周少溪拉在身邊，留在實習工廠當助理，這才使他從困境中解脫出來，從而能在人生的道路上愉快地開始起步。半個多世紀後，周少溪回憶說，「當時，老師是一廠之長，他和工人們同甘共苦，也和同學們打成一片。他以誠待人，對人充分信任，嚴格要求。把師生之間、勞技之間，特別是領導與被領導之間的關係處理得非常之好，因此全廠教職員工包括講師林漢藩，助教孫光耀、柯潤華等，心情都非常舒暢，工作也特別積極。共同把工廠建設得頗具規模，管理得也井井有條，而且能夠既出人才又出產品，為振興當時的樂山經濟起到一定的作用。我們佩戴著武大工廠廠徽，也和佩戴武漢大學校徽一樣，感到十分自豪。」[10]

1938年武漢大學奉命設立訓導處，實行導師制。學校派趙學田做機械專修科學生的導師，交給他一本該班學生的履歷表，但未提出任何具體要求。趙學

---

[9] 朱開誠：〈記趙學田教授〉，《武大校友通訊》1991年第1輯。

[10] 周少溪：〈痛悼趙學田老師〉，臺北國立武大校友會編印：《珞珈》（1999年10月）第141期。

田知道在英國導師的地位是很高的，他們負責指導學生學業的深造，而他自愧不如。但要當好導師，必須從關心學生的學習和生活做起。趙學田便邀請該班學生假日去郊遊，以便談心，瞭解情況。但參加者甚少，只搞過一次。後來他才知道，當時的教育部要求設立訓導處，施行導師制，是為了約束學生思想，防止學生受革命思潮的影響，而不是為了提高學生的學術水準。

半個世紀之後，趙學田與機專畢業學生經常通信。他在信中曾寫道：「我當導師時，既未能像英國導師那樣提高你們的學術水準，也沒有執行當時教育部的意圖，限制過你們的言行，我自認為沒有當好導師。那麼，同學們為何不願意參加郊遊呢？」他後來再次去信詢問機專同學，當時不參加郊遊是否已經知道了教育部施行導師制的陰謀而有意規避。信發出後陸續收到學生們的回信，反映當時的情況和他們的感想。湯思恭回信說：「回憶當時，老師對我們的學習和生活極為關心，對我們的思想未曾做過鉗制。那次郊遊同學們參加者不多，主要是功課忙，不是有意規避。老師未照教育部的要求去做，而是像家長般地關心我們。所以我們畢業後都非常想念老師。」艾孟井的信上說：「每當我們一些校友在一起回憶往事，都非常感謝愛護我們的好老師。您，趙老師，平易近人，耐心教學，受到我們的親近和熱愛。作為導師，您比外國的導師更崇高。」王百順記憶力強，他在信中回憶當年郊遊的地方是半山上的一條澗邊，在嘉樂門外。「那次郊遊順便參觀了發電廠和造紙廠，還到附近鎮上找到一個小飯館，由老師請客，我們幾個同學吃了一頓富有川菜風味的飯，記得飯菜很好吃。因為人數不多，一個方桌還沒有坐滿。」[11]

大概是1943年左右，負責實習工廠的工學院長譚聲乙只想利用工廠盈利而不顧學生實習，引起學生的強烈不滿。趙學田為學生據理力爭，仍無濟於事，只好辭職。學校聘他為副教授，他也沒有接受。為了養家糊口，他回到湖北恩施辦機械修造廠，白手起家苦幹了三年。抗戰勝利，他在漢口創辦湖北民生機械工廠，準備生產農具。可是工廠得不到政府的支持，既無資金，也無原料，不斷計畫未能實現，後來連工廠也被一個國民黨官僚搶去，他又改建了三輪車工廠。

---

[11] 趙學田：〈珞珈瑣憶〉，《武大校友通訊》1998年第2輯。

1946年秋，趙學田第三次進入武漢大學，被聘為教授，主管實習工廠，負責安裝從四川運回的機器設備，重開工廠實習課。

1953年，全國高校院系調整，趙學田隨調入華中工學院（華中科技大學），擔任製圖教研室主任。為了解決機械工人不會看圖的問題，1955年，他出版了《機械工人速成看圖》一書。書一上市，很快脫銷，連續再版19次，共發行1600萬冊。1956年1月7日，《工人日報》發表題為〈積極學習機械工人速成看圖法〉的社論，文章指出，「一個具有初步文化水準和生產知識的『圖盲』只需要經過20多個小時的學習，就能夠看懂一般零件圖和簡單的裝配圖，並且能按圖施工。」因這一突出貢獻，趙學田受到了政府的嘉獎。1956年2月6日，毛澤東在懷仁堂親切接見了他，這使趙學田深受鼓舞。

機械工人學會了看圖，又感到不會製畫圖。1966年，趙學田出了《機械製圖自學讀本》及其《習題集》二書，先後再版了三次，共發行五十多萬冊。

1984年，在中國科普創作協會第二次代表大會上，趙學田和華羅庚、茅以升、高士其、錢學森等17位著名科學家一起被授予「對我國科普事業作出卓越貢獻的科普作家」稱號。

2000年，華工校方準備給他做百歲大壽，在這年「五四」運動的紀念大會上，他受邀以一個當年「五四」運動的參加者的身份給大學生作了長篇報告。大概是過於認真和激動了，回家就病倒了，這一次，他沒有戰勝病魔，永別人世！離百歲生日只差幾十天！

如今，武昌魯巷廣場立有趙學田的青銅像，以紀念這位為中國工程圖學和科普事業做出了卓越貢獻的世紀名人。

電機系

張鍾俊：中國自動化學科創建者

他是中國自動化學科的創建者和學術帶頭人。在網路綜合、電力系統、自動控制和系統工程等領域，作出了許多開創性貢獻。

他早在1948年就寫成世界上第一本闡述網路綜合原理的專著《網路綜合》。

他就是曾任國立武漢大學電機系教授的張鍾俊。

張鍾俊（1915—1995），出生於浙江嘉善的一個普通教員家庭。10歲前在家鄉附近非正式小學讀書，10歲時就讀於嘉善第一小學。11歲他離開家鄉，赴嘉興第二中學讀初中，1928年轉到杭州浙江大學附屬中學，以後又到上海南洋中學讀高中。幼年的張鍾俊被譽為神童。他好學強記，思想敏捷，不管到什麼地方在什麼學校，他的成績總是名列前茅，數次跳級。

1930年9月，剛滿15周歲的張鍾俊即以優秀的成績考入國立交通大學電機工程學院。該學院在校內以「基礎厚、要求嚴」著稱，嚴格的訓練為張鍾俊以後的科學研究奠定了紮實的基礎。1934年7月，張鍾俊由國立交通大學畢業，獲電機工程學學士學位，並以其出眾的學業獲得中美文化教育基金會的獎學金。是年9月去美國，進麻省理工學院電工系攻讀研究生課程。這所世界聞名的學府對研究生有嚴格的要求。張鍾俊由於發奮學習和刻苦鑽研，1937年6月獲得了碩士學位，半年後又獲得了科學博士學位。當年12月，出類拔萃的張鍾俊作為麻省理工學院第一個博士後副研究員留校工作，研究網路綜合理論。

1938年，日本侵略軍進攻華東。9月，張鍾俊接到家信，得知杭州淪陷，舉家避禍湘贛。國破家危，張鍾俊心焦如焚，即日請假回國，取道香港，於10月到達上海。在祖國的土地上，他看到了日寇的肆意倡狂，看到了同胞在淪為亡國奴後的悲滲，同時感覺到崛起的頑強不屈的民族精神。張鍾俊覺得作為一個中國人負有不容推辭的民族責任。他毅然放棄了回美國繼續做博士後的機會，回絕了美商要求他在上海電力公司任職的聘請，於11月進川，擔任國立武漢大學（當時已遷至樂山）電機系教授，時年24歲。

張鍾俊在電機系講授「交流電機原理」等課程。據電機系1939年畢業的方大川回憶：

> 當時張老師剛從美國學成回來不久，年輕有為，常給大家講些最新的知識。有一次，他講交流電輸電技術方面的問題時，提出一個新名堂：「對稱分量」，英文叫「Symmetrical Component」。他說，在理想的平衡狀態下，3相交流電各相間的相位差都是120度，各相的強度也是相同的。輸電問題計算起來比較方便，但是實用中的3相交流電是既不對稱也不相同的，計算起來就要繁雜得多，如果我們能讓不對稱的狀態分解成幾個對稱狀態的不同形式的組合，對它們分別計算，然後綜合起來，就能夠得出結果了，這就是「對稱分量」法。張老師的講解，確實很妙，如今再回味一下，又有了新的認識：「不正規的事物常常是些正規的事物由於不適當的組合而形成的」。我覺得這不僅僅只是3相交流電的問題，而且還藏著人生的哲理呢！[1]

1939年8月19日，日本侵略者出動36架轟炸機，對樂山城區進行了慘無人道的猛烈轟炸，武大一些校舍也遭到摧毀。緊跟著，由於通貨膨脹，物價不斷上漲，教授們的生活也難以為繼。是年底，張鍾俊決定去重慶，與交通大學校友一起籌建交通大學重慶分校。

1940年9月，交大重慶分校成立，聘張鍾俊為電機系教授，兼系主任。1942年2月學校在重慶九龍坡建成，成立重慶交通大學。為了培養電信方面高級人才，在重慶國民政府交通部等單位資助下，學校委託張鍾俊籌建電信研究所。1943年電信研究所成立，張鍾俊任主任，研究所正式招收研究生，課程設置參

[1] 方大川：〈懷念樂山〉，《武大校友通訊》2008年第2輯。

照美國麻省理工學院和哈佛大學。

1945年秋日本投降後，重慶交通大學與已改名為南洋大學的原交通大學匯合，遷回上海徐家匯原址，於1946年在上海恢復建立交通大學，張鍾俊繼續擔任電信研究所主任。在電信研究所其間，張鍾俊的研究主題是網路綜合理論。後期轉向伺服理論。1948年他用布朗（Brown）和凱姆貝爾（Campbell）合編的《伺服機構原理》為教材，向研究生講授控制理論。

1950年夏，張鍾俊赴長春接洽電信研究所工作的移交事宜。事後他參觀了東北三省的建設情形，尤其考察了東三省的電力事業。當時東北的工業水準在國內是比較先進的，這次考察使張鍾俊對中國的電力建設的現狀有了一個基本的瞭解。

根據高等教育部的指示精神，根據中國電力系統教育的現狀，自1953年起，張鍾俊翻譯了《電力系統穩定》、《電力系統短路》、《電力網及電力系統》、《電力系統暫態過程》和《動力系統運行方式》，還編寫了《電力系統電磁暫態過程》。這些書給中國的電力系統教學提供了一套完整的系列教材，不但在當時填補了國內的空白，而且有的書至今仍被高校選作課本，影響深遠。

上世紀六十年代前後，控制理論經歷了由經典理論到現代理論的飛躍。張鍾俊及時抓住控制理論的前沿課題，始終堅持理論與實際工程相結合，1964年，他在研究「遠航儀」時，採用了卡爾曼濾波技術。這是國內最早應用現代控制理論的範例之一。1973年他主持了潛艇慣性導航研究課題。他向參加者講授了現代控制理論，並用這些理論於實際設計。該專案曾獲全國科學大會獎和上海市重大科技成果獎。

1979年張鍾俊受聘為國家科學技術委員會自動化組副組長。1981年當選為中國科學院技術科學部學部委員（院士）。擔任國務院第二屆學位評議組成員、自動化學科組副組長。他主持的「系統辯識中實際問題的研究及應用」、「預測控制機理和大系統預測控制」和「廣義系統回饋控制設計方法」三項研究分別於1986年、1988年和1989年獲國家教委科技進步獎二等獎。

張鍾俊還是中國系統工程和微型電腦應用的首批宣導者之一。1977年，百廢待興。張鍾俊及時提出系統工程方法來指導經濟建設。1978年，他訪美歸來就根據自己所見及時向有關方面建議普及系統工程知識和微型電腦的應用。

1982年底，張鍾俊主持了新疆維吾爾自治區長期發展規劃諮詢，該課題於1984年完成，並於1986年獲上海市科學技術進步獎三等獎，得到中共高層的表揚。

張鍾俊特別推崇「綜合即創造」這一格言，一貫強調系統地研究問題。在研究中注重從各方面廣泛地吸取有用的知識，通過比較、分析和整理最終化成自己能用的知識。他認為科學發展正處於一個新時代，各個領域的相互滲透，各種知識之間內在聯繫不斷被發掘。只有善於汲取各方面的新成果能為己用，才能永遠保持科學研究的青春活力。

1978年恢復研究生制度後，張鍾俊即擔任碩士研究生導師。1983年國家設置博士學位後，他又任博士研究生導師。1986年國家設置博士後科研流動站，他主持的博士點又首批建立了博士後科研流動站。他培養了的數十名博士和博士後，在國內都是首屈一指的。他培養研究生講究「實」、「嚴」、「新」三個字，「實」是基礎紮實。他要求每個博士研究生去選讀本校數學系的課程，使他們有紮實的抽象能力和分析能力，他還要博士研究生有電腦操作能力，這些紮實的基礎為博士生單獨從事科學研究創造了條件；「嚴」是指推理嚴格，張鍾俊對學生論文都要經過再三推敲，仔細審查其中的邏輯性，對其中出現的「顯然可得」這些容易忽視的地方特別注意其合理性；「新」是指選材要新，要敢於接觸那些前沿課題，在張鍾俊培養的博士中，他們的學位論文都以廣義系統、預測控制、機器人、魯棒設計，非線性系統等最前沿的課題作為研究對象。

葉允競：安貧樂道的電機系教授

他曾是蔡元培的座上賓，後來成為蔡元培的侄女婿。

他在天線和電訊網路方面有深入的研究，在當時世界權威雜誌《美國無線電工程師學會會刊》（簡稱為《IRE》）上發表過若干論文。

他就是曾任武漢大學工學院電機系主任的葉允競教授。

葉允競（1905—1951），原名葉用鏡。祖籍海南文昌市。1929年畢業於上海交通大學，1930年獲公費到法國留學，1934年回國，成為上海交通大學的年輕教授。葉允競良好的學術背景和正直的人品，讓他成為蔡元培在上海的家中客人。蔡元培的侄女蔡靜真（其父為蔡元培的三弟蔡元堅）正當妙齡，經人介紹認識了風度翩翩的葉允競，結為連理。

1939年，葉允競來到樂山國立武漢大學任電機系教授，主講交流電路、無線電原理、電磁波與天線等課程。他講課概念清晰，很受學生們歡迎。他那帶有濃重海南口音的普通話常常冒出口頭語：「結果呢，就沒有啦！」成為頑皮學生愛模仿的兩句話，也常常引起學生們一陣快樂的笑聲。葉允競教課，特別強調要學生練好基本功，掌握基本概念。他教「交流電路」課，用勞倫斯編的英文教材。第一堂課講複數的重要性，他告誡學生要把用複數如何表示正弦量的原理弄得清清楚楚，把複數運算方法練得滾瓜爛熟。1942年考入電機系的周克定回憶，「有一次我們進行單相交流電路瞬變過程的小考。有一道題是包括一些電阻、電感和電容的混聯網路，串接一個電池和開關，求合閘瞬間電池輸出的電流。大家看了題只顧按基樂霍夫定律列立方程，但方程數太多，到下課時還沒有求出結果。下課後葉老師指出要注意物理概念應用開閉電律，在原來靜止的電路中，合閘瞬間，電容相當於短路，電感線圈相當於開路，所以電感電容都可以拿掉，這樣只剩下幾個電阻串並聯，求出等效電立刻就可算出電流，大家這才恍然大悟。後來我總是記得，對於一個科學問題，不要只顧記結論和公式，不忙於做方程，要注意分析物理過程和掌握它的實際意義。」[2]

葉允競在教學中能把問題的物理意義和數學表達方式很好地結合起來。在第一次講解電磁波行波與駐波的概念時，他畫了許多圖，明顯看出行波確實在空間移動，駐波則在空間不動，只大小隨時間脈動。但是學生心裡總覺得不夠明白，不知如何用數學式來說明。後來他指出，表示波的正弦函數的宗數（Argument）如果是時間因素WT和空間因素9X兩者相加減則是行波，兩者的正弦函數相乘則是駐波，再對照圖說明就很清楚，也容易牢記。

葉允競不但精通電訊方面的理論，而且有很好的實際工作能力。例如，武大遊離層實驗室所用的天線，就是由他設計建造的，使用效果很好。他在天線和電訊網路方面有深入的研究，在當時世界權威雜誌《美國無線電工程師學會會刊》（簡稱為《IRE》）上發表過若干論文。要知道當時中國人在該雜誌上發表論文的，可說是寥若晨星。其學術造詣可見一斑。

2　周克定：〈回憶葉允競老師〉，《武大校友通訊》2005年1期。

大概是1943年的時候，數學系劉正經教授每次給學生講完「高等微積分」課，葉允競和電機系主任陳季丹就請劉教授替他們兩人講內容更深的「高等數學」課。兩位教授像學生一樣，坐在下面洗耳恭聽，還不停地記筆記。這種勤奮學習的精神，使學生們深受感動。在工作上，葉允競除了同時擔任兩三門課的講授和批改作業之外，還夜以繼日地忙著編寫《電磁波與天線》的講義，這是惟一有中文教材（當時沒有適當的外文教材）的課程。在樂山這座小城市抗戰時的困難條件下，他親自張羅印刷（鉛印）出版，自己畫圖校對，仔細核對每一個公式和數學符號，一絲不苟。

其實，葉允競留給學生印象最深的，是他安貧樂道、勤勞敬業、簡樸無華的精神風貌。在抗日戰爭年代，一般教授家裡生活都十分艱苦。他每天穿著一套舊西服和一雙舊布鞋，但總是面帶笑容情緒樂觀，不停頓地研究學問，並以滿腔熱情教書育人。周克定回憶，「在葉老師第二次出國之前，我跟上一班的童世璜等幾個電訊組的同學去他家聽『電磁波與天線』課（他那時腳不大好，不便走到學校）。他家裡擺設十分簡陋，堂屋（相當於客廳）裡僅有幾張舊木椅凳和一張搖搖晃晃的吃飯桌，我們伏在飯桌上聆聽他的講課心裡還總怕桌子倒了。當時一般教授的物質生活確實艱苦，但是葉老師並不在乎這些，他只重視精神生活的慰藉。第一次去他家，在講課之前，他興致勃勃地向我們介紹牆上掛著的由蔡元培先生親筆書寫送給葉老師夫人蔡靜真女士的一幀橫式掛屏，其內容都是如何待人接物、修身齊家的勉勵之詞。葉老師還向我們詳細解釋用行書寫的每一句話的涵義，可見老一輩人都受過良好的家庭教育。」還說「在其他方面，葉老師也給了我許多照顧和幫助。在我生活困難的時候，他多次借錢給我解困」[3]。

1945年，葉允競赴美國進修。1948年回國後即任武漢大學電機系主任。他回國後又開了一門新課——電訊網路理論。這完全是以電路理論為基礎，不同於他過去開的，「電磁波與天線」課是以電磁場為基礎。第一節緒論課，他特別強調場論（Field Theory）和路論（Circuit Theory）兩種觀點，說明路與場二者的獨立和緊密聯繫，二者的特點和起不同作用的重要性。聽了對兩套理論的精闢分析，學生們對場路的理解和認識更清楚了。

---

3 周克定：〈回憶葉允競老師〉，《武大校友通訊》2005年1期。

張肅文回憶，「1948年夏我畢業後，眼看同學們紛紛離校返家，我卻無處可去，回家既無路費，又沒有工作。正在彷徨無奈的時候，忽然一位同學帶來葉師的口信，要我去他家一趟。我立即去二區葉師家。他很和藹地用徵求意見的口氣對我說，他與許宗嶽先生商量過，打算留我作助教，不知我是否願意。這真是久旱逢甘霖，我豈有不應允之理。因為這不僅解決了我的生活問題，更是一種榮譽。當時留校工作的人極少，必須是班上成績最優秀的人才有可能留校工作。」又說，「葉師對人極為謙恭有禮。我剛留校時，他從不喊我的名字，而是稱『Mister張』，真使我受寵若驚，因為他是師輩，按理完全應該直呼我的名字。他將在《IRE》上發表的論文送給我時，上面寫的是『肅文兄指正』，則更是過於謙虛，令我實在愧不敢當。他對任何人總是和顏悅色，彬彬有禮，沒有一點教授架子。」[4]

周克定晚年回憶葉允競，「1950年我寫好〈調和函放電磁理論中的應用〉約兩萬字的綜述文章，除了他自己，他邀請李國平、劉正經兩位教授為我評審；並親自向張瑞瑾教授推薦《新科學》季刊上發表。1951年他到北京開會，親自到清華大學聯繫我去進修『網路理論』事宜，還找他在清華的同學替我解決住宿等問題，這一切使我刻骨銘心，永遠不會忘記。」[5]

1950年暑假，葉允競全家回海南，叫張肅文代他看守幾天家。原因是葉夫人身體欠妥，要回海南島修養。從此以後只有葉允競和他剛上初中的獨生子葉能沅在珞珈山一起生活，飲食起居自然乏人照料。1951年葉允競突然發病，英年早逝。

許宗嶽：功過都在遊離層實驗室

他畢業於美國布朗大學研究院，獲自然科學博士學位。

他是中國最早從事電離層、水聲、超聲等研究的專家之一，在檢測超聲、大功率超聲、超聲換能器材料等研究中作出較大貢獻。

他領導和參與了武漢大學遊離層實驗室的建立工作，不料在歷次政治運動中被批評鬥爭也是因為遊離層實驗室。

---

4 張肅文：〈回憶葉允競、許宗嶽老師〉，《武大校友通訊》1999年2輯。

5 周克定：〈回憶葉允競老師〉，《武大校友通訊》2005年1輯。

他就是曾任武漢大學電機系教授的許宗嶽。

許宗嶽（1911－1974），湖北武昌人。1934年畢業於華中大學物理系。當年他在全國理科物理系畢業論文評比中榮獲第三名（第一名為其同班同學、後來成為武大物理系教授的梁百先）。1936年畢業於燕京大學研究院，獲理學碩士學位。1943年畢業於美國布朗大學研究院，獲自然科學博士學位。曾在美國通用電氣公司、科學研究發展局電波傳播組及卡裡基研究院工作。

1945年，許宗嶽由美回國，出任國立武漢大學電機系教授。據其學生張肅文回憶，「我清楚地記得許師於1945年回到武大樂山時，英姿煥發，與漂亮的新婚夫人余美生在一起，成為人們讚美的一對『天作之合』的好伉儷。當時許師是奉桂質廷教授（許是桂先生的弟子）之命，由美國攜帶全套遊離層探測設備回到武大，籌建遊離層實驗室。……許師講授過無線電原理、電磁波與天線課，是我的畢業論文指導老師。他給了我一個在當時剛剛問世的新型電子器件——調速管（Klystron），從他那裡，我學到了如何查詢資料的方法。」[6]

1950年，由葉允競、許宗嶽二位教授與俞寶傳、湯之璋二位副教授，在武大共同開設了雷達原理課，這在當時國內各高校是沒有先例的。可見當時武大電訊師資力量雄厚。不料正當這幾位教授雄心勃勃地努力工作、希望為武大電機系電訊組創造輝煌時，1953年院系調整，將電力組全部劃歸華中工學院，電訊組則劃至華南工學院。當時這樣劃分的理由是：電訊屬於輕工業，而華中只搞重工業專業。由於葉允競病故，電訊組可謂「群龍無首」。老師們都對這一方案不滿，於是許宗嶽等人聯名上書教育部，希望在武漢地區仍保留電訊專業。上書的大意是：（1）理工科聯繫緊密，不應分家；（2）電訊不能看作是輕工業，武漢地區不能沒有電訊專業。不久教育部復示，大意是：理工分家是蘇聯的先進經驗，因而院系調整方案不能變，於是許宗嶽等人就留在華中工學院，只能開設一門與電訊有關的課程工業電子學。

1955年，神州大地開展「肅反」運動，華中工學院也不例外。時值暑假，全院教職工分組集中學習。幾天之後，院黨委書記親自參加核心組會議，並指示說：「你們組從明天起應開始鬥爭，鬥爭的對象是許宗嶽。鬥爭許不是因為

---

6 張肅文：〈回憶葉允競、許宗嶽老師〉，《武大校友通訊》1999年2期。

他的地主問題，他的地主問題在武大已解決了（當時武大黨委以許是工商業主兼地主為由，保護許未回鄉未受鬥爭）。鬥爭許，是因為遊離層實驗室問題。張肅文同志曾參加過遊離層實驗室工作，但與許不同，不必背包袱。」[7]於是從第二天起，全組人員即對許宗嶽開始正面「交鋒」。大家拍桌子打板凳地要他「老實交代」。遵照院黨委的指示，重點是遊離層實驗室，對地主問題未作深究。許宗嶽詳細談了實驗室成立的經過，他是如何奉桂質廷老師之命，乘美國軍艦（當時戰爭尚未結束，海上交通只能靠軍艦通行）將儀器帶回來的等等。如此鬧了許多天，也沒有結果。到了秋季開學，其他教員都回到教研室工作。許宗嶽則被囚禁在「私牢」內，由專案組繼續審查。但同時卻讓他負責講工業電子學課，上下課都有專人押送。張肅文回憶說：「我也『光榮』地承擔過幾次這種任務。有一次因自己午睡過頭，以致許師上課遲到，至今我仍感內疚。因為在我一生中這是僅有的一次上課遲到，而且累及許師，慚疚之情，實難形容。」[8]

到了當年寒假，許宗嶽被放回家，系黨總支書記向教員們鄭重叮囑：「許已放回家，你們什麼也不要問他。當初審查他是對的，現在放他回家，也是對的。」張肅文後來說：「對此事我一直納悶，遊離層實驗室究竟是怎麼回事？後來我因借資料，來到桂質廷師家，桂師特別問及許師的事，當時我只有守口如瓶，什麼也不敢說。」

1956年夏，華工恢復了無線電技術專業，由許宗嶽任教研室主任。他因對肅反時被審查一事不滿，到北京科學院電子所後一直不肯回校。

1957年大鳴大放開始，肅反遺留問題成為全國注目的焦點。華工成立了肅反遺留問題委員會，由劉穎（原武大機械系主任）副院長任主任委員。院黨委也召開了有關各方代表的座談會，在這次會議上，負責許宗嶽專案組的組長首先慷慨激昂地發言說：根據遊離層實驗室一事鬥爭許宗嶽先生是完全錯誤的等等。與此同時，當時任電子所所長的馬大猷在全國政協會議上不指名地為許宗嶽在肅反中的遭遇鳴不平。教研室在討論此問題時，大家一致認為許的事應予澄清、平反，於是推舉張肅文和另一位老教師為代表，去找劉副院長。劉說，

[7] 張肅文：〈回憶葉允競、許宗嶽老師〉，《武大校友通訊》1999年2期。

[8] 張肅文：〈回憶葉允競、許宗嶽老師〉，《武大校友通訊》1999年2期。

此事只憑口頭談，不好處理，應由許宗嶽寫一書面材料來。不久，他就寫了書面申訴材料寄給張肅文轉交給劉副院長。誰知這樣一來，卻闖了大禍。6月8日《人民日報》發表社論〈這是為什麼〉，吹響了反右鬥爭的號角。華工接著舉辦了「惡霸地主許宗嶽罪行展覽」，又召開全院大會，把漁民也弄上臺控訴許的地主罪行，但對遊離層實驗室問題則隻字未提，於是許宗嶽淪為右派（張肅文則成為「惡霸地主向黨進攻的急先鋒」，也跌入右派的深淵），被迫從北京返校，不久，即調任中國科學院武漢電子研究所、湖北物理研究所研究員。

1974年，許宗嶽因心臟病突發在北京去世，五年後其妻余美生也因病而逝。

礦冶系

邵象華：近代冶金工程的奠基人

為籌辦中國第一座現代化鋼廠，他放棄了博士學位；鞍山鋼廠復產失敗，他當眾痛哭。70多年堅持鋼鐵救國的信念，使他遭受到一次又一次的打擊。

1957年在一屆全國人大四次會議上，他第一個對毛澤東「大煉鋼鐵」提出不同意見。

他就是中國近代鋼鐵冶金工程的奠基人，原國立武漢大學冶金教授邵象華。

邵象華，對大眾來說是一個陌生的名字，但中國的第一爐鋼，第一本冶金教材都出自於他的手中。

邵象華（1913—2012），出生於浙江杭州一個中學教師家庭。其父為養家及提供子女教育費用，常在幾個學校兼課。父親的勤勉和嚴格作風對他的成長有著重要影響。邵象華從小因學業成績優異，在讀小學和中學時多次跳級，因而大學畢業時年僅19歲。1932年他從浙江大學化工系畢業後到上海交通大學任助教。

1934年邵象華考取第二屆中英庚子賠款公費留學，同年入英國倫敦大學帝國理工學院學習冶金。1936年獲倫敦大學一級榮譽冶金學士，後在導師卡本特爵士指導下，從事鋼表面滲氮硬化機理的研究，1937年獲冶金碩士學位，並同時榮獲馬瑟科學獎金，先後被授予英國皇家礦學院會員學銜和帝國理工學院獎狀。他本想攻讀博士學位，但此時他受資源委員會翁文灝召見，動員他回國參加中央鋼鐵廠的建設。素有工業救國思想的邵象華認為這是報效祖國的好機會，當即接受了這一邀請。他奉命考察了西歐幾個國家的鋼鐵工業之後，按計劃到德國克虜伯鋼鐵公司煉鋼廠及研究所實習與進修。

抗日戰爭爆發後，戰火延至湖南，日寇侵佔湘潭，尚在國外的邵象華得到通知：鋼廠宣佈緩建。無疑是當頭一棒，第一個鋼鐵夢在抗戰烽火中灰飛煙滅。邵象華悄悄收拾行裝，回到昆明，他在建設中的中央機器廠工作，在那裡籌建了理化實驗室和耐火材料車間。

1939年暑假剛過，年僅26歲的邵象華接到王星拱校長的聘書，到樂山武漢大學任冶金教授。當時的武大工學院院長邵逸周早年亦曾在倫敦留學，與邵象華是校友，深知他的學識和情況。這時武大正在籌建礦冶系，遂請邵象華為第一任冶金教授。他來校後主要工作是籌建辦學必須的冶金實驗室，同時還為其他系開了「工程材料學」等課程。

邵象華學識淵博，有雄厚的理論基礎和豐富的實踐經驗。在講課中，他條理清晰，既深入淺出地講清了基本概念，又指出了其實際意義和應用。每次講課他都認真準備，如在講作為鋼的組織和性能基礎的鐵碳相圖時，他將事先用大張繪圖紙工整繪製好的相圖掛在黑板上，大家一目了然。學生們上他的課是一種享受，既學到了知識，又領受到了他嚴謹治學的態度和嫻熟的表達技巧。

上世紀九十年代邵象華和幾位學生回憶樂山往事時說，「當時雖是抗戰的困難年代，但武大的學術空氣十分濃厚，經常舉行學術報告會，由教師自選題目，在舊廟改成的大教室中作學術講演，全校師生自由參加。聽眾非常踴躍，座無虛席，而且有很多同學站著也聽得津津有味。記得當時高尚蔭、丁道衡、趙學田等教授都作過專題學術報告。」邵象華也作過幾次學術報告，講西歐各國鋼鐵工業的發展情況，以及他在四川、雲南等地調查所瞭解的我國自古就有冶煉方法。他的報告內容新穎生動，聯繫實際，半個多世紀後仍讓一些學生印象猶深。邵象華說：「當時武大教學設備很差，但由珞珈山搬來的圖書館卻藏書豐富。我愛讀書，經常去借閱理工書籍和一些外國古典名著。」[1]

那時物質條件比較艱苦，精神生活卻並不單調，邵象華對當時生活更加艱苦的學生們的學習熱情感觸極深。他說：「我看到那些青年學生滿腔熱情地從事各種愛國活動，同情之心也就油然而生，由旁觀而參加而支持。」他經常看愛國學生舉辦的各種演出，在對抗日前線戰士的慰問捐助活動中做出了重要貢

[1] 張興鈐：〈訪問邵象華院士〉，武大北京老校友會編印：《北京珞嘉》1997年第2輯。

獻。後來他也曾幫助寫論文的學生找到一些有關蘇聯的參考書刊。行轅公署的便衣特務對愛國學生進行大逮捕時，邵象華不畏風險，設法掩護特務指名要抓的同學。他的這些正義行動，一些學生至今念念不忘。

邵象華年輕有為、才華橫溢，成了武大師生議論的中心。王曉雲，當年歷史系的大三學生，武大的校花，與邵象華一見鍾情。2009年有記者採訪他們夫婦時，邵夫人深情地回憶：「1939年，我們剛遷到四川的武漢大學工學院，來了一位風度翩翩，年僅26歲的教授。同學們盛傳他是著名的英國倫敦大學的冶金碩士、馬瑟科學獎金獲得者。他能用流利的英語講課，條理清晰，深入淺出，同學們都喜歡上他的課。」邵象華則看著夫人，帶著幸福的笑容回憶道：「她是我們大學文學院歷史系的進步女學生，比我小兩歲。那時我們很年輕，不久就戀愛了。1942年在重慶結了婚。」[2]

在四川樂山，他們開始了甜蜜的愛情生活，也就在這個時候，邵象華接到了一個更大的喜訊——籌辦鋼廠。

邵象華認為他在武大礦冶系任教的那段時間，是他為中國的鋼鐵事業出力的真正起點，也是他思想發展的重要時期。但為時不久，1940年秋，資源委員會為了在大後方增產鋼鐵的迫切需要，又把他請回去。在四川綦江，他參考國外經驗，運用最新的熱工和氣體動力學原理，親自設計了我國第一座現代小平爐並主持建設，於1944年底投產。這是我國煉鋼技術發展初期的一件盛事。這個廠的建設和投產過程，是和一支新的鋼鐵技術隊伍的形成和發展密不可分的。

在那個戰爭年代，有不少大學從淪陷區遷到大後方，加上那裡原有的大學每年都有礦冶系的學生畢業。邵象華每年都要吸收幾名優秀畢業生參加創建鋼廠的工作，其中也有不少武大礦冶系畢業的學生。他們不但為當時的鋼鐵生產做出了一定的貢獻，而且後來成為新中國鋼鐵工業的重要骨幹力量。

1945年邵象華等人受派赴東北接收鋼鐵企業。1947年他被任命為鞍山鋼鐵有限公司協理兼製鋼所所長。1948年2月鞍山易幟，邵象華等6名原協理和30餘名技術人員留在鞍山，他們被共軍安全轉移至丹東市參加政治學習。同年10月邵象華奉命到北滿，在雞西一家小煉鐵廠協助工作，不幾天又到哈爾濱東北重

[2] 夏莉娜：《首個對「大煉鋼鐵」提出不同意見的人大代表——邵象華》，lili的新浪博客。

工業部報到。11月2日瀋陽易幟當天，邵象華隨共軍進入瀋陽。他參加了接管鞍山鋼鐵有限公司工作，在新誕生的鞍山鋼鐵公司中，擔任總工程師，並先後兼任煉鋼廠生產技術副廠長和公司技術處處長。1949年8月15日，邵象華被鞍鋼公司授予二等功臣稱號。

從1949年初開始，為幫助轉業到鞍鋼的部分領導幹部儘快熟悉鋼鐵冶金，邵象華曾為他們較系統地講授技術課。為適應當時廣大技術人員的需要，他專門編寫了一本《鋼鐵冶金學》，這是新中國最早出版的一部鋼鐵中級技術專著。

1955年邵象華當選為中國科學院學部委員（1993年改稱院士）。

1957年毛澤東在率團訪蘇，得知赫魯雪夫計畫蘇聯15年趕上美國後，就在黨的會議上提出了中國用15年鋼產量等方面趕上英國的目標。邵象華晚年回憶：「毛主席這一說，就成為全國上下鐵打不動的任務。所以在一屆全國人大四次會議上，時任國務院副總理、國家經委主任的薄一波在報告中提出鋼產量比上一年增長16.7%，600多萬噸的鋼產量指標被認為太低。我在那次大會上的發言中，提出以規模經濟效益發展我國鋼鐵工業的意見。技術人員講究資料，我在那次大會的發言中引用許多資料來說明鋼鐵發展還是應該『大洋全』。當時已經有人提出中國發展鋼鐵工業要靠『小土群』（有兩種含義：一是小規模、土辦法、群眾性；二是小土煉鐵爐成群）的說法，據說還是中央提出來的。我覺得『小土群』是沒有辦法的辦法，一旦有能力，還是要搞『大洋全』。我是一個從國外留學回來的技術人員，加上鞍鋼最初是日本建的，還是個大企業，我這個發言和中央的有所不同。發言後，在會上引起強烈反響，好多代表贊成我的觀點。我記得瀋陽市市長焦若愚聽完發言後過來和我握手表示贊同，並說，鋼鐵工業的確有他的特殊性，與其他行業不同。」[3]

1958年秋，邵象華被調到冶金部鋼鐵研究院（1979年改為鋼鐵研究總院），先後擔任煉鋼及冶金物理化學研究室主任、院副總工程師、學術委員會副主任、博士生的導師等職。由他主持了冶金反應、冶煉新工藝、真空熔煉、鐵礦共生元素回收利用等方面的一系列研究課題，其中兩項發明獲國家專利。

1978年國家實行改革開放政策後，邵象華作為中國金屬學會代表團成員於1978年11月參加在法國凡爾賽舉行的第七屆國際煉鋼物理化學會議。這是交往

---

[3] 夏莉娜：《首個對「大煉鋼鐵」提出不同意見的人大代表——邵象華》，lili的新浪博客。

中斷多年後，中國鋼鐵界人士第一次在西方大型國際學術會議上露面。邵象華在大會上介紹了新中國鋼鐵工業發展中科技工作的一些特點與成就。他的發言使與會者感到震驚，並引起了熱烈的反應。

在中韓兩國建交之前，1986年10月邵象華和另兩位學者應聯合國一個亞洲組織之邀參加在浦項召開的第二屆鋼鐵技術與新材料國際會議。邵象華在大會上作了特邀講演，由此開始了中國與韓國鋼鐵科技界和有關方面的接觸與聯繫。1992年4月，邵象華被日本鐵鋼協會推選為名譽會員，並應邀在大會上作了名為「湯川紀念講演」的學術報告。

2003年，在邵象華90歲的這一年，他收到了一個禮物，中國鋼產量突破2億噸，超過第二位和第三位的日本和美國的總和。讓中國成為「鋼鐵大國」曾是他奮鬥一生的夢想。

2012年2月22日，這是邵象華百歲華誕的大喜日子。2月21日上午，中國鋼研科技集團為其舉辦了隆重的座談會。座談會場，一幅以長城和中國鋼鐵工業為背景的巨型彩色噴繪畫卷，隱喻了邵象華院士的成長經歷和學術貢獻。座談會高朋滿座，群賢畢集。

一個月後的3月21，邵象華在北京病逝。

丁道衡：白雲鄂博鐵礦的發現者

1927年的一天，一個28歲的小夥子，獨自在一望無際的莽莽草原上尋找礦苗。忽然發現一座山，山形獨特，色澤別異。有礦砂沿山麓散佈甚廣，山的半山顛礦石層露出的黑斑，燦然奪目。他知道這是天然礦床的標誌。再往附近審視，礦脈綿延很遠，都與這山的礦石相似，無疑這是含量很高的赤鐵礦石和褐色礦石，而且藏量豐富，範圍很廣，是極有開採價值的大型礦床。

他十分驚喜。尋找當地居民詢問，這裡叫什麼地名。老人告訴他：「這裡是我們的神山，名叫白雲鄂博，意思是富神之山，世代相傳，已經不知多少年了。」他聽了興奮不已，感到自己意外地發現了富神之山的秘密。後來，他在考察報告中提出建議說：「本區鐵礦，礦床因斷層關係，大部露出於外，便於露天開採。且礦床甚厚，礦區集中，尤適於近代礦業之發展。」「苟能於包頭附近建設一鋼鐵企業，則對西北交通當有深切之關係，其重要不僅在經濟方面而已。」

他的這一設想，在中華人民共和國成立後，已逐步變成現實。如今人們可以乘京包線火車直達包頭，由包頭再乘包白線火車直達白雲鄂博，可以目睹包頭已建成「草原鋼城」。

他，就是曾任國立武漢大學礦冶系教授，一人獨教六門專業課的丁道衡。

丁道衡（1899—1955），字仲良。貴州織金縣文城區人。生於貴陽北書院，幼隨父母由江西萍鄉遷武漢，後到貴陽。父輩希望他步人仕途，接續世代官宦的門楣，從小就為他專聘教師，授以四書五經。幼小的丁道衡很不喜歡修身齊家安邦治國那一套。直到17歲時考入貴陽模範中學後，他才覺得透了一口氣。在省城的中學裡，他開始接觸到大量的新鮮知識，逐漸對自然科學產生了強烈的興趣。「五四」運動的爆發給丁道衡以思想啟蒙，他為自己選擇了一條「科學救國」、「實業救國」的道路。中學畢業後，他曾兩次逃婚，都被家人追回，最後還是逃出家門。1919年7月，丁道衡隻身北上，考入北京大學預科甲部。後經嚴格甄別，升入正科，名列前茅，獲得貴州省公費津貼。在北平求學六年，他半工半讀，兢兢業業，1926年以優異的成績畢業於地質系，被選為母校助教，專門研究地史和古生物學。

1927年5月至1930年8月，丁道衡參加了由北大教授徐炳昶、黃文弼、袁複禮等和瑞典科學家斯文·赫定組織的西北科學考察團，他主要擔任天山西南部的地質考察工作，並負責地質礦產調查和古生物研究。考察團在戈壁沙漠之中和荒無人煙之地，費時三年，冒著生命危險，行程數萬里，跋山涉水，歷盡艱辛，對內蒙古、寧夏、甘肅、青海、新疆北部的400萬平方公里區域內的自然地理狀況進行了詳盡考察，終於在西北高原發現了沉睡多年的豐富寶藏。當時剛踏出校門的丁道衡年僅28歲。他公開認定：白雲鄂博（巴音寶格達）是一個蘊藏豐富而有開採價值的大型鐵礦，沉睡了億萬年的白雲鄂博被丁道衡發現了。

回到北京後，丁道衡發表了〈新疆礦產誌略〉、〈蒙新探險生涯〉等多篇文章。1933年12月，他發表了著名的〈綏遠白雲鄂博鐵礦報告〉。大意是說，白雲鄂博鐵礦是中國北方地區最大的礦山，將來建鋼鐵廠困難比較大，只能用火車拉運礦石，在包頭附近引黃河水建煉鐵廠比較合理。

1934年9月，丁道衡獲得北京大學的資助，前往德國留學。先在德國柏林洪堡大學學習，次年轉入馬堡大學，跟隨衛德肯（Wedkind）教授研究無脊椎動物化石，著重研究化石內部的結構，將整個內部結構再造，作進一步的解剖比較，最後再作結論，改變了以前對古生物的研究偏重於繁瑣的描述或斤斤計較一種一屬的得失的研究方法。在德期間，丁道衡在地史和古生物方面有很多新的發現，特別是採集到澳大利亞南部和沙丁尼亞島保存完好的「古杯」標本，並經過獨立研究，證明所有「古杯」絕不是珊瑚，而是矽質海綿亞綱下的一個超科，他特此定名為「古杯超科」，並撰述〈古杯的更訂〉一文，在德國《礦物、地質、古生物年鑒》發表，精確地解決了古生物學家爭論了七十多年的焦點，引起了同道的重視。經過三年孜孜不倦的刻苦鑽研，丁道衡獲得博士學位，並成為英國皇家學會會員。

1937年底，由於抗戰爆發，丁道衡婉謝了恩師的挽留，放棄優越的條件，懷著報效祖國的熱誠回國，應聘為雲南省建設廳技正（總工程師）。1939年秋參加「川康科學考察團」，立下在西南處女地尋找礦產的雄心，率先研究了西南地區鋁土礦。他不顧川康高原山高嚴寒、空氣稀薄等惡劣的自然環境，在四川理化縣郊野遇上土匪，衣物被洗劫一空，他仍泰然處之。考察後提出並發表了《關於有蓋珊瑚的討論》的論述。

1940年3月，丁道衡應聘為國立武漢大學礦冶系教授。當時武大遷至四川樂山，學校條件差、師資缺，整個礦冶系只配有一名繪圖員。他一人擔任全系普通地質、礦物、岩石、礦床、光性礦物、地史等六門專業課程。除一個系的教學行政工作外，還要負責學生的實驗課和野外實習，儘管他身體欠佳，患有高血壓，在海拔3500米的高山上昏倒，仍滿腔熱血，堅持搞科研，並在百忙中撰寫論文〈十字珊瑚構造之意義〉發表。最終，丁道衡因自身體力不支，辭去武大教職。這時，他深感中國地質教育師資缺乏，必須積極培養後繼人才。

1942年秋，丁道衡滿懷報效桑梓的熱誠回到貴州，出任貴州大學礦冶系主任、文理學院院長。1946年，在他和地質學者樂森璕的積極宣導下，獲准成立貴州大學地質系，他兼系主任。在他任教期間為督促學生勤學苦讀，撰寫文章，明確指出：「學習的目的為了求得真理，謀求福利，以盡個人應盡的責任。第一為學要專一，第二為學要好學，第三為學要有毅力，第四為學要謙虛，第五為學要有系統，第六為學要創作。」[4]給青年學生很大的啟發。由於他學識淵博、品德高尚、治學嚴謹，所以在全校師生中有很高的威信，並被推選為貴州大學教授會主席。1949年8月7日，他領導貴州大學師生一千多人舉行反饑餓示威遊行被反動當局逮捕，關押了三個月後，經多方營救獲釋，身心備受摧殘。

1949年上半年，他應邀在重慶大學講學時，目睹了山城人民反抗國民黨反動統治的鬥爭，深受鼓舞，曾在重大教授會上公開痛斥蔣介石政權的黑暗政治。同年8月返校後，他以貴大教授會主席的身份向師生作了介紹，極大地鼓舞了貴大師生的鬥志。旋即由貴大牽頭，聯合師院和醫學院，在貴陽市舉行了聲勢浩大的示威遊行，並開始罷教、罷課。反動當局以「煽動學潮」為由秘密逮捕了他，後經社會各界積極營救。才於10月24日恢復了自由。

是年11月15日，貴陽易幟。他被任命為貴州大學校務管理委員會主任委員。1952年底，貴州大學地質系併入重慶大學，他任重大地質系主任。1953年，被任命為西南行政委員會委員、西南文教委員會副主任。1954年當選為第一屆全國人大代表，中國地質學會理事及重慶分會理事長。1955年，國家地質部調他到古生物地質司工作，正準備迎接新的任務時，突患腦溢血在重慶逝世，終年56歲。

1987年，在白雲鄂博發現六十周年之際，丁道衡的雕像落成：時當青春年少，風華正茂，手中黝黑的地質錘和文靜儒雅的衣裝相貌竟是那麼和諧，舉目遠眺的神情定格在天地之間。一副眼鏡後面似乎還透出永不磨滅的光芒！從此，丁道衡永遠留在了包頭，留在了他魂牽夢縈的這片熱土上，成為這個城市不朽的座標和難以逾越的豐碑。

2005年6月2日，國際新礦物命名委員會同意將在白雲鄂博發現的稀土元素命名為丁道衡礦Ce。該礦是成都地質礦產研究所會同中國地質大學（北京、武漢）的科研人員及白雲鄂博鐵礦的技術人員，在白雲鄂博發現得一個新的稀土元素礦物。

---

[4] 董國權：〈深切的懷念黔中九三第一人〉，《近代地學在貴州》（貴州省地質學會編，2011年）。

李文采：新中國冶金工業奠基人

他是湘西土家族人，上海交大畢業後留學德國獲得博士學位。

他是新中國冶金工業的奠基人之一，首次在中國半噸轉爐試驗了純氧頂吹，煉成合格鋼水一百餘爐。

他於1955年被聘為中國科學院首批院士；1998年被國務院授予「中國科學院資深院士」稱號。

他就是1944至1946年任國立武漢大學冶金系教授的李文采。

李文采（1906—2000），原名文彩、別名竟。土家族。生於湖南永順縣毛壩鄉一個知識分子家庭。其父李燭塵是中國現代著名愛國實業家，自幼承父教，立志科學救國。1919年隨留學日本歸國的父親轉至天津入學。1931年畢業於上海交通大學電機系（現西安交通大學電氣工程學院），次年在父親的支持下，赴湘鄂西蘇區電臺從事技術工作，在湘鄂西紅軍艱苦轉戰中，他掉了隊，和電臺失去了聯繫。1933年赴德國德累斯頓高等工業大學留學深造，先以題為〈在電爐內由高嶺土制取矽鐵及氧化鋁〉的學位論文獲特許工程師學位，後以題為〈火花式高頻電爐的研究及改造〉的學位論文獲得博士學位，1939年以優異成績從德累斯頓高等工業大學機械系電熱專業博士畢業，同年回國。

1939年回國至1949年十年間，李文采曾任重慶巴山石墨製品公司經理、武漢大學冶金系教授、天津中國工業原料公司總經理、華東財經委員會重工業處副處長。1944—1946年到樂山的武漢大學工學院礦冶系任教，主要為礦冶系四年級學生講授鐵冶金學、金相學和合金學三門課程，前兩門課程各6學分，每週授課3課時，合金學4學分，每週授課2課時。

李文采受父親影響，青少年時期開始接受馬列主義進步思想。大學畢業後在共產黨地下組織的派遣下赴湘鄂西區協助建立電臺，為恢復洪湖根據地與中共蘇區和鄂豫皖蘇區之間的通訊聯繫作出了貢獻。留學回國後，在中共南方局的領導下，李文采以自己在知識界的影響和與工業界上層人士的密切關係，積極發展進步群眾團體——「青年科學技術人員協會」，開展團結青年科技人員的統戰工作，宣傳共黨的政治主張，1945年9月重慶談判期間，李文采作為「青科協」骨幹之一受到了毛澤東的接見。為建立共黨的秘密交通線，李文采曾多次以勘察石墨、石棉礦和鉛鋅礦等為由，到川北大巴山區、馬邊、越西等地考察，以掩敵人耳目，相機開展工作。從回國到1949年的十年裡，李文采按照黨的鬥爭需要，以工程師、商人、重慶巴山石墨製品公司和中國原料公司經歷等多種職務為掩護，參加了黨的秘密工作和統戰工作，很好地完成了黨組織交辦的各種任務。

1949年以後，李文采參加上海及華東重工業企業的接管工作，整頓上海各鋼鐵廠，建立了上海國營鋼鐵公司，還規劃滬、杭、寧電力網工程。以後，任西南軍政委員會工業部副部長、輕工業部重慶工業試驗所所長。1954年專事鋼鐵冶金研究工作，到冶金部鋼鐵綜合研究所任所長。在全國鋼鐵工業發展的形勢下，他有機會熟悉鋼鐵冶金流程，並學習、推廣蘇聯氧氣轉爐、鋼水真空處理、連續鑄鏡等新工藝。1955年當選為第一批中國科學院技術科學部委員（1994年改稱院士）。1956年，被評為一級工程師，1958年，任新成立的冶金部鋼鐵總院副院長、高級工程師。

作為一名從德國畢業的博士畢業生，目睹德國的鋼鐵冶金工業居於世界前列，而中國的鋼鐵工業設備陳舊、工藝落後、產品奇缺，李文采決心以最大的精力刻苦鑽研冶金技術，力求探索出一條發展中國鋼鐵工業的道路，改變這種巨大的落差。在長期的科研生涯中，李文采主要進行的是鋼鐵冶金新工藝流程的研製。1956年，李文采主持進行了我國首次半噸級氧氣頂吹轉爐的煉鋼試驗，成為在我國最早開展氧氣頂吹轉爐煉鋼的組織者和參加者之一。也是在1956年，李文采領導和組織了利用弱粘結性氣煤製造熱壓焦的試驗，繼而在太原、福州鋼廠做了工業性試驗；在首都鋼鐵廠、包頭鋼鐵廠、淄博硫酸廠、湛江鋼廠進行了熔融鐵礦用碳還原制取鐵水的試驗；在綜合利用我國礦產資源和鋼鐵工業技術改造方面，向有關部門提出許多建議。以後多年，因「文化大革命」李文采被迫停止研究。

直到1979年後，李文采才重新開展新課題研究。他把工作重點放到超過世界先進水平、技術創新、國產化方面，為使中國鋼材在國際市場具有競爭能力，努力開發自己的鋼鐵冶金生產新工藝。八十年代以後，李文采和博士研究生們提出了一系列改進煉鐵、煉鋼、精煉、連鑄等工藝的意見，在綜合利用中國礦產資源和鋼鐵工業技術更新改造方面，向政府和有關部門進言。他主張中國在新建、擴建鋼鐵企業之前，應儘快開發由各種新工藝組成的系列生產線，即A線：熔融還原煉鐵、吹氧煉鋼、精煉、連鑄、連軋、後處理；B線：負責鐵礦預還原、廢鋼準備、電爐煉鋼、連鑄、連軋、後處理。A線、B線都達到最優化的工藝，爭取鋼鐵冶煉生產的更大效益，成為投資少、生產週期短、成本低、品種多、質量高和能夠提供巨大經濟效益的先進鋼鐵生產線，使中國鋼鐵生產能夠趕上和超過世界先進水平，獲得更好的發展。撰有〈中國中小鋼鐵廠的技術改造〉、〈中國鋼鐵生產工藝的改造〉、〈用煤煉鐵半工業試驗〉等科研論文，對中國鋼鐵科研和生產具有指導作用。

中國鋼鐵工業歷經幾十年的發展，鋼產量已達上億噸。但關鍵鋼材品種尚未得到滿足；高檔次產品市場佔有率還不高；多年來某些鋼材品種尚不能完全滿足用戶要求。李文采認為，我國的鋼鐵工業不能「只在淺水裡游泳」，單靠引進、靠原材料的優勢和廉價的勞動力來發展生產是難以持久的。要解決我國鋼鐵工業的現存問題，必須進行創新，開發新技術。這是我國鋼鐵工業發展的關鍵。只有創新，才能使我國從鋼鐵大國邁進鋼鐵強國。

九十年代，李文采在一次參觀中看到一家煉油廠的關鍵設備用的鋼管都是進口的。為什麼？因為我們的生產工藝過不了關。從那時起，在我國的鋼鐵生產工藝流程上實現創新，就成了李文采的一個宿願。怎樣創新，創新的基點在哪裡？他經過多年的潛心研究，提出「三化一防」的思路：

一是優化。從工藝的眾多因素中選用其最好的。如在原理上，要選擇最為簡便，並具有最好的物理、化學條件；在原材料上要選擇質優價廉、且能保證長期供應的。

二是連續化。以連續生產為最佳，也可採用間歇式生產，但間歇時間要短。

三是自動化。要把工業生產所用的人數減少到最少程度。這樣可保證其生產少受人為因素的影響，以提高勞動生產率及產品質量。

一防是防止公害。在生產過程中，儘量減少「三廢」和噪音等公害的產生。在進行工藝設計時，就要考慮和體現這一點。

李文采認為，任何好的工藝，都應符合上述「三化一防」標準。用此標準來檢查現在所有工藝，改進其不足，就是創新。若能按「三化一防」的標準，創造出新的，符合時代要求的生產工藝，就會更高一籌。他心目中理想化的鋼鐵工業，是一個生產工藝不間斷的流水生產線。「三化一防」的標準和流水線式的鋼鐵生產模式，構成了李文采在生產工藝上進行創新的基礎。他認為，就鋼鐵生產工藝而言，它是對一定的原材料，按一定的科學原理，用相應的設備進行加工，製成半成品或成品的生產過程。也就是說，它是一個改變原材料的性質、成分、形狀，以達到產品既定品種規格的過程。這一過程既包括原材料，也包括有關科技原理和相應用來加工原材料的裝備手段及能源等。技術創新就體現在產品、工藝上。工藝的好壞決定著物耗、能耗及成本。一些關鍵鋼材品種的生產難點恰恰就在工藝上。

工具的先進，標誌著時代技術的進步，然而製造工具的原材料的儲量是有限的。因此，李文采預言，鋼鐵時代至多只能延續200多年。於是，他疾呼：當代每個鋼鐵生產者都應為延長鋼鐵生產的時代而努力！要節約鐵礦和有關原材料，並盡可能製造出高質量、高性能的材料[5]。

李文采是中國金屬學會理事、中國儀器儀錶學會常務理事，在鋼鐵研究院45年中，兢兢業業為中國冶金工業的發展努力工作。他長期從事鋼鐵冶金研究和科研組織工作，成果顯著。1998年被國務院授予中國科學院資深院士稱號。2000年3月1日在北京逝世，享年94歲。

李文采一生致力於科學事業，具有淵博的學識和非凡的創新精神，作為教授和導師，為中國冶金科技事業培養了許多高級科技人才和學術領軍人物；作為一名傑出的冶金專家，他始終關注冶金技術的最前沿，是中國最早開展氧氣頂吹轉爐煉鋼、連續鑄鋼、鋼水真空處理和熱壓型焦試驗研究的組織者和參加者之一，最早在中國開展用非焦煤和鐵礦石直接冶煉鐵水的試驗研究，最早倡導和開展薄板坯連鑄試驗研究，提出和組織過多項對鋼鐵工業具有變革性意義的重大新工藝的探索和研究，孜孜不倦地為新中國的科學事業和鋼鐵工業建設奉獻了全部的精力。

[5] 〈中國科學院院士、著名冶金學家李文采談創新〉，《中國冶金報》1997年8月10日。

附錄：戰時的武大教員

胡守仁：詩中生活的詩人型學者

當年武大中文系以劉永濟的詞、徐天閔的詩最為時人推崇。可是徐天閔向求教詩藝者稱揚弟子，說：「你們要學詩，可往問胡先生。」

胡先生為誰？胡守仁是也。

胡守仁（1908—2005），字修人，號拜山。出生於江西吉安的一個小山村。家世經商，沒有治學為詩的家學淵源。7歲入私塾後，還很貪玩，並因此挨了父親的一頓打。自從挨了打之後，始折節讀書。後來偶然得到一部《陸放翁集》，熟讀成誦，開始學作詩。1923年負笈南昌求學，拜在汪辟疆、游國恩等名師門下，打下了紮實的基本功。

1929年至1933年，胡守仁就讀於國立武漢大學中文系。當時武大集中有一批全國頂尖的學者，劉永濟、徐天閔兩先生，親自指授為學作詩之法。劉、徐二老都是詩學、詩功並深的詩詞名家，劉永濟講授深入淺出，陳義精確，把他引入詞曲勝境。而徐天閔講課則聲如洪鐘，興之所至，或高聲朗誦，或低聲密吟，盡抑揚抗墜之節，滿座因之而陶醉。徐天閔平生服膺杜甫、韓愈、蘇軾、黃庭堅四大家，稱為作詩者入門的正宗。在兩位先生的薰染、鼓勵和指點下，胡守仁詩興日高，詩功日進。從武漢大學畢業後，胡守仁迫於生計，輾轉各地，在山東曲阜，江西樟樹、吉安、南昌等地的中學任教八年。

直到1941年，由於游國恩（游是江西臨川人，胡守仁在南昌一中和武漢大學讀書時的老師）的推薦，才在戰火紛飛的年月赴雲南大理洱海邊的華中大學任講師。雖然，此度從游僅僅一年，但憂國思親之情，使兩人走得很近，他們經常寫詩唱酬。後來，游國恩因戰亂而多次遷徙，卻總把這位學生的書信與詩作隨身攜帶，師生二人長期保持書信往還，直到1949年之後共黨的思想大清算大株連到來，他們才中斷聯繫。

胡守仁在自傳中說：「時日寇猖獗，自武漢猛攻湖南，余深恐粵漢鐵路被佔領，則余不得歸矣。既歸一月，得劉弘度先生函邀，遂受聘國立武漢大學，攜妻及子女各一、經五六千里而至樂山，途中山川之險，有非筆墨所能形容者。在樂山，居與弘度先生毗鄰，時得請益。其地為負郭一小丘，竹樹茂密，遠塵囂，於讀書最宜。余往在斯校求學時，聽徐天閔先生講詩，至感興趣，遂亦沉醉於吟詠中。先生器之深，責之嚴，別九年而復聚，仍弟子蓄之。然在諸生間，則謂汝等欲學詩，可往問胡先生。」[1]一時間，胡守仁在武漢大學聲名大噪，從此，研詩作詩，漸入佳境，一發不可收。著名唐代文學學者、武漢大學教授胡國瑞，就是那時熟識胡守仁的。文革結束後，胡國瑞多次邀請胡守仁赴漢講學，又不顧七八十歲的高齡多次應胡守仁招邀去南昌切磋學問，胡國瑞笑道：「招之即來。」

樂山四年之後即1945年，武大校長王星拱調任中山大學校長，他對胡守仁的學問非常賞識，便力邀這位從前的弟子前往中山大學，並破格聘「超遷為教授」。「校長王撫五先生，中文系主任李雁晴先生，俱予之師長，故遇此機緣，亦僥倖而得爾。予與撫五先生書翰來往者多年，屢以詩求教，間亦賜和。嘗因病赴廬山休養，一月間得詩三十許篇，盡錄以見示，亦足以知其相待之不薄也。」[2]

廣州兩年之後，大約是1948年，胡守仁返回故里，任教於國立中正大學。南昌易幟後先後任教於江西師範學院、江西師範大學直至衰暮之年。一生撰寫學術論文近七十篇，約七八十萬言，及《韓愈敘論》、《江西詩派作品選》、《韓孟詩選》（後二種與人合作）、《劫後集》、《拜山集》、《拜山續集》等專著。

回顧往昔，胡守仁說：「平生於學業受益最多者，無過於劉弘度、徐天閔、游澤承三先生。弘度先生講授詞選、楚辭學、中國戲曲史等課，深入淺出，陳義精確。在樂山，常寫似其所作詞。詞學白石，堪與之並，為當代詞家冠冕，書法則剛健中含婀娜，足稱二絕。天閔先生講授詩名著選，四唐詩選、宋詩選、杜甫詩等課，聲如洪鐘，興會所至、或高聲朗誦，或低聲密吟，盡抑揚抗墜之節，謂從中可以領略詩之旨趣，不須詳說，真所謂『匡說詩，解人頤』也。平生最服膺杜韓蘇黃四大家詩，成誦者不下千篇，其所作則於蘇黃為近。余先在江西省立一中，後在國立武漢大學兩度從游澤承先生游。先生博學，最精《楚辭》，多所發明，海內稱焉。在大理時，常以詩相唱和。先生向

---

1 胡守仁：〈自傳〉，胡守仁：《拜山三集》（南昌：百花洲文藝出版社，1996年），頁116。

2 胡守仁：〈自傳〉，胡守仁：《拜山三集》（南昌：百花洲文藝出版社，1996年），頁116。

攻考據學，至是亦兼為詩，一年中積稿盈寸。予因親炙之久，見譽過情，謂詩頗近山谷，而不自知其言出於相愛之私也。予絕無似，終於庸人之歸，有負三先生多矣，清夜思之，未嘗不慨然而歎也。」[3]

胡守仁畢生專力於古代詩文，研究最深的是陶淵明、杜甫、韓愈、歐陽修、王安石、蘇軾、黃庭堅等大家。在他看來，研究對象直到成為了自己最親密的朋友，閉著眼睛，你能想像到他的形象，聽到他的呼吸，觸摸到他的心跳，才算到了境界，才能談得上作出有價值的研究。要做一個作家的研究，你必須對他的性格、情感摸得很透，對他的家數，即他的學術淵源，如數家珍，你說的話才不會隔靴搔癢，才不會錯誤百出。他自己就是這樣做的。早在武大讀書四年間，就在徐天閔的指導下，以杜、韓、蘇、黃四大家為中心，以誦讀、涵泳為主要方法。在樂山執教的四年裡，又與徐天閔、劉永濟二先生朝夕相處，弦誦不輟，在反覆誦讀四大家全集的基礎上，用工楷各抄錄一部精華本，對幾種抄本花更多的功夫玩味，日夕摩挲，不斷在天頭地腳添加箋注。

胡守仁的治學，還有一個重要的特點是：讀寫結合，互相促進。中國古代的學人很少有純粹搞學術的，往往都是學術研究和詩文創作齊頭並進，就文學研究來看，如果你「能言而不能作」如宋初的柳開、宋末的嚴羽，即使你的學術觀點很高深，也常被瞧不起的。胡守仁曾對學生說：晚清的陳衍，一部《石遺室詩話》名噪海內外，他本人的詩文，也不是凡流，只是因為他不及陳三立、沈曾植詩功深，而老有對他深致不滿者。

實際上，胡守仁做學問的底蘊在詩學，他性情的本質是詩心。他也讀經、子、史，研究古文，他的書信、序跋一般都用文言寫，即便是撰寫論文論著，他也或者用淺近文言，或者明顯帶上文言簡峭、乾淨的文風。但是，他投入時間精力最多的還是詩，這是因為詩才是抒寫性情最好的形式。他讀詩寫詩，從根本來說，都是在陶冶性靈、抒寫性情。且錄1994年所作〈憶樂山〉如下：

> 早歲曾為萬里行，鯨波鳥道命毛輕。妻孥隨我添愁苦，到達嘉州慶更生。
>
> 為我安排雪地頭，茂林修竹境清幽。與劉夫子（宏度師）居相近，大小叩

[3] 胡守仁：〈自傳〉，胡守仁：《拜山三集》（南昌：百花洲文藝出版社，1996年），頁117。

鳴恒不休。

不見多年夢想勞，程門立雪又今朝。徐先（天閔師）當代雕龍手，更請金針為我拋。

孔廟借來作課堂，生徒於此讀書忙。育才自是教師事，添坐臯比懼面牆。

古云教學相長也，斯語拳拳永服膺。授業歸來常閉戶，夙興夜寐日兢兢。

共道詩中疏鑿手，杜韓而外更蘇黃。歐王亦是大家數，細字蠅頭聞墨香。（余於六家詩，或全抄、或選抄，日夜諷誦）

米珠薪桂腐儒身，不減當年元堯貧。半畝菜園收穫好，聊資生計忘艱辛。

半壁東南作戰場，嘉州卻喜在遐荒。敵機肆虐來時少，琅琅書聲抑更揚。

二子（吳親仁、熊全淹）濱江結數椽，羈愁萬里解相鄰。每思閒話過江去，忘卻此身落照邊。

嘉州名勝數淩雲，又有烏尤更不群。似是二山為我有，時時遙望挹氤氳。

北距錦城半日程，草堂久久已心傾。而今回想留遺恨，欲去如何竟不成？

峨眉翠掃詠東坡，早晚相看爽氣多。已約鄰翁聯袂去，無如受阻細君何！

岑參小用刺嘉州，留得詩篇元氣侔。畢竟功名難強致，拜公圖像已千秋。

脫卻漢中短後裝，放翁仍未減清狂。岑參詩裡天山句，撫卷臨風歌慷慨。[4]

周大璞：陳西瀅看得起的老實人

他是武大中文系「五老八中」的「八中」之一。

他曾任武大中文系主任，古籍研究所所長。

他受教育部委託，編撰的高等學校文科通用訓詁教材先後重印二十餘次，已發行近二十萬冊。

他就是抗戰時期曾任國立武漢大學中文系助教的周大璞。

周大璞（1909－1993），字匪石。生於河南省固始縣李店鄉周圍村一個沒落的地主家庭。他自幼好學，能詩善文。曾就讀於國立武漢大學中文系，師從黃侃弟子劉賾（博平）。1937年武大畢業後，到武昌東湖中學任教。1939年

---

[4] 胡守仁：〈憶樂山〉，臺北國立武大校友會編印：《珞珈》（1995年4月）第123期。

初，應聘武漢大學擔任科研助理，不久任中文系助教。從此，他一直從事教育工作，講學於高等學府長達五十年之久，從講師到副教授，教授。關於周大璞最初到武大中文系任教之事，朱東潤晚年在自傳中有所提及：

> 助教朱某某（按，指朱人瑞）到西北大學去了，中文系出了助教一缺，那時本系畢業生周大璞、河南固始人，正在樂山盤桓，沒有工作。這是一位老實人，我把情況和通伯提出，那時他的文學院長職務還沒有解除，因此向校方提出，劉主任沒有異議，這一來系內解除了朱某某的搬弄，沒有添出新的枝節，確是一件好事。在以後的歲月中，周大璞對於武漢大學中文系卻做了不少有益的工作。[5]

朱東潤的這段回憶應該可靠。因為四十年後已是中文系副主任的周大璞對學生說過，他三十年代留校時，「是『承蒙』時任武大文學院院長的陳西瀅先生『看得起』云云」[6]。

又據1943年考入武大哲學系、後留校任教的蕭萐父回憶：

> 大一的文科生，還必修「國文」課，由周大璞先生講一些範文，間隔兩三週一次課堂習作交周先生評改。有一次，周先生命題作文，題為〈春遊〉，一大張試卷我只寫了三行約五十字（臨時就題意填一首〈浣溪沙〉詞），竟得了高分和讚揚。此事多年難忘，故一九九三年悲悼周先生時，我又作了首〈浣溪沙〉：「沫水蒼茫畫夢癡，月塘課業譜新詞，先生眉笑許心知。彤管殷殷傳樸學，幽蘭默默塑人師。淒其暮雨不勝悲！」其中的「月塘課業」即憶及五十年前舊事。[7]

按，詞中「沫水」即大渡河，代指樂山。月塘，即月咡塘，代指武大校本部和文法學院所在地樂山文廟。樂山時期，周大璞除了在中文系任教，還在武大附中兼課。孫法理〈炸出的學校的第一班〉文章中有記述：

---

[5] 朱東潤：《朱東潤自傳》（北京：東方出版中心，1999年），頁251。
[6] 武大中文系1978級編著：《老八舍往事》（武漢：長江文藝出版社，2010年），頁80。
[7] 蕭萐父：〈冷門雜憶〉，臺北國立武大校友會編印：《珞珈》（2000年1月）第142期。

> 周大璞先生莊嚴凝重，上課時巍然端坐，目光時時掃射全室，見有不安分的他便用粉筆輕輕點一點講臺，於是滿堂肅然。用他的話說是：「君子不重則不威。」[8]

蔣雲鵬則在〈手跡長在，風範永存〉文中追述了抗戰時期周大璞樂善好施、熱心助人的一面：

> 大璞二哥的兩個弟弟是我在安徽鳳陽中學讀書時的最好同學。我與大璞二哥相識後，也隨著他弟弟，一直尊呼他為「二哥」。
>
> 我與二哥從陌生、相識到親如手足，可說是「有緣」。而我有他的關愛，才得以渡過重重難關，我們的情感，可說比一般人的兄弟還親。交往中，二哥曾贈詩兩首，我一直把它珍貴地保存在身邊，作為友情紀念。現在二哥雖然西逝，但我每讀罷這兩首詩，二哥關愛我的兄長形象和高尚的品德風範，立刻閃現在眼前，使我一生難忘。
>
> 1938年日軍佔領了我即將讀書的臨時第一中學後，我和其他學校的學生們一起，徒步越過大別山，逃難到武漢。在江邊馬路上，露宿了兩夜。同行的幾個人都投靠親友去了，只剩下我孤單一人。在舉目無親、饑寒交迫的情況下，我忽然想起了正在武漢大學參加中學教師訓練班學習的周大璞。但我們未曾謀面，而他的弟弟也早已避難回老家去了。僅憑我口說與他弟弟是同學關係，他能相信嗎？會理睬我嗎？在走投無路的情況下，我只好抱著一線希望去試探一下。經自我介紹後，大璞二哥接待了我，還住了幾天。當時安徽省教育廳來通知，凡逃難出來的學生馬上前去湖南集合。臨別之時，二哥還給我一些零用錢，把我送到校門口，囑咐我一路小心。我們到了湖南，安排在吉首國立第八中學讀書。當時生活非常艱苦，我又突然患病，無錢醫治，病情日益加重。我只好寫信給大璞二哥，請求援助。這時武漢大學已遷到四川樂山，二哥接信後，立即匯款給我，要我作路費，趕往樂山，我到了樂山，住在二哥家裡，位址是樂山白塔街4號望峨廬，二哥和其他幾個同事馬同勳、姚

[8] 孫法理：〈炸出的學校的第一班〉，臺北國立武大校友會編印：《珞珈》（1992年4月）第111期。

梅鎮、朱景堯、李健章、公立華、吳熙載、畢長林共租的房子。二哥每天陪我去醫院就醫。那時大學教師的工資只夠糊口，可是，二哥一再節衣縮食幫我付給醫藥費和生活費，這樣住了五個多月。在他精心呵護下，病已痊癒。我告訴二哥，想回安徽老家。二哥說家鄉已淪陷，不能回去，就留在四川讀書最好。當時樂山易遭日機轟炸，於是二哥寫信給遷到四川江安縣國立劇專的同學殷正慈老師，請她設法安排我在江安讀書。不久，殷老師回信說聯繫妥當，要我去江安中學入學。臨別時，二哥寫詩一首，題名〈樂山贈別雲鵬弟〉：

卜居沫水濱，陋室可容身。還屈南州士，久陪北鄙人。

甲兵猶未洗，親故且相因。忽複參商隔，與誰數夕晨。

詩中可以看見一個長者謙遜淳樸、患難相助的高尚風範和珍惜友誼的真摯情懷。詩句工穩，不愧為一代名師所寫。

我到江安中學後，二哥經常來信要我安心好好學習。也許是天緣巧合，我在江安中學認識了同班同學張胤華，兩人情投意合，後來一起考入武漢大學，畢業後結為終身伴侶。我們感謝二哥，因為我們的結合與二哥安排我去江安讀書有關。1943年，我考入武漢大學政治系，胤華考入歷史系。有時我和胤華一起去看望二哥，每次二哥總是勉勵我們努力學習，要克服學習中遇到的任何困難。[9]

五十年代起，周大璞升為副教授，「文革」後升教授。自1954年起，他還擔任中文系副主任、主任，校務委員會常委等職。據1956年考入中文系的易竹賢回憶：

我們入校時，他身為中文系主任，仍給我講授「語言學概論」，這是借鑒前蘇聯語言學家契訶巴瓦來華講學的講義，各高校新開的一門課程。猶記周先生在課堂上，常操著河南口音的國語，說高明凱（北京大學教授）如何如何，可以想見他們之間的交流和競爭。[10]

---

9 蔣雲鵬：〈手跡長在，風範永存——懷念周大璞二哥〉，《武大校友通訊》2007年2期。
10 易竹賢：〈話說中文系的「五老八中」〉，《武大校友通訊》1999年1期。

1970年入學讀中文系的武大檔案館原館長徐正榜說，入學之時正是文革中期，是國內政治文化氣氛異常動盪的時期。當時武大中文系，集中了周大璞、李希賢、張居華、陶梅生等一大批知名學者。按工宣隊的要求，中文系學生只要背熟毛主席在延安文藝座談會上的講話，就可以畢業。但是，老師們沒有理會這樣的要求。周大璞在講古代文學時，多次提到《紅樓夢》，並教學生如何欣賞這部文學巨著。因為《紅樓夢》，周大璞多次受到批鬥，但他並沒有就此停止。他不但向學生們講解《紅樓夢》，還滿懷激情的講到了曹雪芹，講到人格與文格[11]。周大璞的這種不為政治所誘，堅持自己學風的獨立品格和骨氣，其實是武大在非常時期的一貫傳統。

武大中文系1978級編著的《老八舍往事》中有段感人的日記：

1982年2月13日　星期六　雨

上午，周大璞教授講《訓詁學》課。老先生七十多歲了，卻站著講了兩個小時。[12]

1980年後，周大璞的主要任務是指導漢語史和古籍整理兩個專業的研究生，並領導古籍整理研究所的工作。他一生貫注全部精力從事教學和研究所工作，以古漢語為主，成果出得早、出得多，價值亦高。民國時期，著有《荀子箚記》、《法言校釋》、《傳注通論》、《論語撰人考》等。1949年之後，撰寫過《語言學概論》、《現化漢語》、《漢語語法史綱要》等教材。在報刊上發表過〈釋儂〉、〈釋底〉、〈董西廂韻譜〉、〈董西廂用韻考〉、〈敦煌變文用韻譜考〉、〈假借質疑〉、〈論語言和語義的關係〉等論文三十多篇。1980年，他的專著《訓詁學要略》一書正式出版，在國內外頗獲好評。接著，他又受教育部委託，編撰一本高等學校文科通用的訓詁教材，即後來的《訓詁學初稿》（由助手黃孝德、羅邦柱協助完成）。該書自1987年出版以來，已先後重印二十餘次，發行近二十萬冊。

1985年，周大璞擔任中國訓詁學會副會長，中國寫作學會顧問。1993年，病逝於武漢。

[11] 魯珊等：〈百年武大的昨天和今天〉，《武漢晚報》2009年8月5日。

[12] 武大中文系1978級編著：《老八舍往事》（武漢：長江文藝出版社，2010年），頁208。

李健章：洙泗塘泥捏成兩姓姻緣

1990年4月，已經遷往臺灣的武大當年同學、小姨妹殷正慈為李健章所著《觀我生詩集》作序時，文末附有〈臨江仙〉一闋：

洙泗塘中泥混水，捏成兩姓姻緣。荷花蓮葉共田田，低眉菩薩坐，合掌護雙鴛。

桂馥蘭芬欣積慶，更誇畫美詞妍。好風涼月羨神仙，癡迷山水癖，沉醉讀書天。

記錄了抗戰時期發生在樂山洙泗塘邊的一段佳話……

1939年夏天，武大中文系1935年級剛剛慶祝完畢業。不料8月19日這天，日寇空襲樂山，畢業生李健章所居龍神祠宿舍被炸，他逃出時，目睹五位同學血肉橫飛，不幸慘死，驚懼中奔至洙泗塘邊。忽聞敵機重返，恐有再炸之虞，倉促間跳入塘內。結果弄得滿身污泥，狼狽不堪，趕緊逃到附近同學殷正慈家求助。這位同學不在家，只有其姐姐殷正懿獨自留守家中。殷大姐立刻請客入室，讓他洗臉更衣。但因家中都是婦孺，哪找得出合身衣報。幸好這位殷大姐畢業於武昌藝專，忽想起家中有一件外出寫生用的白色畫服，比較寬大，不妨拿出一試。李健章穿著這件畫服四處奔走，探視劫後師友，見者無不驚詫李為何如此打扮？後來，李健章到殷家還畫服，與殷正懿大姐多次交往晤談，居然讓丘比特之箭射中了，結果兩人竟成了白首齊眉的佳偶[13]。

李健章（1912—1998），字晦之，號阿僧。安徽合肥人。他早年畢業於合肥第六中學，1935年考入武大中文系。「課業優異，性格誠樸，尤其是體魄魁梧，佼然出群，同學們為他取了個外號，呼『李大個』而不名。他也甘之若

[13] 陳達雲：〈樂山武大雜憶〉，《珞嘉歲月》（武大北京老校友會編印，2003年），頁626。

素，不以為忤。」（殷正慈〈悼姊丈李健章學長〉）大學三年級時，盧溝橋事變爆發，武大為之西遷樂山，李健章隨校乘輪船入川，成了「流亡學生」。

1938年李健章初到樂山後寫下不少詩詞，如〈樂山大石佛〉云：

> 佛高與山齊，一坐千年久，面江塵不到，負山得所厚。盤膝結跏趺，當胸疊兩手，修眉三丈餘，珠髻粗如斗。佛眼觀自在，無言長緘口，法性寂而定，垂跡自不朽，守一永不移，乃與天地友，彭祖以壽聞，方之亦何醜。世衰道中喪，群小徇物誘，猖披競貪婪，厚顏甘忍垢，象齒卒焚身，孤丘失所首。矧今逢浩劫，千里絕雞狗，胡騎滿神州，萬姓狂催走，哀哉華夏國，淪作蝦夷藪。願佛憫眾生，一作獅子吼，旋轉大法輪，倒海淨九有！[14]

關於這些詩，李健章1991年5月25日致信臺灣蔡名相云，「我在樂山武大，讀書教書，前後六年，曾寫有兩百首舊體詩詞。這些少年之作，雖粗淺幼稚，但它卻記下生活在那樣艱難時代和樂山武大具體環境中一個書生之真情實感，既不同於藝術虛構，無病呻吟，亦無媚俗取容浮泛應酬之作，辭無所假，事皆足徵，所以一直藏諸敝篋，不忍輕棄。」[15]

1939年夏，李健章畢業後任四川江津國立第九中學國文教師。他在九中教學兩年，即應母校師長召喚，於1941年回武大任中文系助教。有〈應武大聘，將回樂山母校任教〉三首：

> 夢中文廟舊紅牆，二載江津憶上庠。苦記當時留別句：嘉州總覺勝他鄉。
> 兩年任教深知困，勉強而行愧學疏。我願時光能倒轉，從師更讀百家書。
> 重臨舊地便為師，成敗前途數未知。冰穀負乘思古訓，書囊檢點復遲疑。

他在詩後注曰：「回武大，即任一年級兩班基本國文，倉促上陣，無備課時間，頗有冰穀負乘之懼，故詩及之。」李健章重回樂山路過洙泗塘時，觸景

[14] 李健章詩作均據《居蜀集·東西集》（武漢大學出版社，1994年）。
[15] 李健章致蔡名相信，據臺北國立武大校友會編印：《珞珈》（1992年1月）第110期。

生情，一口氣寫下十四首〈過洙泗塘，憶日寇飛機狂炸樂山事〉（詩後括弧文字為作者自注），且錄十首：

柳塘小路淨無埃，洙泗為名聚俊才。記得風和休假日，悠然漫步伴人來。
（同班學友殷正慈與其姊正懿，當時奉母賃居塘側一家樓上。正懿溫柔嫻雅，習藝術，工國畫。予雖不諳繪事，而重其為人，心實敬之。）
歷劫逃災似目前，重來舊地已三年。不知洙泗塘邊柳，記否當時水定禪。
烈焰烘熏黯淡天，龍神祠宇亦騰煙。火堆瓦礫橫屍處，拾得餘生一命全。
（日機狂炸樂山時，予在龍神祠武大宿舍，當門落一炸彈，舍中死者五人。）
死生分際僅毫釐，僵臥簷溝已半癡。但覺砰訇塵撲鼻，板牆脫落壓腰肢。
倉皇不及辨西東，坍屋頹垣塞路中。性命交關懸頃刻，那容揮淚哭途窮。
側身直突似無前，險阻難逾往復旋。忽爾眼開天地廓，恍然竟在柳塘邊。
浮拍清波亂藻蘋，驚魂初附三泥人。敲門無奈尋阿姊，見面先求一幅巾。
（是日，殷正慈適奉母往遊峨眉。其姊正懿一人在家，見予等狼狽狀，即以所持手巾給予。）
脫去泥衣換畫衫，奇裝更得怪人銜。雖然未解丹青法，氣韻親沾也不凡。
（正懿家無男子衣服，即以自己作畫之工作服相假。襟上滿沾顏料，雜采斑斕，且係女式，見者詫為怪人。）
廢墟乍踐徹心寒，曠蕩空城不忍看。樓館萬家寰闠市，那知頃刻便荒殘！
秦國流風古罕儔，同袍同澤為同仇。書生雖未知軍旅，急難猶能一劍酬。

對於上面這些詩，李健章在附記裡寫道，「少時之作，雖浮淺粗疏，而膽大氣盛，敢於縱情揮灑，亦有後來所不能為者。由於當時遭非常之變，國破家殘，孑然一身遠羈數千里外，憂世慮危，惻愴慟懷，情有所難忍，遂藉吟詠以傾吐。其事皆親所經歷，其言則徑取直陳，既非向壁虛構為文而造情，亦無媚俗求容浮泛應酬之作。語不避俗，以達意為足；寫真事，記實感，以不失我之本來面目為準則。」[16]

李健章在武大中文系任助教期間，也寫下不少詩詞，如〈冬夜為學生批改作文〉十首：

[16] 李健章：《居蜀集・東西集》（武漢大學出版社，1994年），頁121-122。

課前難擬作文題，唯恐深淺失所宜。總為諸生多設想，尋求不惜費心思。
抱回文卷尺來高，力竭精疲首屢搔。三日不曾翻一頁，勞心暗自苦忉忉。
窗外霜飆作怒號，逼人寒氣慘於刀。呵搓瑟縮僵皴手，燈下權將翰墨操。
教學生涯亦大勞，搖唇鼓舌夜焚膏。只緣不肯因人熟，甘受嚴寒徹骨熬。
審題命筆各程才，琢句雕章貴剪裁。無奈修辭圖簡便，遂教蕙圃遍蒿萊。
摛辭創意見新奇，百一篇中偶遇之。縱有圭棱時出位，強於濫調滑如脂。
贅語遊辭至再三，浮浮泛泛喜空談。許多應有題中義，反被拋開不肯探。
在真貴實論辭章，篇幅無須務冗長。理會剪裁知惜墨，自然擲地作鏗鏘。
綱舉條分悉應繩，文從字順更難能。每逢佳作神彌王，點點圈圈喜不勝。
筆耕已看作平常，展卷連宵不覺忙。引發文思情滿處，輒加批語兩三行。

1942年夏，李健章移居半邊街望峨廬樓上，門臨大渡河，峨眉遙列入屏障，隱約可見皚皚雪山，有〈課後還望峨廬宿舍〉云：

課後歸來意暫舒，入門先放半囊書。茶杯到手輕噓氣，筆粉沾衣屢振裾。
床側縱橫堆卷帙，夢中斷續說箋疏。生涯漸冉安迂腐，不假蓍龜卜所居。

1946年夏，也就是武大復員之際，李健章受安徽大學校長陶因之邀，去安大任中文系講師。離開樂山的那天早晨，他在汽車上作七律一首：

百轉柔腸別緒牽，嘉州山水盡含情。六年託庇身猶健，一藝磐研業漸成。

四十多年後，李健章回憶說，「當時我忍著熱淚告別樂山的。對於這個江河環抱林巒並美之地，我懷有深厚依戀之情；在那裡，我逃脫劫火，避過死亡之線；在那裡，我參加一生最興奮的慶祝日本投降「八一五」大遊行；在那裡，我下帷苦讀，初步奠定了學業基礎；在那裡，我嘗到生活的酸甜苦辣，開始懂得什麼叫做『人生』。」[17]

[17] 李健章1991年6月19日致蔡名相信箚，臺北國立武大校友會編印：《珞珈》（1992年1月）第110期。

1947年秋，李健章又被母校召回，從此一直在武大中文系任教，沒有離開珞珈山。

李健章重回武大始任講師，五十年代晉升為副教授，「文革」後升教授，曾任中文系主任多年。是武大著名的「五老八中」的「八中」之一。

1998年4月14日上午，昔日的學生鄧生才，在唐富齡（李健章助手）陪同下登門拜會病重的李健章。不知為什麼，這天他格外有精神，似乎忘了自己是一個百病纏身的老人，主動打開話匣，和大家開懷暢敘。他說：「老鄧，您懂詩，知音難得。上次，我曾對您說我的詩詞作品是『文餘』之什，為什麼呢？因為我一生專注的是中國古文，年輕時曾雄心勃勃，決心要做一個中國古文學家，幾十年矢志不改。為此，我傾注了自己畢生的精力，閱讀了大量典籍，做了大量的筆記，有大筐論著草稿……可至今，問津乏人，都成了廢紙了，令人痛心啊！」沉思半刻，老人又說：「現在，人們重視的是怎麼賺錢，不是拯救文化遺產！中國文化在淪落啊！年紀輕輕就當上什麼教授、什麼博導，頭銜好嚇人，可連一篇二三十字的古文都不會斷句，更不用說懂它的詞意了。」這時李健章氣憤了，拍著桌子說：「這是什麼樣的教授！什麼樣的博導！可悲！」

李健章動了那麼大的肝火，鄧生才以為他歇一會就關話匣了，料想不到老人家還要說下去：「還是回頭和你們談談詩吧。老鄧，我送給您那本詩集（按，指《居蜀集・東西集》），是我在離亂年代的生活寫照，有實情實感，我自感是滿意的。解放後，我也寫過不少詩詞，但都是違心之作，我都一概置廢了。做詩，空洞說教是大忌。空洞說教的作品，絕不會為人所傳誦。作詩，一定要熟悉社會生活，一定要關注人民的命運，一定要反映時代的心聲。杜甫，史稱詩聖，是我國歷史上最偉大的現實主義詩人。如果沒有安史之亂，打破他『致君堯舜上』的夢想，被迫離京，過著顛沛流離、饑寒交迫的生活：如果沒有這段曲折的經歷，讓他目睹官吏腐敗醜惡、人民處於水深火熱的情景，他絕寫不出像『三吏』『三別』那樣偉大的詩篇，因而他就不可能成為『詩聖』。」後來，李健章還談了佛學與文學的關係。他說：「老鄧，也許您不瞭解我與佛教的因緣。我不信佛，但我覺得佛經中有許多可以吸取的精華，中國文學與佛學的關係，源遠流長，密不可分。佛教之傳入，遠於漢。佛經的文體、音韻、故事等，都對當時及其後的中國文學發生著深遠的影響。幾十年來，我批閱佛經，從不釋手，像華岩經、大般涅槃經、佛所行贊經、大藏經等等，遍讀深韻。以前極左，談佛色變，這歷史不能再重演了。」[18]

李健章主教古典文學課程，先後教過「先秦兩漢文學史」及「明清文學史」等課程。其講課帶濃厚的皖音，其講義文辭樸質兼具文采，惜未印行。擅古文辭，曾崇仰鄉賢姚姬傳，學桐城文，武大「六一」慘案紀念亭碑文即其手撰，頗得古文家法。晚年研究明代公安派。出版專著有《〈袁宏道集箋校〉志疑‧袁中郎行狀箋正‧炳燭集》、《居蜀集‧東西集》等。《〈袁宏道集箋校〉志疑‧袁中郎行狀箋正‧炳燭集》一書，對於《袁宏道集箋校》中的某些疏於考證之處以及有關典故等，進行了細緻翔實的訂正考辨，功力深厚，有益學林。

戴春洲：武大半導體專業創始人

他是一位半導體物理學家，1958年領導創建了武漢大學半導體專業。

他曾經三度擔任武大物理系主任。據說某個炙手可熱的理論物理學家提出回武大的條件就是當物理系系主任，他立刻就心甘情願的讓了賢。

他是武大物理系眾多教授中間唯一沒有出國留學的教授。他叫戴春洲。

戴春洲（1907—1972），生於江蘇邳縣。自幼生長在農家，祖父母是純粹的農民。父輩兄弟二人，其父戴士澤居長，叔父名戴士才。祖父鑒於自己不識字的痛苦，努力令自己的孩子讀書。因為家庭經濟困難，只能供長子戴士澤一人讀書，曾入徐州師範學校學習。戴春洲出生時，父親還在徐州師範學校學習。他兄弟四人，他本人行二，上有一兄長叫戴春贏，下面還有兩個弟弟。從他三四歲起，就跟隨父親識字。後來有兩年父親應聘到外村教私塾，他亦跟隨去學習。他天資聰穎，學習很用功，很聽大人的話，家人和親友都很喜歡。

1917年，父親帶他進縣城以同等學歷報考縣立第一高等小學，放榜時名列第一，家人親友聽到後都很高興。當年他年僅10歲，從農村到縣城只能寄宿讀書，家人放心不下；加之家中經濟也困難，無力支付較大的寄宿費用，實際未

[18] 鄧生才：〈哲人已逝，風範長存——追懷李健章教授〉，臺北國立武大校友會編印：《珞珈》（1999年7月）第140期。

能入學。次年秋，縣立第一高小增招，父親令春瀛、春洲兄弟二人以走讀生入學，生活用費要比寄宿生少很多。戴春洲入高小後，他的學習成績進步很大，1921年畢業時又名列全校第一。

高小畢業後，戴春洲到淮陰，考入了江蘇省立第六師範學校，食宿皆由學校供給，費用較省，但校規異常嚴格，功課甚緊。因此他更專心於各門功課的學習，成績一直很好。師範學習前期不分科，課外讀過老莊、荀卿的著作，對他以後的思想發展有一定的影響。當時認為祖國貧弱是由於科學不發達，產生了專心攻習科學的想法。到師範分科時，就選修了理科，把學習的重點放在數理化上。

1926年6月師範畢業，他在兵荒馬亂中回到家鄉。即使家庭經濟困難，還是想要考大學。當時聽說清華大學招生，便將證件寄去報了名。後來因為打仗，鐵路不通，未能參加考試。那年秋季，應聘於邳縣縣立第一高小任教員，教算術、地理等課。1928年3月，剛滿21歲的戴春洲，被縣教育局委任為邳縣土山鎮小學校長。他到那個小學校去了一趟，看了看當地的情況和小學的現狀，感到沒有希望，就把委任狀原封不動的退還給縣教育局。

1928年7月，家裡設法湊齊了一點旅費，讓他到南京報考中央大學物理系。過了一個多月，看報得知已經被中央大學正式錄取了。當時他真是喜中有憂：入學的費用很大，從何而來呢？他也曾向縣教育局請求過幫助或借助，全遭拒絕。赴學報到日期臨近，只得請先行者到校代他請假數日，以便另想辦法。最後在限期屆滿時，靠那些貧窮的鄰居和叔伯兄弟，三元兩元的湊在一起借給他，讓他暫時先入了學再說。他去到學校報到入學後，深感求學機會之難得，除省吃儉用外，日夜勤奮學習。原以為讀個一年半載就甘休的，想不到經過全家人的省吃儉用和許多親鄰的支持，這樣一年兩年地堅持下來，終於一口氣讀完了大學，最終連他自己也感到驚奇。他整個讀大學的時期，也是家庭中最艱苦的時期。

1932年底，戴春洲從南京中央大學物理系畢業了。為了謀生，先就職於南京私立安徽中學，聘用期半年，從1933年2月到8月。緊接著又轉到開封女子師範學校任教員，合同期三年：1933年8月到1936年7月。他當時教書的薪金，除留下最低生活費外，全部都寄回家去，以便緩解家庭的經濟困境。為了進一步提高自己的業務水準，經朋友介紹，1936年8月進入國立武漢大學物理系任助教。當時計畫著一方面工作，一方面加緊自學，等有機會時出國留學（1933年夏曾在南京報考清華留美考試，未被錄取）。不料剛過一年，「七七」事變發生，就打消了這個念頭。1938年春，隨武漢大學遷去四川樂山。據當年4月18日武大遷校委員會第七次會議議決：「請以下教職員往各處駐紮以資管理。財委會請石任球、戴春洲擔任。」

在樂山任教期間，戴春洲盡職盡責，努力搞好本職工作。他的表現以及他後來的工作業績和人格魅力，為曾擔任過武漢大學物理系行政負責人的查謙與桂質廷所賞識。余家文1942年到武大是讀機械專業的，可是只讀了一年就轉到物理系了。轉系的原因和戴春洲有直接的關係。在中學的時候，余家文對物理並不那麼感興趣，到武大一年級後開始學普通物理，授課的老師就是戴春洲。「戴老師講課深入淺出，那怕再難懂的內容，他一講就清清楚楚。聽他的課，使我這個在中學物理學得並不好的學生也覺得興味盎然。聽課時有什麼不明白的地方，只要課後肯去問，他一定會給你詳細而明確的回答。」[19]有一次，余家文到當時武大理學院所在地李公祠去找戴春洲。他正忙著準備實驗，見學生去了，立刻放下手中的工作，讓他坐下來，並抱歉地說：「難為你跑這麼遠！」

余家文問他：「根據靜磁力公式，磁力和距離的平房成反比。如果將兩個不同的磁極放在一起使其距離為零，則它們的吸引力為無窮大。如果將這兩個磁極放在海邊，全世界的船隻不是都可以被吸引到磁極旁來嗎？」他聽後笑了笑說：「你能提出這樣的問題，可見你動了腦筋，但你的想法是錯誤的。首先，磁極不會憑空存在，總有載體，如磁鐵。磁鐵的大小絕不能為零。因此縱使將磁極緊靠在一起，磁極間距離也不是零。其次，假設二磁極之距離可以為零，它們的作用力只是彼此之間的，而不是對第三種外物的。因此，將兩個磁極放在海中，除了它們二者相互吸引、不能分開外，對其他船隻不會超任何作用。第三，更重要的，你要瞭解，物理是一門實驗科學，磁極間作用力的公式是從實驗得來的，在磁極之間可以量度的距離內，公式是正確的。如果兩磁極能無限接近，當其距離無法量度時，公式是否正確，就很難說了。但在可量度的情況下，公式是正確的。」

[19] 余家文：〈懷念戴春洲、查謙老師〉，武大北京老校友會編印：《北京珞嘉》1996年創刊號第一期。

戴春洲不但回答了學生的問題，而且說明了公式來源及其適用範圍，真叫他豁然開朗。半個多世紀後，余家文回憶，「從李公祠出來後，我站在高西門的城牆上，俯視碧波滾滾的大渡河，遠眺蒼翠欲滴的淩雲山和坐落在平疇曠野的杜家祠，頓覺天寬地闊，神清氣爽。我向戴老師問過好多次問題，每次都有相似的感受。這樣使我慢慢地愛上了物理。我逐漸有了轉到物理系學習的念頭。」[20]

最後，余家文去找戴春洲，想聽聽他的意見。他說：「不管學習機械還是物理，都是為了利國利民。比較起來，學機械將來可能出路寬一些，報酬也可能豐厚一些；學物理將來的日子可能過得清貧一些。但是一個有志氣的人，對個人得失不應該過多的考慮。現在，學物理的人很少，而物理很重要，總需要有人學。如果你喜歡，又有志於此，我想，只要經過艱苦的努力，將來在這方面是能夠有所作為的。」余家文說他「聽著戴老師的諄諄教誨，看著他清臒的面容和帶著補丁的衣服，不由得肅然起敬了，他的形象，在我心目中更加高大起來。就這樣，第二學年我轉到了物理系」。[21]

1949年之後，戴春洲一度擔任武大物理系主任期間，團結周如松、梁百先、畢長林、劉雲山、李鼎初等教授一道工作。他十分重視引進人才，重視物理系的理論與實驗室建設，十分重視專門化的建設和發展。1954年，桂質廷教授和梁百先教授籌建中國高校第一個「電離層與電波傳播」專門化；周如松教授領導創建中國第一個金屬物理專門化實驗室；他經手引薦王治梁教授和張承修教授來武大，組織籌辦了理論物理專業；1958年他親自領導創建了半導體專業，並請王治梁擔任物理系主任，他本人任半導體教研室主任。半導體教研室的實驗、教學、科研各個方面，一切從零開始，事無巨細，他都親自過問，取得了可喜的成績。

戴春洲嚴謹、認真的學風影響了物理系一代青年。「王燊教授1940—1944年在樂山讀武大物理系，戴先生教他『無線電』課，用的是英文教材。戴先生先讓

[20] 余家文：〈懷念戴春洲、查謙老師〉，武大北京老校友會編印：《北京珞嘉》1996年創刊號第一期。

[21] 余家文：〈懷念戴春洲、查謙老師〉，武大北京老校友會編印：《北京珞嘉》1996年創刊號第一期。

同學們自學一段內容，弄清書上的疑點和難點後，再來聽老師講解。他很注意學生的接受程度，培養學生自學能力。王燊教授畢業後留校教普通物理，他同畢長林、戴春洲一道鑽研如何教好普通物理，留意改進教學方法。那時同事們見面，十之八九大家都是討論如何把課教好。1953年院校調整，王燊教授等三人被調到武漢水利電力學院，影響到『電離層與電波傳播』方面的工作。戴春洲當時任系主任，教育部部長來校視察，他從工作出發，直接提出意見，把王燊教授調回來。這對桂質廷教授領導創立的『遊離層實驗室』工作是一個有力的支援。」[22]

現在武大物理科學與技術學院二樓廳廊懸掛有五張照片，分別是查謙、桂質廷、戴春洲、周如松和梁百先，他們都曾為武大物理系的建設和發展做出過突出的貢獻。

張遠達：他對數學一往情深的愛

> 他是個數學迷，總想把我們都培養成數學迷。數學於他是一個璀璨神奇的世界，他也想把這世界向我們開放。他常常把講臺化作舞臺，把自己變成魔術師。一面口裡娓娓地解釋，一面嘩嘩地在黑板上疾寫，講到得意之處他往往一揮教鞭，指著新寫完的算式高叫：「你們看，beau-不beautiful呀？」於是滿堂學子瞪大了眼睛，望著黑板上的奇跡。次數多了，也有頑皮學生悄悄接嘴：「beau-呀beau-極了！」[23]

翻譯家孫法理筆下的這個有趣的教師是誰啊？他就是樂山武大附中（樂嘉中學）數學教師、解放後曾任武大數學系主任的張遠達，一位致力於群論研究的數學家。

張遠達（1914—1985），生於湖北漢陽縣（現武漢市蔡甸區）。幼年喪母，由繼母撫養成人。他的祖父和父親都是經營米業的商人。10歲那年，父親將他從漢陽蔡甸帶到武漢讀私塾，後到漢口一個教會中學（博學中學）讀初

[22] 熊傳銘：〈懷念戴春洲先生〉，《物理》雜誌，2008年第7期。

[23] 孫法理：〈炸出的學校的第一班〉，臺北國立武大校友會編印：《珞珈》（1992年4月）第111期。

中，又進私立江漢中學讀高中。高中剛讀了一年，父親因病去世。那年張遠達才15歲。家庭經濟日漸困難，他的祖母想要作為長孫的張遠達輟學經商，繼承父業。張遠達既酷愛學習，又關心弟妹的前途，不肯輟學經商。於是，祖母讓他叔父負擔張遠達一家的生活，他繼續學業。

1934年夏，張遠達高中畢業，被留在江漢中學給初一年級學生教算術。他一面教學，一面複習功課，準備高考。翌年，他以優異的成績考入北京師範大學數學系，成為傅種孫先生的得意門生。傅種孫的嚴謹、樸實的治學態度和全心全意從事教育事業的精神給張遠達留下了深刻的印象。

抗日戰爭爆發後，由於交通阻塞，張遠達不能上北師大讀書，便轉入國立武漢大學數學系三年級借讀。翌年因考試成績優良，受到曾昭安教授的青睞。在曾的幫助下，武漢大學將張遠達改為正式生。1939年畢業時，張遠達被留校作研究助理。從此，他一直勤奮地耕耘在教育園地。兩年後他與當時的同濟大學聯繫，想到那裡任助教，同濟大學很歡迎。此時，日本佔領了武漢，武大被迫西遷到四川樂山。張遠達那時已結婚，且有子女在身邊。戰火紛飛，交通困難，生活困苦。武大數學系的老師們勸他不要離開樂山，他只好放棄去同濟大學任教，於1941年秋到了武大附中（樂嘉中學）任數學教師。據當時武大附中校長、土木系教授涂允成之子涂光瑜回憶，「張遠達老師當時年富力強，事業心強，責任心重，教學經驗豐富，除主講數學課外，在武大附中初創時任兼教導主任兼高一班班主任，他全身心地投入教書育人，對武大附中的建設功不可沒，是校長的得力助手。」[24]

翻譯家孫法理1941年考入武大附中高一班（後於1944年考入武大外文系），那時張遠達作他們的數學教師兼級主任，身材「高而瘦，剃光頭，一對挑起的眉毛，一雙威嚴的眼睛，嘴唇略厚，嗓門很大而略帶沙啞。三十出頭年紀，精幹而富活力。」「他備課認真，講課時中心突出，生動投入，引人入勝，把學生們帶進豐富的想像之中，引起他們學數學的極大興趣。」[25]在武大附中，張遠達幾乎教了孫法理他們班的全部數學課——代數、幾何、三角、解析

---

[24] 涂光瑜：〈我的父親涂允成〉，武大北京老校友會編印：《北京珞嘉》1997年1期。

[25] 孫法理：〈炸出的學校的第一班〉，臺北國立武大校友會編印：《珞珈》（1992年4月）第111期。

幾何以及初等微積分。也許是他偏愛他們這個班，並向別的老師誇耀過，因此夏振東也想教教他們這個班。這樣，立體幾何便分給夏教。

張遠達的出色工作，受到校長和師生的好評，以至1942年春他要回武漢大學任助教時，武大附中校長堅決不肯放。這位校長是武漢大學土木系的教授涂允成，他說讓張遠達離開附中是有意「拆臺」。武大數學系經與涂允成協商，達成協議：張回數學系任助教，附中的數學課仍由張承擔。於是，1942年張遠達在兩邊忙碌著。俞寶貞回憶，「在武大，仍如他在附中那樣，對人熱忱，誨人不倦；無論是本系的或外系的，是不是他任課的班的學生，只要找著他問功課，他無不耐心熱情地解答。學生臨走時他還說：『如果需要我幫忙，只管來找我。』以至找他問功課的學生越來越多。」姚應祿半個多世紀後在紐約回憶他，「1941年我考入武大附中高一班。張遠達教授是我們班的導師，也是唯一從入學到畢業教導我們的老師。他對待我們如同自己的女兒一樣，全部精力都花在我們的學業上，直到看到我們進入大學。有一事我很感動：大學一年級我因急性腸炎病進了醫院，他知道後特別到醫院看我，很關心我的病況。由此可見他與我們一班的關係已超過『師生』的水準。」[26]

張遠達在附中講課時，對數學的一往情深溢於言表，有時講得興起，就眉飛色舞，手舞足蹈起來。如他講複數的n次方根，一邊寫算式，一邊描繪n次方根在圖像上的點，最後他興高采烈地用教鞭指著黑板得意地說：「你們看，你們看這個美麗的結果！」為了使學生們看得更清楚，他將袖子一擼，乾脆把講臺挪到一邊。學生們一看n次方根在圖像上的點連起來竟然成了一個正n邊形，使學生看到利用這些性質，可以使行列式的值的運算來得容易而快捷。有一回講對稱函數（Symmetrical Function），黑板已經寫滿，最後一兩排算式被講臺擋住，他躬下身子寫完算式，又一挽長衫袖子，呼地一聲抱起講臺，劃了一個半圓，搬到教室一側，露出算式，然後問大家：「這個symmetrical function，sy-不symmetrical呀？」

張遠達對數學的沉醉，連同他的汆湯英語給附中學生們的印象深極了。1944年林語堂先生主編的《西風》雜誌徵文，孫法理班上的丁惟均寫了一篇文章去應徵，得了獎。那篇文章名叫〈他是一個好教師——行為勝於高調〉，

[26] 姚應祿：〈回憶樂山〉，武大北京老校友會編印：《北京珞嘉》2002年第2期。

寫的就是張遠達，其中著重寫了他對數學的這種一往情深的愛。俞寶貞回憶，「有一次，我們學了根式的運算，我和同學在運算中遇到了問題。我們去問張老師，他一時回答不出來，後來告訴我們答案。使我們進一步感到張老師的一絲不苟、認真負責的數學的嚴格性，更進一步激發了我們對數學的興趣。」[27]

張遠達嚴於律己，全身心地投入教學，他要求學生也能努力學習。有一次不知哪位學生惹急了他，他在課堂上生氣地說：「哪怕有人罵我絕子絕孫，絕外孫，我絕不能誤人子弟。」這是絕無僅有的一次。通常學生們都努力學習，他對學生總是滿腔熱情，愛護備至，學生稍有進步，他就喜形於色。在作業本上常批著「有進步」「有很大進步」「good」「very good」，激勵他們自覺地努力學習。平時學生去問他問題，哪怕是一個人，他總是誨人不倦，耐心地回答，講得興起，又像在課堂上講課一樣扯開了大嗓門，惹得學生們忍不住偷偷地發笑。

張遠達熱情奔放，卻絲毫不「浪漫」。他給附中學生的作業佈置得多，收得也勤，往往是今天收，明天發，全天全改，改得學生們不敢偷懶。他選的習題常常是需要討論的，需要綜合運算的，需要技巧的，而不選那些比葫蘆畫瓢的題。一年級時，全班有四五十人，到三年級時人數減少了，又分成文、理科。準備考理工科的學微積分，準備考文科的複習三角、幾何、代數。張遠達一面要教理科微積分，一面還要兼顧文科的複習，作業仍然全批全改，有時一天佈置的題達五六十道之多。隔一階段他還來個小考，他出的考題活且難，一考就是4個小時。他就是用這樣踏踏實實的苦幹精神把全班學生送畢業的。孫法理那個班級畢業時是21人，百分之百地考上了名牌大學，以後頗出了幾個尖子。

孫法理說，張老師的得意門生有兩個，一個是史長捷，一個是俞寶貞。還有一個不得意的得意門生段華文。

史長捷是數學尖子。一年級下期，學校搞了個數學競賽，考算術。考試結果史長捷榮獲第一，從此雄踞數學狀元寶座，三年不衰。張遠達出題，往往有一兩道題天馬行空，內容雖不出格，要求卻特別高，但史長捷總是「長捷」，

[27] 俞寶貞：〈甘當人梯——紀念張遠達老師逝世12周年〉，武大北京老校友會編印：《北京珞嘉》1997年2輯總第4期。

考一百分或一百二十分。若是連他也沒得滿分，其他人就該慶幸了。因為張遠達便會以題目太深，不但給他補足一百之數，而且給其他人補足他的差數。所以他也是全班的「評分標準」。史長捷畢業後升入武大電機系，後來成為遙控專家、航太工業總公司科技委常委、教授。

俞寶貞是武大土木工程系俞忽教授的女公子。她初中時數學成績平平，到附中後聽張遠達講：「自然科學的皇后是數學，數學的皇冠是數論」，留下很深的印象，並引發了她學習數學的興趣。到高三年級時數學越來越冒尖，幾乎向史長捷的寶座挑戰。有時張遠達在課堂上亂了思路，便掉過頭去問她，她也欣然跳上臺去指點一番，指點得老師眉開眼笑，頻頻點首。附中畢業時，俞寶貞是唯一報考數學系的，張遠達在她的紀念冊上寫下「青出於藍而勝於藍」。1944年俞寶貞考入武大數學系，張遠達又教她「方程式論」，輔導她寫畢業論文。解放初期她曾問過張：「學數學是為了什麼？」他說：「學數學是為了興趣。」

至於那個不得意的得意門徒段華文，不但是班上的語文狀元，數學也很見長。但此人有點恃才傲物，倜儻不群。他瞧不起分數，不肯叫它牽著鼻子轉，頗有些奇特的言行。張遠達老師既心疼又生氣地說他：「成龍上天，成蛇鑽草。」不過段華文既未上天，也未鑽草，後上四川大學法律系。1949年之後在四川樂山沒有教語文，卻繼承了張遠達老師的衣缽教中學數學。他憑在武大附中時打下的紮實的數學底子，在教學中得心應手，遊刃有餘，被評為四川省勞模，在該地區頗有名氣。涂光暉去樂山，段文華抑制不住對老師的感激之情，托涂把兩盒好茶葉帶給他的恩師，表達他的懷念之情。他還請老師去樂山講學，張遠達也頗想去樂山舊地重遊，準備到樂山師專講學，可惜患病未能成行。

1949年大陸易幟不久，北京師範大學邀請他去任教。張遠達也想去北京，武大不放，只允許他去進修。於是，1950年春至1952年夏，他應邀在北師大任教一年半後，又回到武大，挑起了數學系主任的重擔。

許海蘭：武大附中的混血兒教師

1978年，與家人闊別半個多世紀的許海蘭到美國探親。儘管全家四代90多位海外親屬熱情挽留，但她婉言辭謝：「我的根在中國，我離不開中國。」她毅然如期返回祖國。

1982年，劉道玉校長主持校務會議作出決定：號召全校師生員工向許海蘭學習。

許海蘭為教育事業勤懇敬業奉獻一生，工齡高達半個多世紀，為武大女學者中所僅見。

許海蘭（1899—1995），祖籍廣東新寧（今臺山），生於紐約。是個生長在美國的中美混血兒，外形上白種的成分多，黃種的成分少。她的母親是美國人，父親許芹（音）是紐約華埠基督教長老會的牧師，一位美籍華人學者，與孫中山交好。1904年孫先生蒙難海外時，許芹曾留其在家中居住，充當其保護傘，並慷慨予以資助。許海蘭其他的家庭成員亦同中國有著異常密切的關係，她的三個兄弟娶了美國妻子，六個姊妹嫁給了中國丈夫。許海蘭從小就對中國有特殊的親切感。一天放學回家，她一路吟誦「Motherland」（祖國），被一群孩子譏笑：「中國佬！」回家後，媽媽緊緊摟著她說：「中國佬怎麼樣？中國人有志氣，媽媽不就愛中國人嗎？」小海蘭當即破涕為笑，笑得十分開心。

從小父親就鼓勵她「學本事，救中國」，儘管沒有見過祖國，但她常常在心中描繪祖國的模樣。1916年，她進入紐約州的康奈爾大學文學院學習，在大學讀書期間，她積極參加中國留學生組織的「中國同學會」，增加對祖國的瞭解，討論救國方略。1920年畢業獲文學學士學位。接著，她又在康奈爾大學醫學院預科學習。

1921年，許海蘭稟明父母，得到二老充分理解和支持，隻身遠渡重洋，來到上海與才華橫溢的青年學者、在美國康奈爾大學結識的桂質廷舉行婚禮。根據美國法律，許海蘭和華人結婚後，就算自動放棄美國國籍。在「發達與貧窮」、「舒適與艱辛」的抉擇中，她毅然選擇了後者。他們夫婦相約：無論經受何等困難與挫折，決不動搖作為中國公民的意志。他們從此共同走上獻身祖國科學教育事業的漫漫人生路。

他們婚後相伴到北京，幻想「科學救國」、「教育救人」，然而當時社會現實有志難伸，他們跑遍了半個中國，足跡踏遍北平、長沙、東北、上海、四川等地，先後在雅禮大學、東北大學、滬江大學、華中大學任教，桂質廷研究物理，許海蘭教英文。1935年至1936年入美國華盛頓大學研究院學習，後回國。

1939年，桂質廷受武漢大學禮聘來到樂山，擔任物理系教授，許海蘭也伴隨夫君來到武大。初到武大時，她雖已四十出頭，性格仍很活潑。桂質廷是湖北人，她也能說點帶湖北味的普通話，把「吹出」念作「吹渠」，把「紫竹」念作「紫菊」。熊性淑在〈一個純粹的人〉裡記述1942年初秋，第一次見到「桂伯母」許海蘭的情景：「一天，我懷著好奇心，走進了我剛剛結識的同班同學桂華珍家中。當我來到桂家時，只見臨窗坐著一位身著藍布旗袍、披棕色頭髮的中年婦女，正在補襪子。桌上放了一個大簸籮，盛滿了針線碎布等雜物。她看到我進來了，就抬起那雙藍灰色的眼睛，朝我笑吟吟地說：『你是熊性淑吧？我聽華珍說過她們班上來了一位新同學。』」文章還說「我看見桂伯母在艱苦的條件下，和當時所有的慈母一樣，辛勤地哺育著子女，照顧家庭，做飯、買菜、洗衣、縫紉忙個不停。有時又見她挾著一本書，匆匆在街上走著趕去上課。」「桂伯母是虔誠的基督教徒，每逢星期日早上，她總端坐在教堂的風琴前，熱情地為唱詩伴奏。在許多公益活動中總能看見她的身影。工作，家務，疲勞，清貧，似乎什麼也影響不了她那樂觀活躍、熱心公益的精神。」[28]

1943年，桂質廷因公出差到美國去工作，家庭的重擔全部落在許海蘭身上。抗戰時期，米珠薪桂，經濟上有些困難，於是許海蘭毅然決定參加工作，到武大附中教授英語。她教的第一個班是高中二年級。可以想像，有了這麼一位活潑可親、以英語為母語的教師，學生們有多高興呀！可是這些學生畢竟還只是十六七歲的大孩子，有時坦率得驚人。一天，朱君允的長子熊性美在家中飯桌上描述了他們班課堂上的一幕。學生：「許老師，您愛中國，還是愛美國？」許海蘭：「我都愛。我愛中國也愛美國。」學生：「您說愛中國，怎麼

[28] 熊性淑：〈一個純粹的人——憶許海蘭教授〉，武大北京老校友會編印：《北京珞嘉》1998年第2期。

證明呢？」許海蘭坦然回答：「我愛中國，因為我的先生是中國人，我的孩子們都生長在中國。我自己已在中國生活了二十多年了，也是中國人。我永遠不會離開中國。」

許海蘭講課富於表情，大眼睛忽閃忽閃，不斷向學生提問。英語是她的母語，自然漂亮流暢，講述也生動有趣，有時還很動感情，板書也很漂亮。她選的那些教材都是些簡短流利、朗朗上口的東西，易學、易記、易用，既有趣又實惠。她總是想方設法讓學生開口說英語。課堂上總是流蕩著一種合作和諧生動有趣的氣氛，在這些活動中學生們逐漸吸收了許海蘭的語音、語調、用詞、造句的習慣，學到了比較地道的英語。

抗戰時期沒有英語課本，學生們使用過幾種「代用品」，1944年時索性改用了複印的《讀者文摘》（Readers' Digest）。那雜誌是以趣味著名的。學生們讀了好些饒有興味的篇目，許海蘭講授得也很進入角色。有一個很長的故事叫「我們的心年輕又快活」（Our Hearts are Young and Gay）。文筆生動，風波迭起，她講到有趣處不禁哈哈大笑，且笑且講且掏手巾擦眼淚，學生們自然也滿堂歡笑。英文課成了妙趣橫生的活動。再加上頻繁的書面作業和系統的語法訓練，許海蘭在短時間裡就為學生的聽力和閱讀能力打下了相當不錯的基礎。所以說，當年武大附中的英語教學獨具特色，學生的英語成績普遍優於一般中學。孫法理〈炸出的學校的第一班〉說，「我們班的英語成績相當整齊，進入大學後大都能查字典不費力地閱讀各類專業書籍，可以說是已大體掌握了英語，能用作學習新知識的工具。這在當時的歷史條件下已屬難能可貴的成績。」[29]姚應祿〈回憶樂山〉則說：「高二時許海蘭教授來教我們英文。當時武大流行英國音，我們也不例外。許教授來後不但改成美國發音，而且著重日常應用的教材。那時我不太瞭解，後來我出國留學時，才發現有很多方便及益處。」[30]

熊性淑〈一個純粹的人〉裡還回憶了「桂伯母」許海蘭的幾件小事：

> 我上初中二年級時，發生過一件令我羞愧萬分的事，可謂「作弊未遂案」。因我一向散漫懶惰，荒疏學業，考試時學會了作弊過關。一次

[29] 孫法理：〈炸出的學校的第一班——記武大附中高一班〉，臺北國立武大校友會編印：《珞珈》（1992年4月）第111期。

[30] 姚應祿：〈回憶樂山〉，武大北京老校友會編印：《北京珞嘉》2002年第2期。

英語考試時我正要動手翻閱預先放在抽屜裡的課本，一個美國腔的湖北口音突然在我身後響起：「熊性淑，課本不能放在抽屜裡，你要做什麼？」我冷不防聽到桂伯母的聲音，震驚萬分，趕快懸崖勒馬，來個急刹車；否則當眾撕卷，後果不堪設想。桂伯母平日寬厚仁慈，碰見原則問題可鐵面無私，她不失時機地制止了我的錯誤行為。事後華珍告訴我，她媽媽為此好生氣，告誡華珍萬萬不可如此。

桂伯母見我能編織毛衣，就給我創造了一個「打工」的機會，讓我賺了幾個零用錢。我小小的心靈十分明白桂伯母是個「大好人」，感激夾雜著尊重，還有幾分畏懼。

一天，學校要開文藝晚會，我們班的女生要出個節目。出什麼節目呢？六個小姑娘一致決定：「走，找桂伯母去！」桂伯母歪著頭想了一想，找出一本英文的兒童舞蹈書，說：「有了！就表演莫札特的小步舞曲吧。」於是在桂家的走廊上，桂伯母成了舞蹈老師。她自己先看書弄懂，再示範，然後一招一式地訓練我們。最後她伴奏，與我們「合成」。她始終興趣盎然，我們更是興高采烈。就這樣練了個把星期，桂伯母還煞費苦心拼湊出幾套「宮廷舞服」，真是不可思議。我們的演出大獲成功。[31]

抗日戰爭勝利後，許海蘭隨武大復員回到珞珈山。1949年之後歷任武大外文系副教授、教授，同時兼任武大英語教研室主任，教授「基本英文」、「會話」、「語音學及練習」及「作文」等課程，她的課堂講演準確、生動活躍、一口地地道道的美語標準音悅耳動聽，許多學生都慕名而來。在課堂內外，她喜歡和學生討論教材中的問題，並不定期舉行座談會，交換意見。十年動亂，她未能倖免，被下放到工廠參加體力勞動，儘管衝擊連連，但她始終對祖國懷著一顆赤子之心。中美建交前，當她在大洋彼岸的女兒求她去見面時，她卻拒絕了，來華訪問的美國代表團主動聯繫她去美國探親，她也拒絕了，直到1978年中美在北京開始建交談判後她才赴美探親。探親期間，她常到一些大學聽

---

31 熊性淑：〈一個純粹的人——憶許海蘭教授〉，武大北京老校友會編印：《北京珞嘉》1998年第2期。

課，瞭解教學情況，物色專家來華講學，搜集相關資料，她似乎不是在探親而是在自費出訪、為國工作。眾多位親友熱情挽留她在美國定居，安度晚年，但她在美國僅僅住了一年就帶著兩大箱珍貴的外文資料飛回了珞珈山。回國後，她依舊忘我工作，熱心教育，老而彌堅。

後　記

終於可以喘口氣了。我的武大抗戰研究工程竣工。

這一工程有四種書。除本書外，其餘三種是《苦難與輝煌：抗戰時期的武漢大學》、《堅守與薪傳：抗戰時期的武大教授》、《西遷與東還：抗戰時期武漢大學編年史稿》。

由我來完成這一工程，可借用武大文學院韓晗博士的話說——「非常不可思議」。

因為我是徹底的局外人。既非武大校友，也非樂山市民；既非歷史學者，也非教育人士；既非任何黨派，也非體制之內。——我也算是一朵「奇葩」吧？

同時，我既屬無名鼠輩（壬子年生），也膽小如鼠，沒有敢驚擾樂山官方和武大校方。寫作前，沒要他們提供任何方便；出版時，沒要他們給予些許資助；發行後，沒要他們頒發一紙褒揚。也許這樣，我得以保持獨立的姿態。

我十分認可武漢作家周翼南在其《愚人船》序言中寫的一段話：「寫作或許本身就是一個悲劇，即使出了一本書亦是悲劇。中國如此之大，人口如此之多，發一篇作品出一本書乃滄海一粟。寫了，未必有多少人看，出了書，也未必能流到可視為知己的人的手上。興許，會擺在對折售出的書攤，亦無人問津。」有點傷感，確是實情。

當我意外地發現我的兩部武大書，被享譽海內外的臺灣最高學術機構——中央研究院收藏，還是被史語所傅斯年圖書館和近史所郭廷以圖書館雙雙購藏，既驚喜，又惶恐。我在博客中寫下這樣一句話：一個作者的文章若能入選課本教材，比獲任何獎項都要榮光；一個作者的著作能被權威圖書館收藏，則比登上任何書店排行榜也要榮光。

感謝港臺兩地購藏拙著的國立中央大學、國立成功大學、國立政治大學、國立臺灣大學、國立東華大學、文藻外語學院、靜宜大學，以及香港中文大學等等院校。

感謝慷慨解囊購買拙著的各位「武大郎」，如劉昌鈺、蔣明浩、何五元、彭林祥、胡耀……等等；以及「非武大郎」，如郭偉、董雄鋒、李萬卷、王琪容、葛金華……等等。

最讓我感慨不已的是，中國第一個圖書館學博士、民國武大教授桂質柏之子桂裕民先生，堅持不受我贈書，一定要原價購買，一次性郵購十多本去贈送親友。

這些熟悉的，更多是陌生的朋友們，讀了我的書之後，通過郵件、短信或微博表達他們的感想——

> 你作為一個武大局外人，對武大歷史探究之深，史料薈集之廣，語言之精美，實令我輩武大人汗顏。你對武大歷史之愛，實屬當代學人對中國學人奮鬥史之垂青。我相信你的該著出版後，將惠及當代萬千學子，不僅宣傳了武大之榮光，更為當代學子為何求學、如何求學等樹立了鮮活的楷模。（武漢大學檔案館原館長徐正榜）

> 花了幾個小時大致翻閱了《苦難與輝煌》。學校出過不少關於樂山時期的書，但都是史料彙編性質，您的這本著作無疑是具有開拓性的。您的治學精神值得我們晚輩學習，您對武大校史的關注更是讓很多從不知道這段故事的武大人慚愧了。
>
> 書裡面運用的資料很豐富，初讀後為之驚歎，有些材料我相信是第一次公開。武大校史研究和國內其他一些知名大學完全不能相比，存在大量空白，校方冷淡的態度無疑是一大原因。（武大文學院10級人文科學試驗班胡耀）

> 上次大作已簡單拜讀，很佩服您的寫作精神，但在言論相對自由的今天，此書立場有些保守。在大陸沒能出版卻在台發行不能不說是一個絕大的諷刺，可見臺灣國民黨才是一直在堅持踐行民主和自由的力量。這方面我覺得您可瞭解一下楊奎松先生的研究風格，如書的立場和觀點不能力求接近真實，其實對沒有獨立思考能力的閱讀者是多了一次愚昧

的強化，尤其是在寫史領域，萬不可含糊。（武大北京校友會青年分會劉昌鈺）

最近在網上購到一冊先生的大著《苦難與輝煌：抗戰時期的武漢大學》，雖未及細讀，但能感覺到，先生寫作此書用力甚多，堪稱近些年來研究中國近現代教育史尤其是武大校史的精品力作。（武大株洲校友會歐陽衛國）

這是繼楊靜遠教授的讓廬日記之後又一部反映武大民國校園生活的紀實體裁作品！意義深遠！再一次祝賀您！（中國第一個圖書館學博士桂質柏之子桂裕民）

拜讀了你關於武大西遷的在臺灣出版的大作，很欣賞你這勤於疏理歷史、努力筆耕的湖北青年。非賞讚賞你。兩晚上讀完你30萬字左右的佳作，常有心潮澎湃不忍釋手的感受！遙握你的金手！

不能出版，這是胸懷問題，是精神上出了毛病！新文化運動98年了，精神上依然如此守舊，因此我就感到蔡元培陳獨秀李大釗魯迅胡適他媽的太偉大了！我同裕民50年交情，我與他交口稱讚你，希望足下在保健身體的前提下有更多作品。當今大師太少，文賊眾多，你能從紛繁的歷史中理清這麼多極具個性的可愛的教授的逸事，而且很多大段的文字也極精彩，所以我愛讀！再握尊手！（湖北大學教授金仁吾）

張兄佳作迭出，令人振奮，日後必為珞珈歷史研究第一人也。（武大文學院韓晗）

另外，知悉拙著出版訊息後，武大校友、知名雜文家劉洪波先生發微博謬贊我：「一件功德。記住中國大學在戰爭中的犧牲。」武漢大學原中文系主任孫東臨先生發短信說：「找時間拜讀了大作，寫得很不錯，資料詳實豐富，足見兄為有心人。」

學歷史出身的「文壇刀客」韓石山先生先是在博客上說：「若張先生學要寫雜文詩歌，只能說是個好文藝青年。頂多再誇上一句，有毅力，再誇（等快死的時候）雖九死其猶未悔。然而，有這本書，誰能不承認張先生是位學者呢。」後來又在信中誇獎我，「您的《苦難與輝煌》是一部扎實的學術著作。我身體不好，無法寫書評，甚憾。」

研究西南聯大的青島作家劉宜慶先生，也在微博上對我說：「您研究武漢大學成果卓著，為兄感到欣慰。抗戰時期的大學教育培養了大批人才，雖為亂世，民國的大學教育在抗戰中抵達頂峰。今昔對照，感慨萬千。還大學思想自由、學術自由，除此別無二途。」

何止今昔對照，就是兩岸對照也讓人感慨萬千。

感謝臺灣秀威，讓我的武大抗戰研究成果能夠呈現給讀者。

當這本書出版上市之際，離武漢大學120周年校慶日已經很近了。

慶典是熱鬧的，歷史是落寞的。

2013年6月高考發榜之際完稿，10月校訂於異鄉羊城

（交流郵箱：zzj7294@163.com）

主要參考資料

《北京珞嘉》，武大北京老校友會編，總1—16期
《走近武大》，四川人民出版社，2000年
《老武大的故事》，龍泉明、徐正榜編，江蘇文藝出版社，1998年
《名人名師武漢大學演講錄》，徐正榜、陳協強主編，武漢大學出版社，2003年
《朱東潤自傳》，朱東潤著，東方出版中心，1999年
《我與四川》，葉聖陶著，四川人民出版社，1984年
《武漢大學歷史人物選錄》，謝紅星主編，崇文書局，2012年
《武大校友通訊》，武大校友總會編，1995—2011年各期
《梁園東史學論集》，姚奠中、梁歸智選編，山西人民出版社，1991年
《珞珈》，武大臺灣校友會編，總100—170期
《珞嘉歲月》，武大北京老校友會編，2003年
《烽火西遷路》，駱鬱廷主編，武漢大學出版社，2008年
《當代中國社會科學家》，社科文獻出版社，1992年
《聞一多年譜長編》，湖北人民出版社，1994年
《聯大八年》，新星出版社，2010年
《樂山市中區文史資料選輯》，總第7輯
《樂山的回響》，駱鬱廷主編，武漢大學出版社，2008年
《樂山紀念冊》，陳小瀅講述、高豔華編選，商務印書館，2012年
《樂山時期的武漢大學》，涂上飆主編，長江文藝出版社，2009年
《葉聖陶年譜長編》（第二卷），商金林撰著，人民教育出版社，2004年
《葉聖陶抗戰時期文集》（三卷），商金林編，人民教育出版社，2005年
《學府紀聞·國立武漢大學》，臺灣南京出版公司，1981年
《讓廬日記》，楊靜遠著，武漢大學出版社，2003年

語言文學類　PC0355　讀歷史39

才情與風範
——抗戰時期的武大教授續編

編　　著 / 張在軍
責任編輯 / 廖妘甄
圖文排版 / 楊家齊
封面設計 / 陳怡捷

發 行 人 / 宋政坤
法律顧問 / 毛國樑　律師
出版發行 / 秀威資訊科技股份有限公司
114台北市內湖區瑞光路76巷65號1樓
電話：+886-2-2796-3638　傳真：+886-2-2796-1377
http://www.showwe.com.tw
劃撥帳號 / 19563868　戶名：秀威資訊科技股份有限公司
讀者服務信箱：service@showwe.com.tw
展售門市 / 國家書店（松江門市）
104台北市中山區松江路209號1樓
電話：+886-2-2518-0207　傳真：+886-2-2518-0778
網路訂購 / 秀威網路書店：http://www.bodbooks.com.tw
國家網路書店：http://www.govbooks.com.tw

2013年11月　BOD一版
定價：320元

國家圖書館出版品預行編目

才情與風範：抗戰時期的武大教授續編 / 張在軍著. -- 一版. -- 臺北市：秀威資訊科技, 2013.11
面； 公分. -- (讀歷史；PC0355)
BOD版

ISBN 978-986-326-206-0(平裝)

1. 大學教師 2. 傳記 3. 四川省樂山市

782.627/333 102021715

讀者回函卡

感謝您購買本書，為提升服務品質，請填妥以下資料，將讀者回函卡直接寄回或傳真本公司，收到您的寶貴意見後，我們會收藏記錄及檢討，謝謝！

如您需要了解本公司最新出版書目、購書優惠或企劃活動，歡迎您上網查詢或下載相關資料：http:// www.showwe.com.tw

您購買的書名：____________________________________

出生日期：_________年_________月_________日

學歷：□高中（含）以下　□大專　□研究所（含）以上

職業：□製造業　□金融業　□資訊業　□軍警　□傳播業　□自由業

□服務業　□公務員　□教職　□學生　□家管　□其它_____

購書地點：□網路書店　□實體書店　□書展　□郵購　□贈閱　□其他

您從何得知本書的消息？

□網路書店　□實體書店　□網路搜尋　□電子報　□書訊　□雜誌

□傳播媒體　□親友推薦　□網站推薦　□部落格　□其他___________

您對本書的評價：（請填代號　1.非常滿意　2.滿意　3.尚可　4.再改進）

封面設計____　版面編排____　內容____　文／譯筆____　價格____

讀完書後您覺得：

□很有收穫　□有收穫　□收穫不多　□沒收穫

對我們的建議：____________________________________

____

____

____

請貼
郵票

11466
台北市內湖區瑞光路 76 巷 65 號 1 樓
秀威資訊科技股份有限公司 收
BOD 數位出版事業部

(請沿線對折寄回，謝謝！)

姓　　名：＿＿＿＿＿＿＿＿ 年齡：＿＿＿＿ 性別：□女 □男

郵遞區號：□□□□□

地　　址：＿＿＿＿＿＿＿＿＿＿＿＿＿＿＿＿

聯絡電話：(日)＿＿＿＿＿＿＿＿＿＿ (夜)＿＿＿＿＿＿＿＿＿＿

E-mail：＿＿＿＿＿＿＿＿＿＿＿＿＿＿＿＿